ミラクルガール相談室

女の子のトリセツ

取扱説明書

編著★ミラクルガールズ委員会

西東社

はじめに

勉強《べんきょう》、友《とも》だち関係《かんけい》、オシャレ、恋《こい》……。

はしゃいだり、もりあがったり、落《お》ちこんだり、なやんだり…。

女《おんな》の子《こ》って、毎日《まいにち》いろいろあって大変《たいへん》だよね。

「最近《さいきん》…前《まえ》にくらべて、いろいろなやみが増《ふ》えてきたかも…」

そんな女《おんな》の子《こ》も、多《おお》いんじゃないかな？

それって、あなたがココロもカラダも成長《せいちょう》してきたってこと。

あなたがいま抱《かか》えている、たくさんのなやみ。

それってあなただけじゃないから、心配《しんぱい》しないでほしい。

人《ひと》によって差《さ》はあるけど、みんな口《くち》にださないだけで、

いろいろなやんでる。

「あなたにはまだ早《はや》い」
「気《き》にしすぎ。大《おお》きくなれば解決《かいけつ》するよ」
あなたのなやみを、こんなひとことでは片《かた》づけません。
「今《いま》どうしたらいいのか？」「今日《きょう》からできること」を
楽《たの》しく、わかりやすく、ちょっとだけマジメに
紹介《しょうかい》していきます。

もちろんこの本《ほん》だけで、
すべてのなやみが解決《かいけつ》できるとは思《おも》っていません。
でも、今《いま》までとは少《すこ》しちがった角度《かくど》から、
なやみを考《かんが》えるきっかけにはなるはず。

この本《ほん》を読《よ》んだあなたが、
きのうよりも笑顔《えがお》が増《ふ》えているとうれしいです。

この本《ほん》の読《よ》み方《かた》

「女《おんな》の子《こ》のトリセツ」は、大《おお》きくふたつのブロックにわかれているよ。
最初《さいしょ》（4月《がつ》）から順番《じゅんばん》に読《よ》んでも、読《よ》みたいおなやみの月《つき》から読《よ》んでも
ストーリーに影響《えいきょう》はないよ。

学校《がっこう》を舞台《ぶたい》にした「あるあるマンガ」

どこかの町《まち》にある学校《がっこう》の１クラスが舞台《ぶたい》。毎日《まいにち》の学校生活《がっこうせいかつ》のなかで、多《おお》くの女《おんな》の子《こ》が感《かん》じている「なやみ」をマンガにしました。

マンガの
登場人物《とうじょうじんぶつ》
伊藤《いとう》 美優《みゆ》
加藤《かとう》 杏奈《あんな》
小林《こばやし》 綾乃《あやの》
佐々木《ささき》 しずく
佐藤《さとう》 真央《まお》
鈴木《すずき》 凛《りん》
瀬戸《せと》 陽菜《ひな》
高橋《たかはし》 愛美《まなみ》
田中《たなか》 莉子《りこ》
中村《なかむら》 奈美恵《なみえ》
山田《やまだ》 虹華《にじか》
山本《やまもと》 英里奈《えりな》
吉田《よしだ》 ひとみ
渡辺《わたなべ》 花音《かのん》
松本《まつもと》 ゆりあ
主人公《しゅじんこう》だよ
解説《かいせつ》ページの後《あと》
エンド（結末《けつまつ》）マンガも
あるよ！

先《せん》パイ＆プロの「おなやみ解決《かいけつ》ページ」

小学生《しょうがくせい》のリアルなアンケート、中学生《ちゅうがくせい》の体験談《たいけんだん》、プロのアドバイスなど、今日《きょう》からすぐに使《つか》えちゃう具体的《ぐたいてき》な解決法《かいけつほう》を紹介《しょうかい》しているよ。これを機《き》に知《し》っておいてほしい内容《ないよう》や考《かんが》えてほしい内容《ないよう》も「タイセツなハナシ」としてまとめているから、しっかりと読《よ》んでね。

おやなみ解決《かいけつ》ページは、必要《ひつよう》なときに何度《なんど》も読《よ》んでみて！

女の子のトリセツ

もくじ

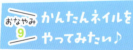

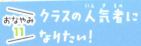

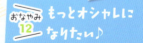

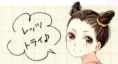

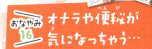

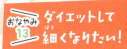

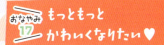

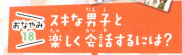

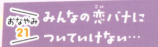

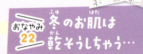

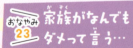

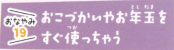

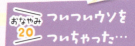

4月《がつ》5月《がつ》6月《がつ》のスクールライフ

学年《がくねん》が変《か》わり、クラスがえなど今《いま》までと環境《かんきょう》が大《おお》きく変《か》わるこの季節《きせつ》。
身体測定《しんたいそくてい》や衣《ころも》がえもあるし、あ～あ…なやみはいっぱいで…。

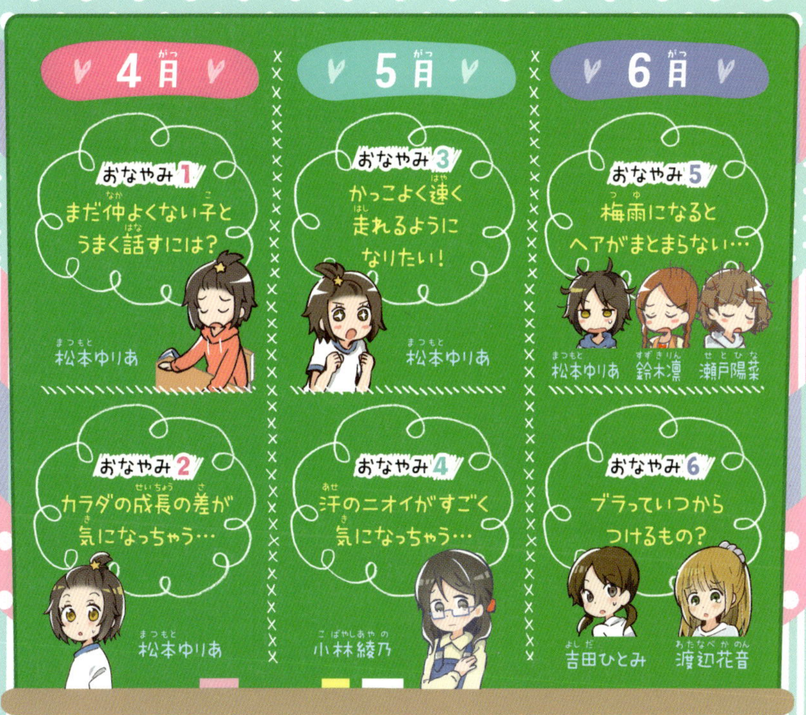

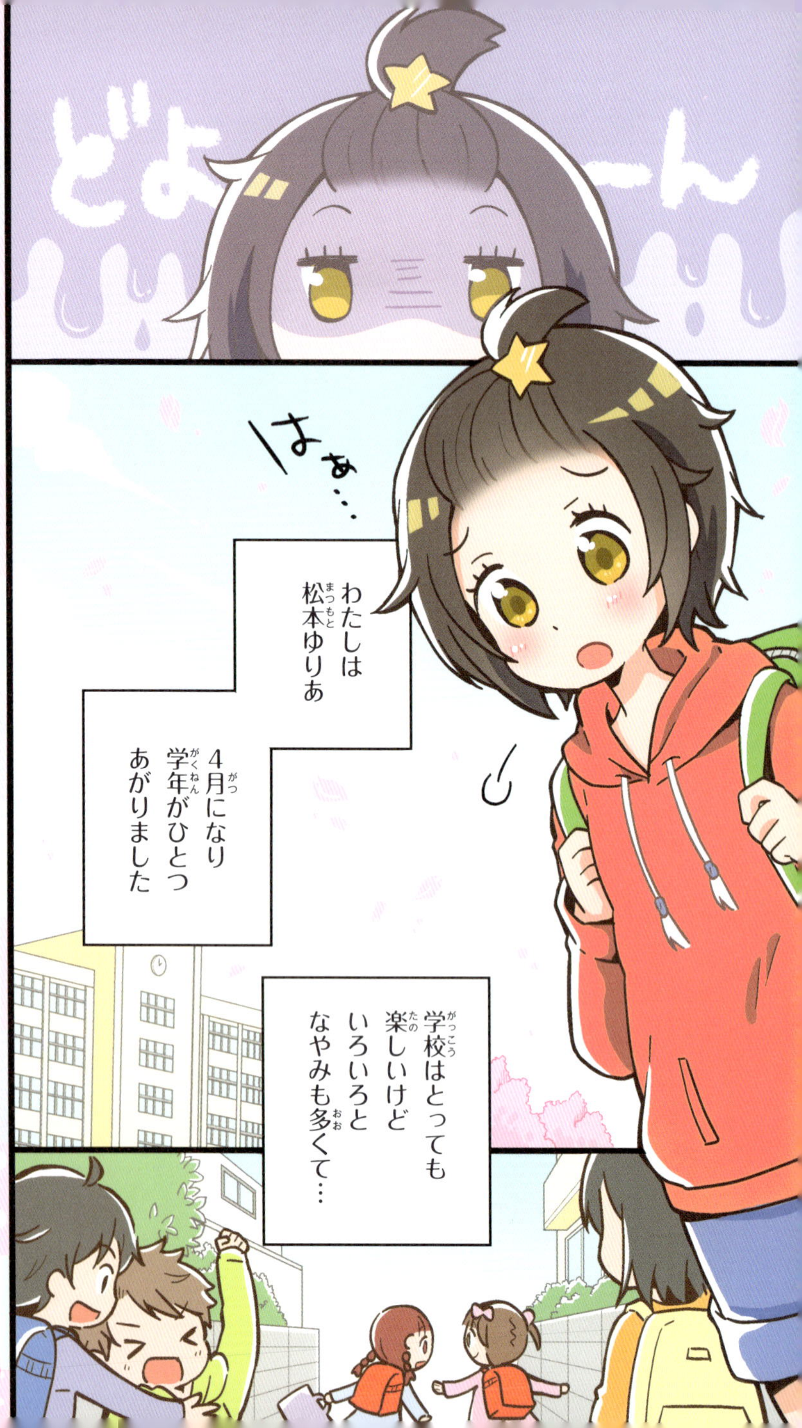
どよーん
はぁ…
わたしは松本《まつもと》ゆりあ
4月《がつ》になり学年《がくねん》がひとつあがりました
学校《がっこう》はとっても楽《たの》しいけどいろいろとなやみも多《おお》くて…

新学期《しんがっき》になって
1週間《しゅうかん》
クラスがえの結果《けっか》
仲《なか》よしだった
ユッチと紗凪《さな》ちんとは
別々《べつべつ》のクラスに
2組
Yucchi
3組
SANA CHIN
わたしは1組‥
1組
すでに新《あたら》しい
グループが
でき始《はじ》めるなか
超人見知《ちょうひとみし》りの
わたしは
完全《かんぜん》にでおくれ
てしまって…
ぽつん…
しまった!!
このままじゃ
ヤバーーイ!
あ〜〜っ!

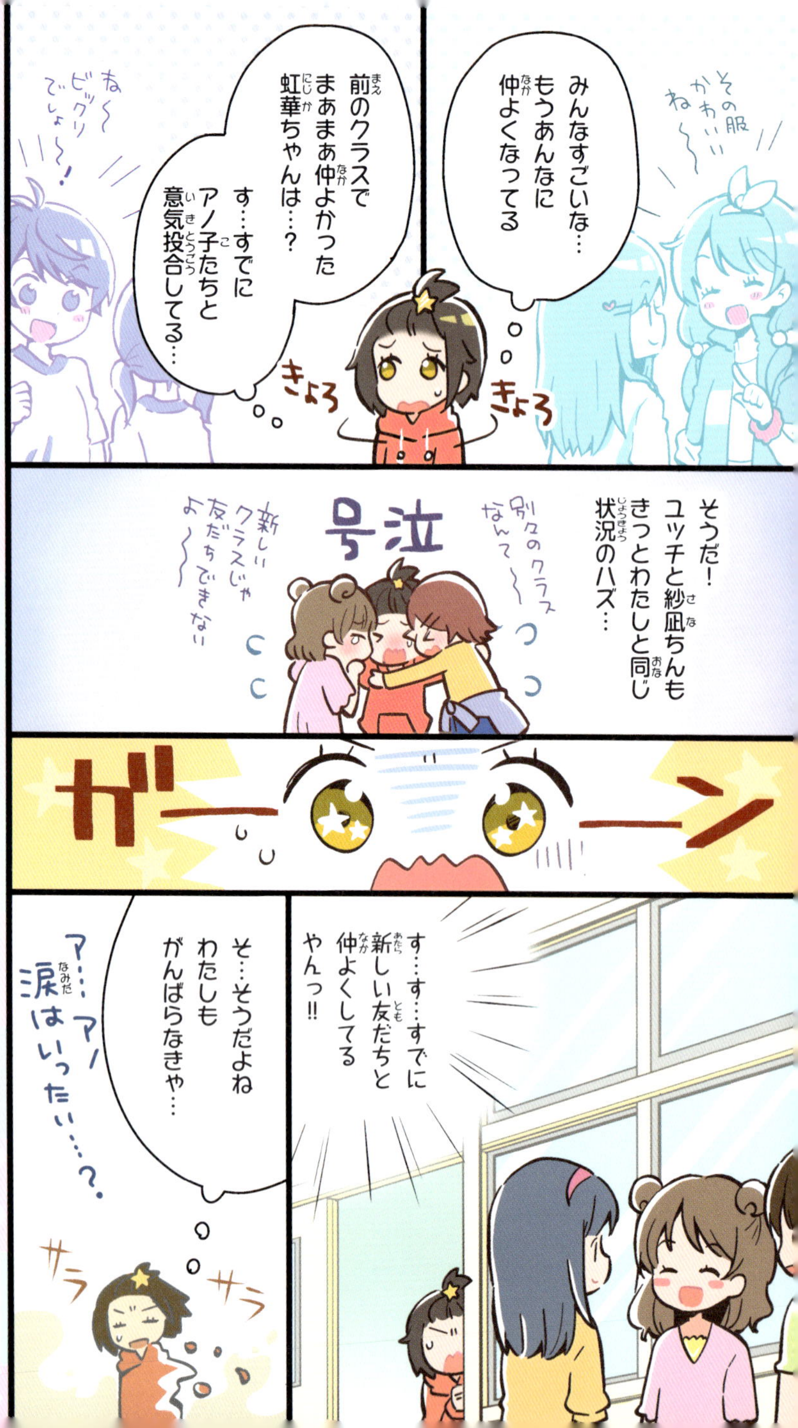
その服かわいい〜ね〜
みんなすごいな…もうあんなに仲《なか》よくなってる
きょろ
きょろ
前《まえ》のクラスでまあまあ仲《なか》よかった虹華《にじか》ちゃんは…？
す…すでにアノ子《こ》たちと意気投合《いきとうごう》してる…
ね〜ビックリでしょ〜！
そうだ！ユッチと紗凪《さな》ちゃんもきっとわたしと同《おな》じ状況《じょうきょう》のハズ…
別々のクラスなんて〜
号泣
新しいクラスじゃ友だちできないよ〜
ガーーーン
す…す…すでに新《あたら》しい友《とも》だちと仲《なか》よくしてるやんっ!!
そ…そうだよねわたしもがんばらなきゃ…
ア…アノ涙《なみだ》はいったい…？
サラ
サラ

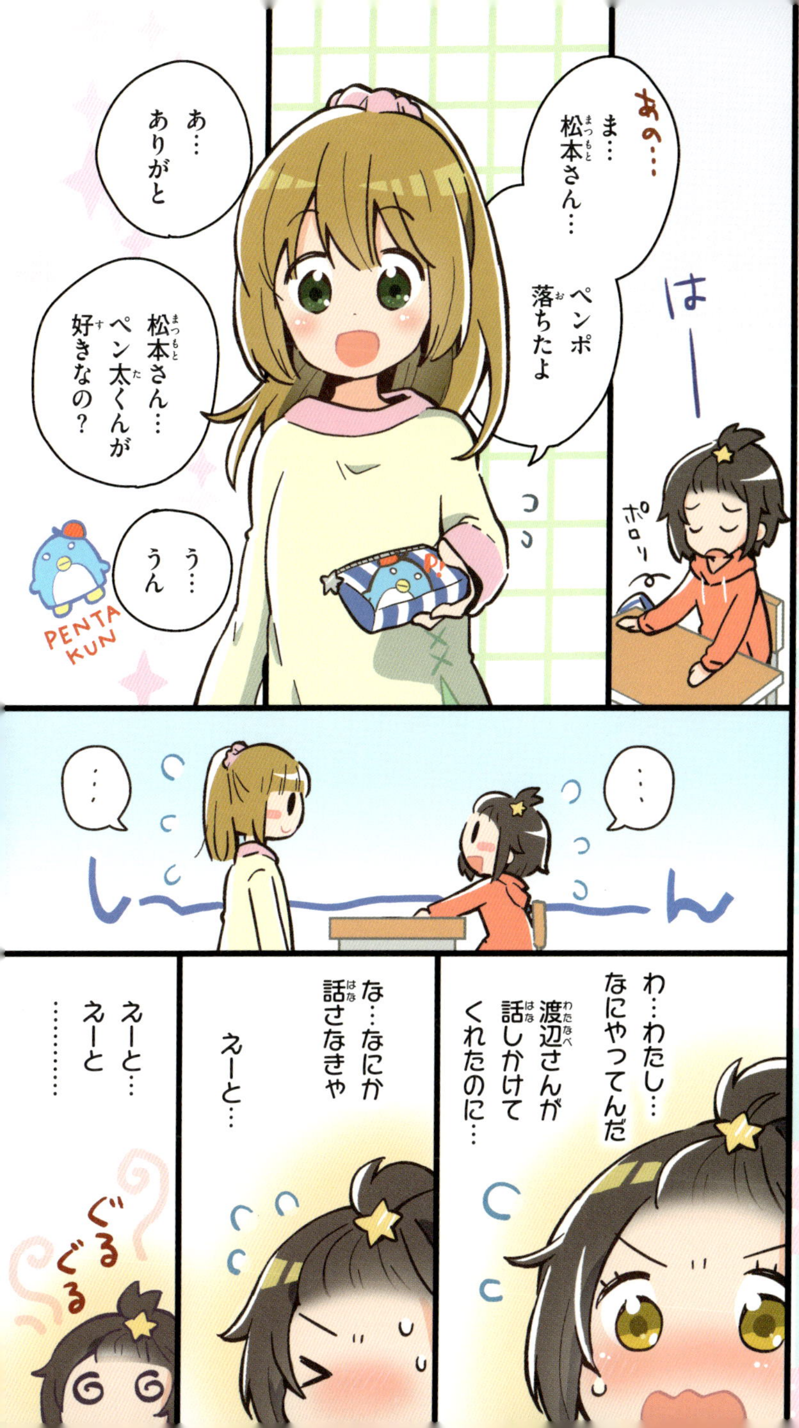
はーー
ポロリ
あの…
ま…松本《まつもと》さん…
ペンポ落《お》ちたよ
あ…ありがと
松本《まつもと》さん…ペン太《た》くんが好《す》きなの？
う…うん
PENTA KUN
…
…
しーーーーん
わ…わたし…なにやってんだ
渡辺《わたなべ》さんが話《はな》しかけてくれたのに…
な…なにか話《はな》さなきゃ
えーと…
えーと…えーと
………
ぐるぐる

この解決法《かいけつほう》は20ページから紹介《しょうかい》

い…今《いま》ひとりでなにしてたの？
松本《まつもと》さんおもしろ～い！
今日《きょう》は身体測定《しんたいそくてい》でしょみんなもう着《き》がえてるよ
あっ
見られてた～
あ…ありがとう
ううん急《いそ》いで着《き》がえよ
ドキドキドキ
ばっ
あの…
……保健室《ほけんしつ》いっしょに行《い》かない？

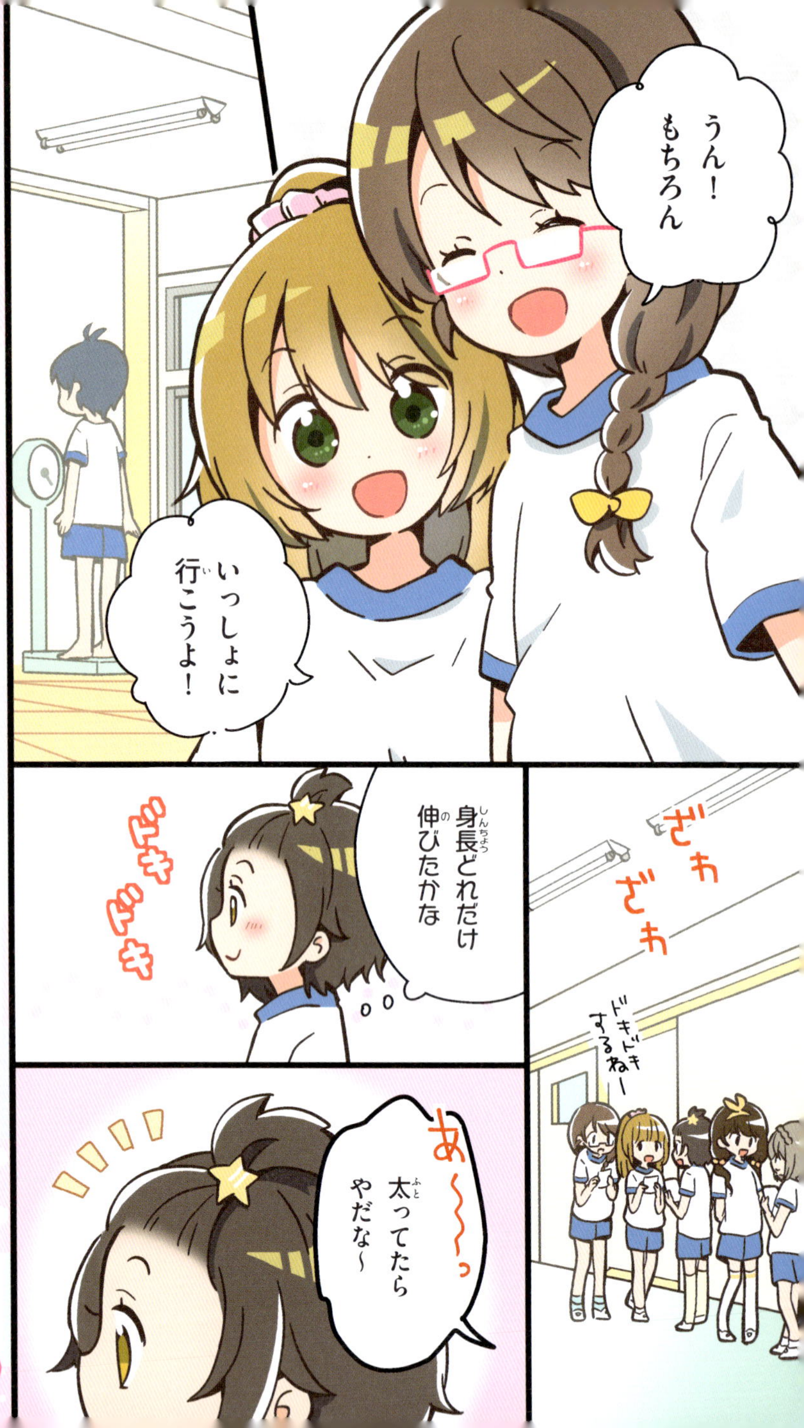

うん！もちろん
いっしょに行《い》こうよ！
ざわ ざわ
ドキドキするねー
ドキ ドキ
身長《しんちょう》どれだけ伸《の》びたかな
あ〜〜っ
太《ふと》ってたらやだな〜

この解決法《かいけつほう》は24ページから紹介《しょうかい》

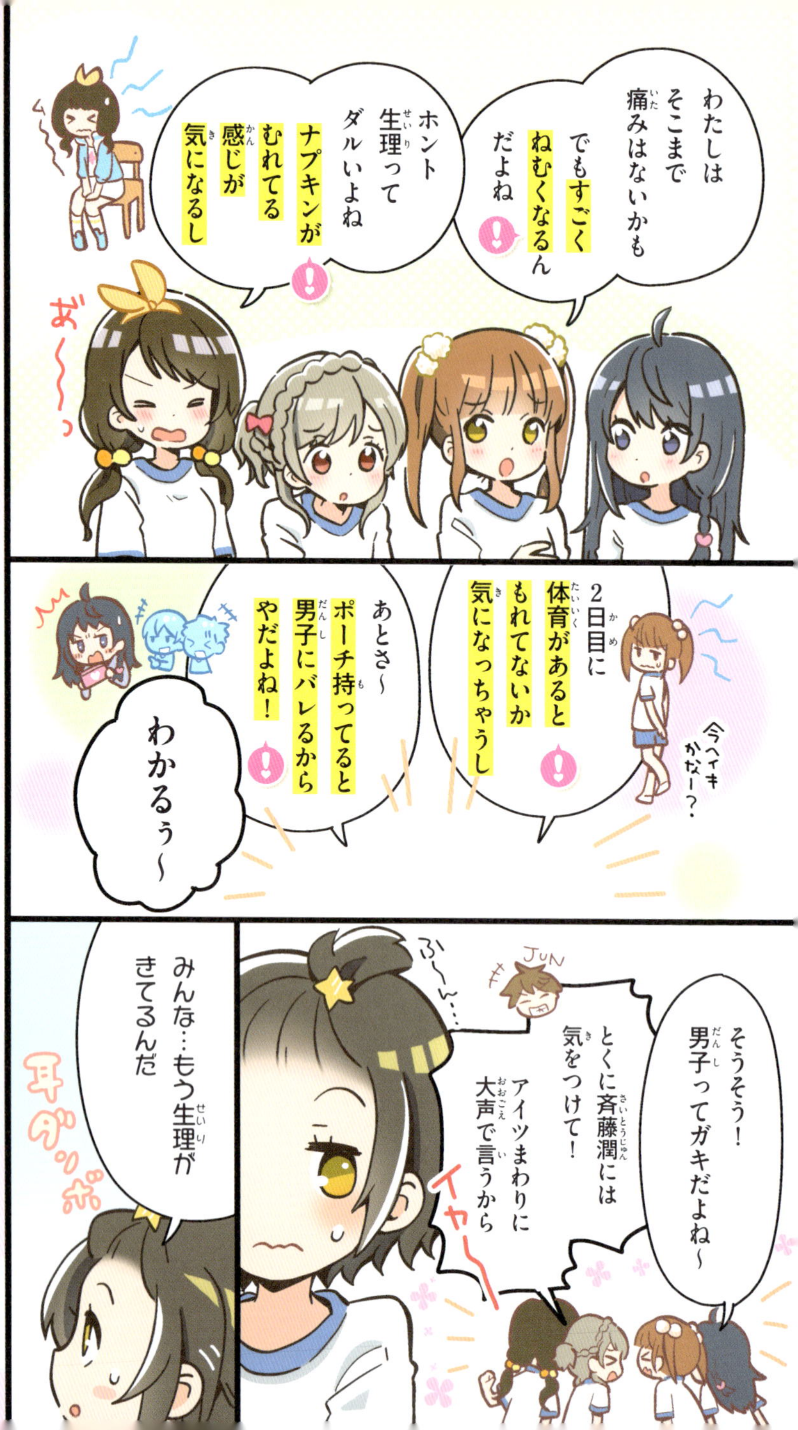

この解決法《かいけつほう》は24ページから紹介《しょうかい》

この解決法《かいけつほう》は24ページから紹介《しょうかい》

おなやみ
解《かい》決《けつ》

まだ仲《なか》よくない子《こ》と うまく話《はな》すには？

わたしのこのなやみは
心理《しんり》コミュニケーショナーの先生《せんせい》に相談《そうだん》したよ

リアルアンケート

みんなはどう考《かんが》えてる？

Q1 慣《な》れていない子《こ》とも楽《たの》しく話《はな》せる？

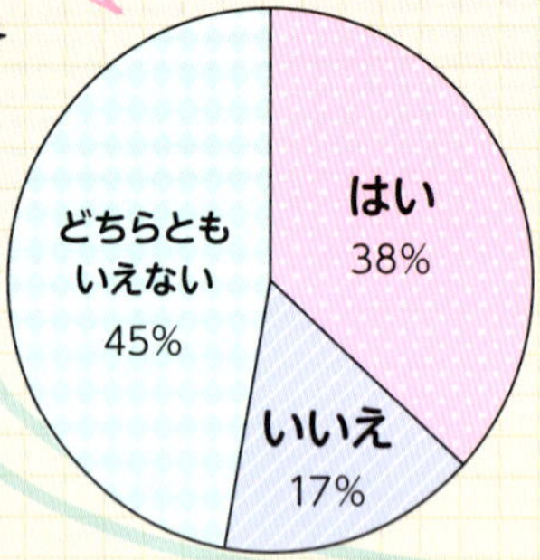
はい
38%
いいえ
17%
どちらともいえない
45%

Q2 クラスがえのなやみはある？

- 苦手《にがて》な子《こ》といっしょになったら「どうしよう」と心配《しんぱい》になる（小《しょう》4）
- 仲《なか》がよかった子《こ》もクラスが変《か》わると、交流《こうりゅう》がなくなってしまう（小《しょう》6）
- 仲《なか》よしの友《とも》だちと別《べつ》のクラスになってしまわないかが、とても不安《ふあん》（小《しょう》6）
- 友《とも》だちの輪《わ》にすぐ入《はい》れない（小《しょう》6）
- 人見知《ひとみし》りなのでツライです（小《しょう》6）

タイセツなハナシ

どうしてうまく話《はな》せない？？

まだ仲《なか》よくない子《こ》とうまく話《はな》せない原因《げんいん》はズバリ『不安《ふあん》』。そもそも、仲《なか》のいい友《とも》だちには「うまく話《はな》せるかな？」なんて、考《かんが》えもしないよね。相手《あいて》がまだどんな子《こ》かわからないから、「仲《なか》よくなれる？　きらわれない？」など、いろいろと考《かんが》えて不安《ふあん》になってしまうんだよ。そんなキモチは相手《あいて》も同《おな》じだから、不安《ふあん》にならず、自分《じぶん》がかけてほしい言葉《ことば》で、気軽《きがる》に話《はな》しかけてみよう！

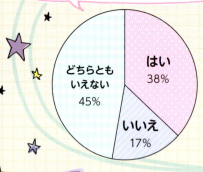

#やってみよう！

会話《かいわ》のきっかけになる話題《わだい》

いちばん緊張《きんちょう》しちゃうのは、最初《さいしょ》の会話《かいわ》だよね。どんな子《こ》からも答《こた》えが返《かえ》ってきやすい話題《わだい》を紹介《しょうかい》するよ。この話題《わだい》をきっかけに話《はなし》を広《ひろ》げよう。

血液型《けつえきがた》や星座《せいざ》

血液型《けつえきがた》から性格《せいかく》の話《はなし》をしたり、星座《せいざ》から誕生日《たんじょうび》の話《はなし》をしたりと、会話《かいわ》が広《ひろ》がりやすいよ。占《うらな》いの話《はなし》はみんな好《す》きなので、とくにもりあがるかも。

たとえば

* 「●●さんって、血液型《けつえきがた》は何型《なにがた》なの？」
* 「わたしは双子座《ふたござ》なんだけど、●●さんの星座《せいざ》を教《おし》えて！」

○○ではなにが好《す》き？

「決《き》まったものからひとつ選《えら》ぶ」話《はなし》は、その子《こ》の性格《せいかく》や好《す》きなものもわかるからおすすめ。あなたと相手《あいて》が同《おな》じ答《こた》えなら、より話《はなし》がもりあがるね。

たとえば

* 「おにぎりの具《ぐ》では、なにが好《す》き？」
* 「アイドルのなかでは、だれがスキ？」
* 「マンガの登場人物《とうじょうじんぶつ》では、だれがスキ？」

2択《たく》の質問《しつもん》をしよう

「○○と××ならどっち？」という2択《たく》の質問《しつもん》も、相手《あいて》が答《こた》えやすいよ。相手《あいて》が選《えら》んだ答《こた》えに「それってなんで？」と、さらに聞《き》いてみよう。

たとえば

* 「ネコとイヌなら、どっちが好《す》き？」
* 「国語《こくご》と算数《さんすう》、どっちがトクイ？」
* 「海《うみ》と山《やま》、どっちに行《い》きたい？」

相手《あいて》の持《も》ち物《もの》をほめる

だれでも自分《じぶん》の持《も》ち物《もの》をほめられたら、うれしくなるもの。それがお気《き》に入《い》りなら、なおさら。ほめてくれたあなたによい印象《いんしょう》をもつよ。

たとえば

* 「●●さんのペンポ、すっごくかわいい。どこで買《か》ったの？　なか見《み》てもいい？」
* 「そのヘアゴム、かわいいね♪」

相手《あいて》の好《す》きなこと

相手《あいて》の好《す》きなこと（趣味《しゅみ》や特技《とくぎ》）について、質問《しつもん》してみよう。好《す》きなことについては、みんないくらでも話《はなし》ができるものだよ。

たとえば

* 「●●さんって、恋愛小説《れんあいしょうせつ》が好《す》きなんだ。なにかおすすめの本《ほん》ってある？」
* 「●●さん、ネコ飼《か》ってるの？　ネコはかわいいよね！」

好《す》きなことを観察《かんさつ》するのもアリ！
○○さん恋愛小説《れんあいしょうせつ》を読《よ》んでるな…

#やってみよう!

会話《かいわ》をもりあげるコツ

せっかく話《はな》しかけたのに、会話《かいわ》がすぐに終《お》わっちゃったら悲《かな》しいよね。
「あなたと話《はな》すと楽《たの》しい」と思《おも》わず相手《あいて》が感《かん》じちゃうテクを紹介《しょうかい》。

しっかりうなずこう!

うなずきは「話《はなし》をちゃんと聞《き》いているよ」というサイン。これがあるだけで、相手《あいて》は聞《き》いてくれていると安心《あんしん》でき、話《はな》しやすくなるよ。

相手《あいて》の言葉《ことば》をくり返《かえ》そう!

相手《あいて》の言葉《ことば》をくり返《かえ》す(とくにキモチの部分《ぶぶん》)と、相手《あいて》は「自分《じぶん》のキモチをわかってくれた!」と感《かん》じ、もっとあなたと話《はな》したいと思《おも》ってくれるはずだよ。

たとえば　相手《あいて》「遊園地《ゆうえんち》に行《い》って、楽《たの》しかったんだ」　あなた「そっか、それは楽《たの》しいよね〜」
相手《あいて》「さっき、●●●って言《い》われてショック!」　あなた「ショックだよね。平気《へいき》?」

相手《あいて》の意見《いけん》にダメだししない!

「え〜なにそれ?　変《へん》だって!」「それっておかしくない?」などと、話《はなし》を否定《ひてい》されてしまうと、それ以上《いじょう》、相手《あいて》はあなたに話《はな》しにくくなってしまうので注意《ちゅうい》してね。

たとえば　✕ 相手《あいて》「太田《おおた》くんて、カッコイイよね?」　あなた「え〜どこが。趣味悪《しゅみわる》すぎ〜」
○ 相手《あいて》「太田《おおた》くんて、カッコイイよね?」　あなた「そっか、太田《おおた》くんがタイプなんだ!」

JC先《せん》パイのアドバイス　休《やす》み時間《じかん》にもりあがれるミニゲーム

ジャンケン。いきなり始《はじ》めると、けっこうもりあがる(中《ちゅう》1)

『マンガのセリフあてクイズ』。マンガにでてくるセリフを言《い》って、それがなんのマンガか、あてあいっこをする(中《ちゅう》1)

『○×ゲーム』。右《みぎ》の絵《え》みたく、おたがいに○か×を書《か》いていき、先《さき》に3つならんだほうが勝《か》ち。すぐ終《お》わるから休《やす》み時間《じかん》にぴったりだよ(中《ちゅう》2)

○	×	○
○		×
×		

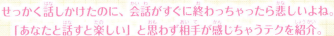

よぉ〜し！ふたりに話《はな》しかけよう！
ねぇ ねぇ
ふたりはさ イヌとネコどっちが好《す》き？
わたしはゼッタイにイヌだな！
飼ってるの〜
わたしはネコかな？
松本《まつもと》さんは？
え？ わ…わたし？
自分の考えてなかった！
う〜んと好《す》きなのはカッパかな…
えっ!?
あははは
イヌとネコじゃないじゃん！
あっ！
ゆりあちゃんってやっぱりおもしろいね！
！
カッパってすもうが好きなの知ってた!?
なにそれー

おなやみ解決《かいけつ》

カラダの成長《せいちょう》の差《さ》が気《き》になっちゃう…

わたしのこのなやみは、クリニック（病院《びょういん》）の先生《せんせい》と生理用品《せいりようひん》の会社《かいしゃ》の人《ひと》に相談《そうだん》したよ

リアルアンケート みんなはどう考《かんが》えてる？

Q1 体型差《たいけいさ》を気《き》にしたことがある？

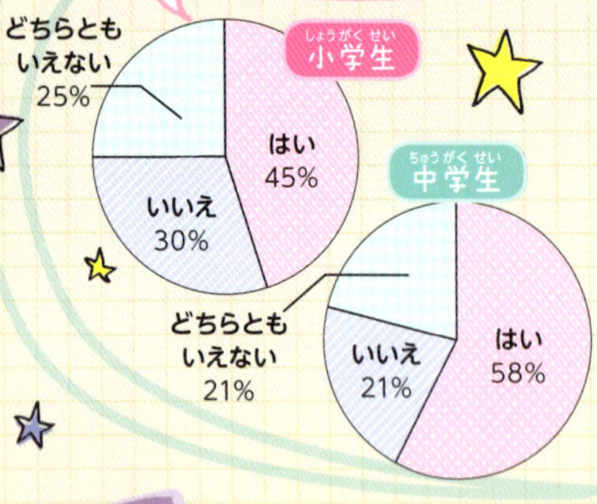

小学生《しょうがくせい》
はい 45%
いいえ 30%
どちらともいえない 25%
中学生《ちゅうがくせい》
はい 58%
いいえ 21%
どちらともいえない 21%

Q2 気《き》にしていることってなに？

- 身長《しんちょう》が低《ひく》くてはずかしい (小《しょう》5)
- 太《ふと》っていて気《き》になる (小《しょう》6)
- 体重《たいじゅう》がほかの子《こ》より、少《すこ》し多《おお》い (小《しょう》6)
- 背《せ》がほかの子《こ》より高《たか》すぎる (小《しょう》6)
- 友《とも》だちのほうが身長《しんちょう》が高《たか》い。わたしは胸《むね》が小《ちい》さくて気《き》になる (小《しょう》5)
- クラスの女子《じょし》のなかでも、成長《せいちょう》の差《さ》がけっこうでてきた気《き》がする (小《しょう》6)

タイセツなハナシ

成長《せいちょう》のスピードは人《ひと》それぞれ

小学校《しょうがっこう》３～４年生《ねんせい》くらいから、身長《しんちょう》や体重《たいじゅう》、胸《むね》の大《おお》きさなどに少《すこ》しずつちがいがでてきます。成長《せいちょう》が早《はや》い子《こ》もいれば、遅《おそ》い子《こ》もいる。人《ひと》それぞれ成長《せいちょう》スピードはちがっても、みんなだんだんと大人《おとな》の体《からだ》になっていくので、心配《しんぱい》いりません。顔《かお》や性格《せいかく》と同《おな》じで体型《たいけい》もみんなちがうので、人《ひと》とくらべて気《き》にする必要《ひつよう》はないよ。

タイセツなハナシ

生理《せいり》っていつくるものなの？

女《おんな》の子《こ》は10～15歳《さい》で、初経《しょけい》（初《はじ》めての生理《せいり》）をむかえます。※初経《しょけい》をむかえる平均年齢《へいきんねんれい》は12.24歳《さい》（± 0.93歳《さい》）。「身長《しんちょう》が何《なん》cm、体重《たいじゅう》が何《なん》kgになったら生理《せいり》がくる」など、ウワサを聞《き》くかもしれませんが、決《き》まりごとはなく人《ひと》によってちがいます。初経《しょけい》がまだこない子《こ》も、16歳《さい》まではきますので心配《しんぱい》はいりません。

#お勉強《べんきょう》しよう！

生《せい》理《り》用《よう》品《ひん》について知《し》ろう

生理中《せいりちゅう》に必要《ひつよう》になるものを、きちんとおぼえておこう。わからないことや不安《ふあん》なことは、家族《かぞく》や保健《ほけん》の先生《せんせい》に聞《き》くのがいちばんだよ。

ナプキンの種類《しゅるい》

ナプキンは形《かたち》、大《おお》きさや厚《あつ》さ（経血《けいけつ》の吸収量《きゅうしゅうりょう》）、肌《はだ》ざわりなどでわかれているよ。
※経血《けいけつ》＝子宮内《しきゅうない》に作《つく》られた内膜《ないまく》がはがれて血《ち》といっしょに出《で》てきたもの。

昼用《ひるよう》

羽《はね》なし

ナプキンの基本《きほん》の形《かたち》

羽《はね》あり

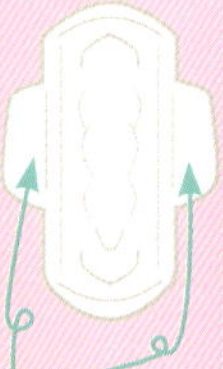

羽《はね》でショーツに固定《こてい》できる

サイズのちがい

軽《かる》い日用《ひよう》	17.5cm ～ 20cm
ふつうの日《ひ》用《よう》	～ 23cm
多《おお》い日用《ひよう》	～ 25cm

夜用《よるよう》

羽《はね》でショーツに固定《こてい》できおしりまで包《つつ》むので経血《けいけつ》のモレを防《ふせ》ぐ

サイズのちがい

多《おお》い夜用《よるよう》	26cm ～ 33cm
特《とく》に多《おお》い夜用《よるよう》	～ 36cm ～ 42cm

● 寝《ね》るとき	「夜用《よるよう》」タイプでモレを心配《しんぱい》せずに眠《ねむ》ろう。
● 体《からだ》をたくさん動《うご》かす日《ひ》	「羽《はね》つきスリム（厚《あつ》さがうすい）」タイプなら運動中《うんどうちゅう》もズレにくい。 ※「スリムタイプ」は「ふつうのタイプ」より、厚《あつ》さが半分《はんぶん》ぐらいうすいよ。
● 長時間《ちょうじかん》かえられない日《ひ》	たくさん吸収《きゅうしゅう》してくれる「昼用多《ひるようおお》い日用《ひよう》」タイプが安心《あんしん》。

生理用《せいりよう》ショーツ

厚手《あつで》で経血《けいけつ》のモレが目立《めだ》ちにくく、汚《よご》れが落《お》ちやすい。ポケットつきや羽《はね》をしまえるタイプも。

ナプキンポーチ

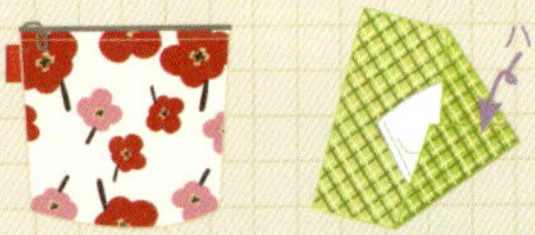

ナプキンを入《い》れて使《つか》おう。トイレへの持《も》ち運《はこ》びが気《き》になる子《こ》は、ハンカチに包《つつ》んでおこう。

※資料提供元《しりょうていきょうもと》：ユニ・チャーム

#やってみよう！

生理中《せいりちゅう》も快適《かいてき》にすごそう！

生理中《せいりちゅう》は体調《たいちょう》や生活《せいかつ》スタイルが変《か》わって、暗《くら》い気分《きぶん》になりがちだけど
ちょっとの工夫《くふう》で、いつも通《どお》り快適《かいてき》にすごせるようになるよ！

ごはんをしっかり食《た》べる

生理中《せいりちゅう》は貧血《ひんけつ》になりやすいので、食欲《しょくよく》がなくてもしっかり食《た》べるようにして。とくに朝《あさ》ごはんは大切《たいせつ》だよ。スープやおみそしるなど、体《からだ》を温《あたた》めるものを飲《の》むといいよ。

しっかりと睡眠《すいみん》をとる

生理中《せいりちゅう》は「副交感神経《ふくこうかんしんけい》」という神経《しんけい》が働《はたら》くので昼間《ひるま》にねむくなってしまったり、ふだんより体《からだ》がつかれやすくなるよ。そのため、できるだけ早《はや》く寝《ね》て体《からだ》を休《やす》めよう。

お腹《なか》や下半身《かはんしん》を温《あたた》める

生理中《せいりちゅう》はお腹《なか》や下半身《かはんしん》を冷《ひ》やさないことが大切《たいせつ》。生理痛《せいりつう》がある人《ひと》は、腹巻《はらま》きと小《ち》さなカイロで、痛《いた》みをやわらげることができるよ。生理痛《せいりつう》がひどい人《ひと》は大人《おとな》に相談《そうだん》してね。

洋服《ようふく》は考《かんが》えて選《えら》ぼう

生理中《せいりちゅう》は着《き》る洋服《ようふく》も考《かんが》えよう。もしも経血《けいけつ》がもれてしまったときでも目立《めだ》ちにくい、黒《くろ》やこげ茶《ちゃ》、紺色《こんいろ》など濃《こ》い色《いろ》の洋服《ようふく》を選《えら》ぶと安心《あんしん》だよ。反対《はんたい》にピンクや白《しろ》はさけて。

ナプキンの正《ただ》しい使《つか》い方《かた》とすて方《かた》

ナプキンを正《ただ》しく使《つか》わないと、経血《けいけつ》がもれたりつけ心地《ごこち》が悪《わる》くなるので注意《ちゅうい》。ナプキンのすて方《かた》も、女性《じょせい》のマナーとして、きちんとおぼえておこうね。

❶テープをはがしナプキンを取《と》りだす。❷ショーツに貼《は》りつける。※羽《はね》ありは長《なが》いほうがおしり側《がわ》。※羽《はね》なしは前後《ぜんご》なし。❸羽《はね》つきは羽《はね》を折《お》り返《かえ》す。※股部分《またぶぶん》が２重《じゅう》の生理用《せいりよう》ショーツの場合《ばあい》、羽《はね》をなかにしまう。

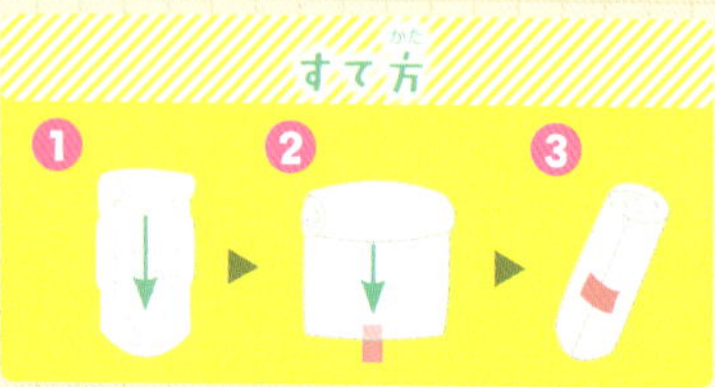

❶経血《けいけつ》がついている面《めん》を内側《うちがわ》にして丸《まる》める。❷交換《こうかん》する新《あたら》しいナプキンの包《つつ》み紙《がみ》にくるんで丸《まる》める。❸テープでとめて、生理用品専用《せいりようひんせんよう》のゴミ箱《ばこ》へすてる。トイレに流《なが》すのは絶対《ぜったい》にダメ。

※資料提供元《しりょうていきょうもと》：ユニ・チャーム

クラスの女子たち
成長《せいちょう》の差《さ》が
あっても
気《き》にしない…か
たしかに
顔《かお》や性格《せいかく》だって
みんなちがうな
みんなが
まったく
同《おな》じだったら
変《へん》だよね…
うじゃうじゃ
うわ～～
気《き》持《も》ち
わるっ～！

ゆりあちゃん
リレーの選手《せんしゅ》に
選《えら》ばれる
なんてすごい！
ホント！
カッコイイよね
たまたまだよ
今回《こんかい》が
初《はじ》めてだし
えへ♥
ぞくっ
ん？ するどい視線《しせん》を
感《かん》じたような…
中村《なかむら》さんだよ… ずっと
リレーの選手《せんしゅ》だったから
補欠《ほけつ》がくやしいのかも
記録《きろく》をはかった日《ひ》は
具合悪《ぐあいわる》そうだったもんね
ごほ
ごほ
そうだったんだ…
知《し》らなかった
？

放課後《ほうかご》
リレーの練習《れんしゅう》だよ早《はや》く行《い》こ～
う…うん…
なんかこわい…
でも
わたしだってずっとリレーの選手《せんしゅ》にあこがれてたんだもん
プレッシャーもあるけど…
がんばって練習《れんしゅう》しなきゃ
だっ
やっぱり井上《いのうえ》の走《はし》り方《かた》はキレイだなー
え？
はぁはぁ
ホントだカッコイイ走《はし》り方《かた》！
わたしもみんなにはあんなふうに見《み》えてるのかな

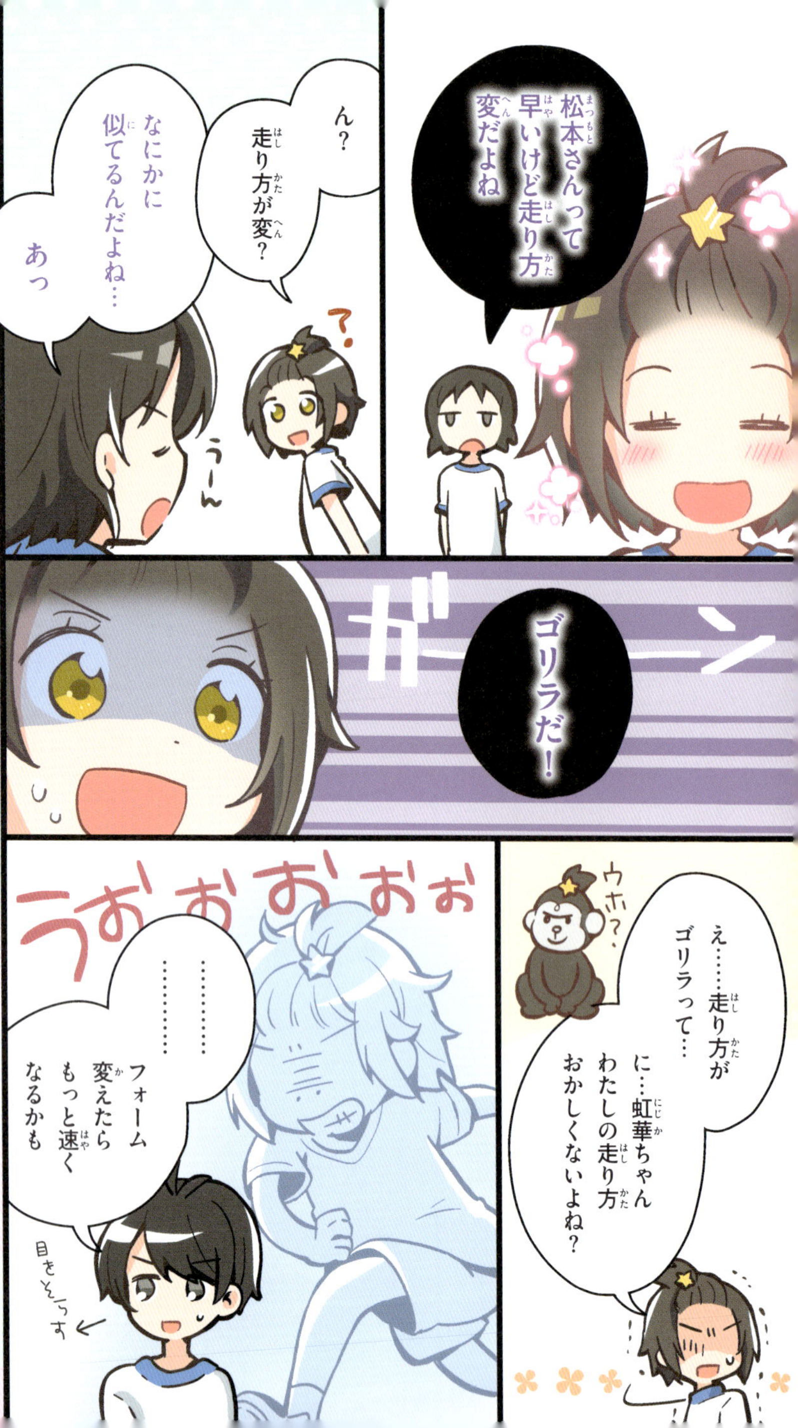
松本《まつもと》さんって早《はや》いけど走《はし》り方《かた》変《へん》だよね
？
ん？
走《はし》り方《かた》が変《へん》？
なにかに似《に》てるんだよね…
あっ
う〜ん
ガーーン
ゴリラだ！
ウホ？
え……走《はし》り方《かた》がゴリラって…
に…虹華《にじか》ちゃん
わたしの走《はし》り方《かた》
おかしくないよね？
うおおおぉ
…………
…………
フォーム変《か》えたら
もっと速《はや》く
なるかも
目をそらす

ウソ……
わたしの走《はし》り方《かた》って変《へん》だったの——
想像《そうぞう》の走《はし》り姿《すがた》はこう…
実際《じっさい》の走《はし》り姿《すがた》はこう…
ズガーーン

ゆりあちゃんだいじょうぶだよ！
わたしはいつもこんなことを意識《いしき》して走《はし》っているよ！
姿勢《しせい》
頭《あたま》からかかとまで一直《いっちょく》線《せん》になるように！ 背中《せなか》が丸《まる》まるとカッコ悪《わる》いよ。
目線《めせん》
走《はし》る先《さき》のナナメ下《した》あたりに、自然《しぜん》に目線《めせん》がいくのが正解《せいかい》。
腕《うで》
手《て》を軽《かる》くにぎり、しっかりと後《うし》ろに引《ひ》くようにふる。
NG!
表情《ひょうじょう》
大《おお》きく口《くち》をあけたり、アゴをあげたりすると苦《くる》しい顔《かお》に見《み》えちゃうので注意《ちゅうい》！
足《あし》
足《あし》で三角形《さんかくけい》を作《つく》るようにひざをぐっとあげる。
キレイなフォームを意識《いしき》すると速《はや》く走《はし》れるようにもなるんだよ！

この解決法《かいけつほう》は38ページから紹介《しょうかい》

よくあるバトンパスの失敗例《しっぱいれい》

走者《そうしゃ》と次走者《じそうしゃ》が激突《げきとつ》…

次走者《じそうしゃ》のバトンを受《う》け取《と》る手《て》の位置《いち》や、手《て》をだすタイミングが悪《わる》いため、走者《そうしゃ》がいきおいよく走《はし》ってきて、ぶつかってしまう。

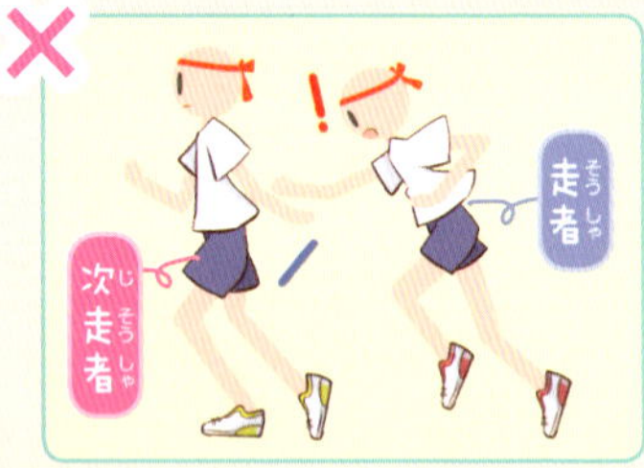

バトンを落《お》としてしまう…

走者《そうしゃ》がバトンを持《も》つ手《て》をはなしたとき、次走者《じそうしゃ》がまだきちんとバトンをにぎっておらず、落《お》ちてしまう。

バトンパスがうまくいかないとそこで追《お》いぬかれてしまうよね。「走者《そうしゃ》が走《はし》るスピードを落《お》とさず流《なが》れるようにパスする」のがよいバトンパスだよ!

この解決法《かいけつほう》は38ページから紹介《しょうかい》

ありがとう 中村《なかむら》さん！
べ…別《べつ》にそんなんじゃないから！
いつでも選手《せんしゅ》変《か》わってあげるし！
目指《めざ》すは1位《い》！ ゼッタイ勝《か》とうね！
次《つぎ》の日《ひ》
わぁ～
ゆりあちゃんすごい！
リレーの練習《れんしゅう》始《はじ》まってから足早《あしはや》くなってる？
えへへ
はー…
運動会楽しみだね～
玉入れもガンバロ～！

この解決法《かいけつほう》は42ページから紹介《しょうかい》

どうしよ…
やっぱりわたし
汗《あせ》くさいのかな?
ギュ…
あ〜〜っ
わかった!
花《か》びんの水《みず》が
くさいんだ
ずっと水変えてないじゃ〜ん
な…なんだ
よかった
ほっ
ドキドキ
でもやっぱり
気《き》になる…
ワキの汗《あせ》を
洗《あら》い流《なが》せば…
ジャーーッ
ぱしゃっ
あっ!
ギュ…
もう…
サイアク

この解決法《かいけつほう》は42ページから紹介《しょうかい》

この解決法《かいけつほう》は42ページから紹介《しょうかい》

おなやみ解決《かいけつ》

かっこよく速《はや》く走《はし》れるようになりたい！

ゆりあちゃんのこのなやみは
スポーツ教室《きょうしつ》の先生《せんせい》に相談《そうだん》したよ

タイセツなハナシ

だれだって足《あし》は速《はや》くなる！

「足《あし》が遅《おそ》い＝運動神経《うんどうしんけい》が悪《わる》い」と勝手《かって》に決《き》めつけて、あきらめている人《ひと》はいないかな？　速《はや》く走《はし》れないのは、正《ただ》しい走《はし》り方《かた》を知《し》らないだけ。小学生《しょうがくせい》のうちは、運動能力《うんどうのうりょく》がどんどんと高《たか》くなる時期《じき》で、今《いま》までできなかった運動《うんどう》も急《きゅう》にできるようになったりします。正《ただ》しい走《はし》り方《かた》を身《み》につければ、だれでも速《はや》く走《はし》れるのです！

走《はし》り方《かた》のキレイなフォームのおさらい

1 足《あし》の上《あ》げ方《かた》

左足《ひだりあし》のひざをぐっとあげ、三角形《さんかくけい》を作《つく》る。右足《みぎあし》のひざをぐっとあげ、三角形《さんかくけい》を作《つく》る。足《あし》のあげ方《かた》はこのくり返《かえ》しです。ひざをしっかりあげて三角形《さんかくけい》を作《つく》ろう。

2 まっすぐな姿勢《しせい》

頭《あたま》からかかとまで一直線《いっちょくせん》になるのが正《ただ》しい姿勢《しせい》。お団子《だんご》のように串《くし》が体《からだ》にささっていると意識《いしき》してみて。かっこ悪《わる》い走《はし》り方《かた》の多《おお》くは、姿勢《しせい》の悪《わる》さが原因《げんいん》。

3 腕《うで》のふり方《かた》

腕《うで》はしっかりと後《うし》ろに引《ひ》くこと。腕《うで》ふりはとても重要《じゅうよう》です。上半身《じょうはんしん》と下半身《かはんしん》は連動《れんどう》しているため、腕《うで》ふりがきちんとできると、足《あし》も自然《しぜん》とついてきます。

#やってみよう！

フォームを身《み》につける練習《れんしゅう》

最初《さいしょ》から「足《あし》」「姿勢《しせい》」「腕《うで》」を同時《どうじ》に正《ただ》しく動《うご》かすことはむずかしいはず。
ひとつずつ練習《れんしゅう》をくり返《かえ》して、体《からだ》でおぼえるようにしていこう。

1 足《あし》の上《あ》げ方《かた》練習《れんしゅう》

ステップ1 足《あし》のふりあげ練習《れんしゅう》

①足《あし》をあげる
三角形《さんかくけい》
②足《あし》をさげる

ポイント

- かべにふりあげる足《あし》と反対《はんたい》の手《て》をつき、三角形《さんかくけい》を意識《いしき》（ひざ裏《うら》にテニスボールをはさむようなイメージ）して足《あし》をしっかりふろう。

足《あし》のつけ根《ね》から足《あし》を動《うご》かそう！

ステップ2 ひざあげスキップ

右足《みぎあし》
左足《ひだりあし》

ポイント

- 目《め》の前《まえ》にある何枚《なんまい》ものかべを、ひざをしっかりととがらせたスキップで、けやぶっていくイメージ。

足《あし》の三角形《さんかくけい》が
自然《しぜん》とできるようになるよ！

2 まっすぐな姿勢《しせい》練習《れんしゅう》

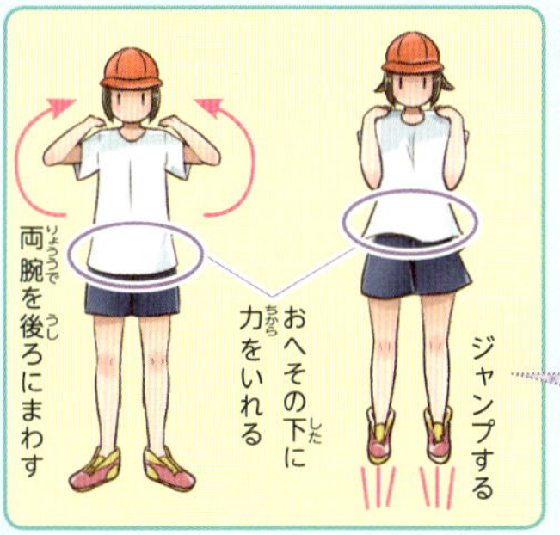
両腕《りょううで》を後《うし》ろにまわす
おへその下《した》に力《ちから》をいれる
ジャンプする

❶おへその下《した》に力《ちから》をいれて立《た》ち、両手《りょうて》を肩《かた》の上《うえ》に置《お》くよ。
❷そのまま両腕《りょううで》を後《うし》ろにまわし、ひじが下《した》におりた瞬間《しゅんかん》にジャンプしよう。
❸❷をくり返《かえ》しながら、前《まえ》にぴょんぴょんと進《すす》んでいこう。

前《まえ》に進《すす》んでいくとき
頭《あたま》から串《くし》がささった
まっすぐな姿勢《しせい》をキープして

3 腕《うで》のふり方《かた》練習《れんしゅう》

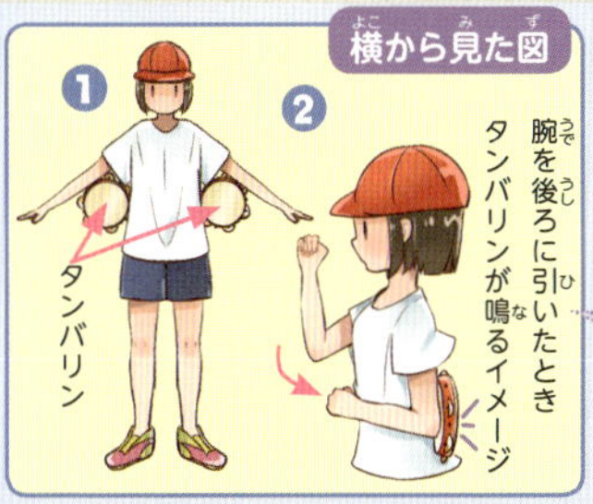
横《よこ》から見《み》た図《ず》
①
②
タンバリン
腕《うで》を後《うし》ろに引《ひ》いたとき
タンバリンが鳴《な》るイメージ

❶まずは体《からだ》の横《よこ》にタンバリンがついているとイメージしよう。
❷曲《ま》げたひじでタンバリンをたたくように、腕《うで》を左右順番《さゆうじゅんばん》に引《ひ》こう。

腕《うで》は前《まえ》にふるのではなく
しっかり後《うし》ろに引《ひ》く！

#やってみよう！ 理想的《りそうてき》なリレーバトンパス

スピードを落《お》とさず、流《なが》れるようにバトンパスできるかどうかが、ポイント！
「バトンの持《も》ち方」や「受《う》け取《と》る手《て》」の形《かたち》がとても大切《たいせつ》になってくるよ！

※学校《がっこう》の先生《せんせい》が教《おし》える内容《ないよう》とちがう場合《ばあい》は、先生《せんせい》に相談《そうだん》してみてね。

1 かまえて待《ま》つ

走《はし》りだすかまえのまま頭《あたま》だけうしろをむく。

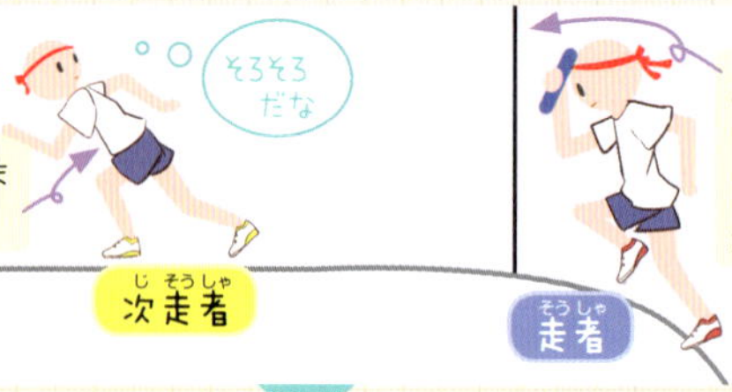

次走者《じそうしゃ》が走《はし》りだす目安《めやす》のラインは事前《じぜん》に決《き》めておく。

2 走《はし》り始《はじ》める

走者《そうしゃ》が線《せん》まできた瞬《しゅん》間《かん》に走《はし》りだす。もう後《うし》ろは見《み》ない。

走者《そうしゃ》はスピードを落《お》とさずにそのまま走《はし》る。

3 手《て》をだす

「ハイッ」のかけ声《ごえ》を聞《き》いたら、左手《ひだりて》を後《うし》ろにのばす。

親指《おやゆび》を下《した》にむけたこの形《かたち》をしっかりとキープする。

次走者《じそうしゃ》が走《はし》りだしたのを確認《かくにん》したら「ハイッ」と声《こえ》をかける。

4 受《う》けとる

バトンがおしこまれたら、そのままにぎる。

次走者《じそうしゃ》の手《て》のひらにバトンをぐっと押《お》しこむ。

バトンを持《も》つ手《て》

親指《おやゆび》を前《まえ》にむけるイメージでにぎる。

5 持《も》つ手《て》を変《か》える

左手《ひだりて》で受《う》けとったバトンを右手《みぎて》に持《も》ち変《か》える。

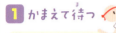

ゆりあちゃんガンバレ〜!!
松本《まつもと》さん練習《れんしゅう》いっぱいしたんだな…
ぐっ…
すご〜いぬいた!
キャ〜〜ッ
わ〜〜っ
やった〜♪1組《くみ》が1位《い》だよ〜!!
ゆりあちゃん走《はし》る姿《すがた》カッコよかったよ!
ぱん!
ありがとう★
1

おなやみ解決《かいけつ》

汗《あせ》のニオイがすごく気《き》になっちゃう…

わたしのこのなやみは
クリニック（病院《びょういん》）の先生《せんせい》に相談《そうだん》したよ

リアルアンケート

みんなはどう考《かんが》えてる？

Q1 夏《なつ》は汗《あせ》の量《りょう》やニオイを気《き》にする？

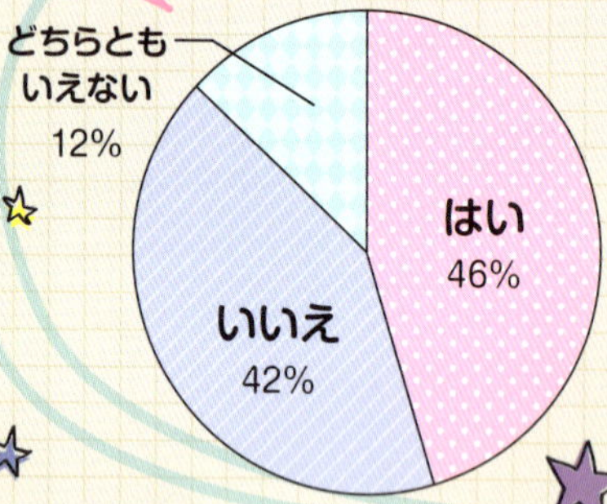

どちらとも
いえない
12%
はい
46%
いいえ
42%

Q2 気《き》になるのはどんなこと？

- 汗《あせ》のニオイが「くさい」と友《とも》だちに言《い》われないかが心配《しんぱい》（小《しょう》5）
- 体《たい》そう服《ふく》が汗《あせ》でぬれちゃう（小《しょう》6）
- 汗《あせ》くさい気《き》がして、ワキをさわってニオイをかいじゃう（小《しょう》6）
- くつのなかで、くつしたが汗《あせ》でビショビショに。ニオイがしそう…（小《しょう》6）
- ワキから汗《あせ》がたくさんでる（小《しょう》6）

タイセツなハナシ

汗《あせ》ってなに？

汗《あせ》は体温《たいおん》を調節《ちょうせつ》するためにかくもの。暑《あつ》いときや運動《うんどう》をすると体温《たいおん》は上《あ》がります。体温《たいおん》が上《あ》がったままだと体《からだ》の機能《きのう》がこわれてしまうため、脳《のう》が指令《しれい》をだして汗《あせ》をかき、体温《たいおん》を下《さ》げるのです（汗《あせ》が蒸発《じょうはつ》するときに体温《たいおん》が下《さ》がる）。
「体温調節《たいおんちょうせつ》のための汗《あせ》」のほかにも、緊張《きんちょう》したりおどろいたりしたときにでる汗《あせ》（冷《ひ》や汗《あせ》）や、辛《から》いものを食《た》べたときの汗《あせ》なども。これらの仕組《しく》みはよくわかっていません。

タイセツなハナシ

汗《あせ》の量《りょう》とニオイ

でたばかりの汗《あせ》にはニオイはない！

じつはでたばかりの汗《あせ》には、ニオイがありません。しかし汗《あせ》をかいたままにしておくと、汗《あせ》や皮《ひ》ふの汚《よご》れを、皮《ひ》ふについた菌《きん》が分解《ぶんかい》し始《はじ》めます。このときにくさいニオイが発生《はっせい》するのです。また、野菜《やさい》を食《た》べず、肉《にく》やファストフードばかり食《た》べていると、汗《あせ》にふくまれる脂分《あぶらぶん》が多《おお》くなり、くさいニオイが強《つよ》くなるとされます。

汗《あせ》をかくのは、とてもよいこと！

汗《あせ》は体《からだ》にとって重要《じゅうよう》なもの。体温調節《たいおんちょうせつ》をする汗《あせ》がうまくかけないと、熱中症《ねっちゅうしょう》が起《お》こりやすくなります。日頃《ひごろ》から運動《うんどう》やオフロで汗《あせ》をたくさんかく習慣《しゅうかん》をつけてください。この習慣《しゅうかん》によって汗腺《かんせん》（汗《あせ》をだす部分《ぶぶん》）が発達《はったつ》します。汗腺《かんせん》が発達《はったつ》すると、ニオイやすい悪《わる》い汗《あせ》がでにくいとされます。汗《あせ》をかくことはよいことです！

#やってみよう！ 汗《あせ》のニオイケア 生活《せいかつ》へん

必要以上《ひつよういじょう》に、汗《あせ》のニオイを気《き》にする必要《ひつよう》はありません。毎日《まいにち》の生活《せいかつ》でこのふたつに気《き》をつけていれば、くさいなんてことにはならないよ！

毎日《まいにち》、体《からだ》を洗《あら》おう！

人《ひと》は１日《にち》でたくさんの汗《あせ》をかきます。その日《ひ》のうちにキレイにしましょう。ボディソープを使《つか》って、しっかりと洗《あら》い流《なが》して。洗《あら》うのを忘《わす》れがちなこれらの部分《ぶぶん》に気《き》をつけてね。

清潔《せいけつ》な下着《したぎ》・洋服《ようふく》を！

体《からだ》をしっかり洗《あら》っても、汗《あせ》をたくさん吸《す》ってくさくなった下着《したぎ》や洋服《ようふく》をまた着《き》てしまったら、意味《いみ》がありません。毎日《まいにち》忘《わす》れずに、清潔《せいけつ》なものにとりかえるようにして。バスタオルもそうだよ。

くつにも汗《あせ》のニオイは残《のこ》りがち。２週間《しゅうかん》に一度《いちど》はしっかりと洗《あら》うようにしてね！ 上《うわ》ばきもだよ。

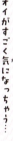

#やってみよう！

汗《あせ》のニオイケア アイテムへん

学校《がっこう》でも1日中《にちじゅう》、汗《あせ》のニオイを気《き》にせずにすごしたいなら、朝《あさ》、登校前《とうこうまえ》に「デオドラントアイテム」を使《つか》ってみてね。それぞれの特《とく》ちょうがあるよ。

デオドラントアイテムのちがい

スプレータイプ

○ 体《からだ》の広《ひろ》いはんいに、手軽《てがる》に使《つか》える。

△ 汗《あせ》で落《お》ちてしまい、長時間《ちょうじかん》の効果《こうか》はない。

使《つか》い方《かた》

肌《はだ》から15cmくらいはなした位置《いち》から！

❶汗《あせ》をぬれたタオルでふきとる。❷スプレー缶《かん》を上下《じょうげ》に4～5回《かい》ふる。❸肌《はだ》からはなした位置《いち》からスプレーする。1か所《しょ》につき3秒以内《びょういない》に。

シートタイプ

○ 体《からだ》のどこにでも使《つか》え、汗《あせ》をふきとれる。

△ ニオイ予防《よぼう》にはあまり効果《こうか》はない。

使《つか》い方《かた》

優《やさ》しく汗《あせ》をふきとってね！

汗《あせ》が気《き》になる部分《ぶぶん》を優《やさ》しくふこう。一度《いちど》使《つか》ったものは、また使《つか》うことはせず、すてようね。お出《で》かけのときに持《も》っていくと便利《べんり》だね。

スティックタイプ

○ 汗《あせ》でも落《お》ちにくく、1日中《にちじゅう》効果《こうか》が持続《じぞく》する。

× ワキ専用《せんよう》で、ほかの部分《ぶぶん》には使《つか》えない。

使《つか》い方《かた》

少《すこ》しだけ力《ちから》を入《い》れ肌《はだ》にぬりつけて！

❶汗《あせ》をぬれたタオルでふきとる。❷ワキ部分《ぶぶん》を上《うえ》から下《した》へと、スティックの先《さき》でぬろう。強《つよ》くこすりつけると、肌《はだ》を痛《いた》めるから注意《ちゅうい》してね。

学校《がっこう》では、どうニオイケアする？

「学校《がっこう》でもデオドラントアイテムを使《つか》いたい！」というあなた。学校《がっこう》に持《も》っていっていいか、きちんと確認《かくにん》しようね。デオドラントアイテムがなくても、汗《あせ》をかいた登校後《とうこうご》や体育《たいいく》の後《あと》に、水《みず》でぬらしたハンカチやミニタオルで、ワキの汗《あせ》を優《やさ》しくふきとれば、ニオイはケアできるよ。※汗《あせ》をふいたハンカチはすぐに洗《あら》っておこう。

じゃんっ
これでもう安心《あんしん》！
わたし…今《いま》まで少《すこ》し気《き》にしすぎだったのかも…
タオルハンカチ
スティックタイプのデオドラントもつけたよ
これまでは…
今日は飛び箱だぞ～
汗かいたらやだな…
あんまり動かないようにしよう…
今日《きょう》からは体育《たいいく》も思《おも》いきりやろう！

この解決法《かいけつほう》は56ページから紹介《しょうかい》

この解決法《かいけつほう》は56ページから紹介《しょうかい》

1組
おはよ〜
ガラッ
ぼさ…
おはよう
あれ？
陽菜《ひな》ちゃん今日《きょう》は髪型《かみがた》ちがうんだね
ギクーッ
う…うん ちょっとイメチェンかな
へぇ〜
凛《りん》めずらしいじゃん 髪型《かみがた》ちが〜う
ち…ちょっとね 気分転換《きぶんてんかん》したくて
はーー
じめじめ
雨《あめ》きっもちいーい！
おまえビショビショじゃん！バカだな〜

オレさきのう カサささずに わざとぬれて やったぜ！
ギャー
いいなそれ！ 今日《きょう》の帰《かえ》り オレもやるぜ
ギャー
アンタたち バッカじゃないの！
キッ
な…なんだよ なんで どなられなきゃ ならないんだよ
イラ イラ
わたしも… 雨《あめ》なんて 大《だい》キライ
キッ
!?
なんだよ〜
にげよっ
はーー
イラ
イラ

この解決法《かいけつほう》は64ページから紹介《しょうかい》

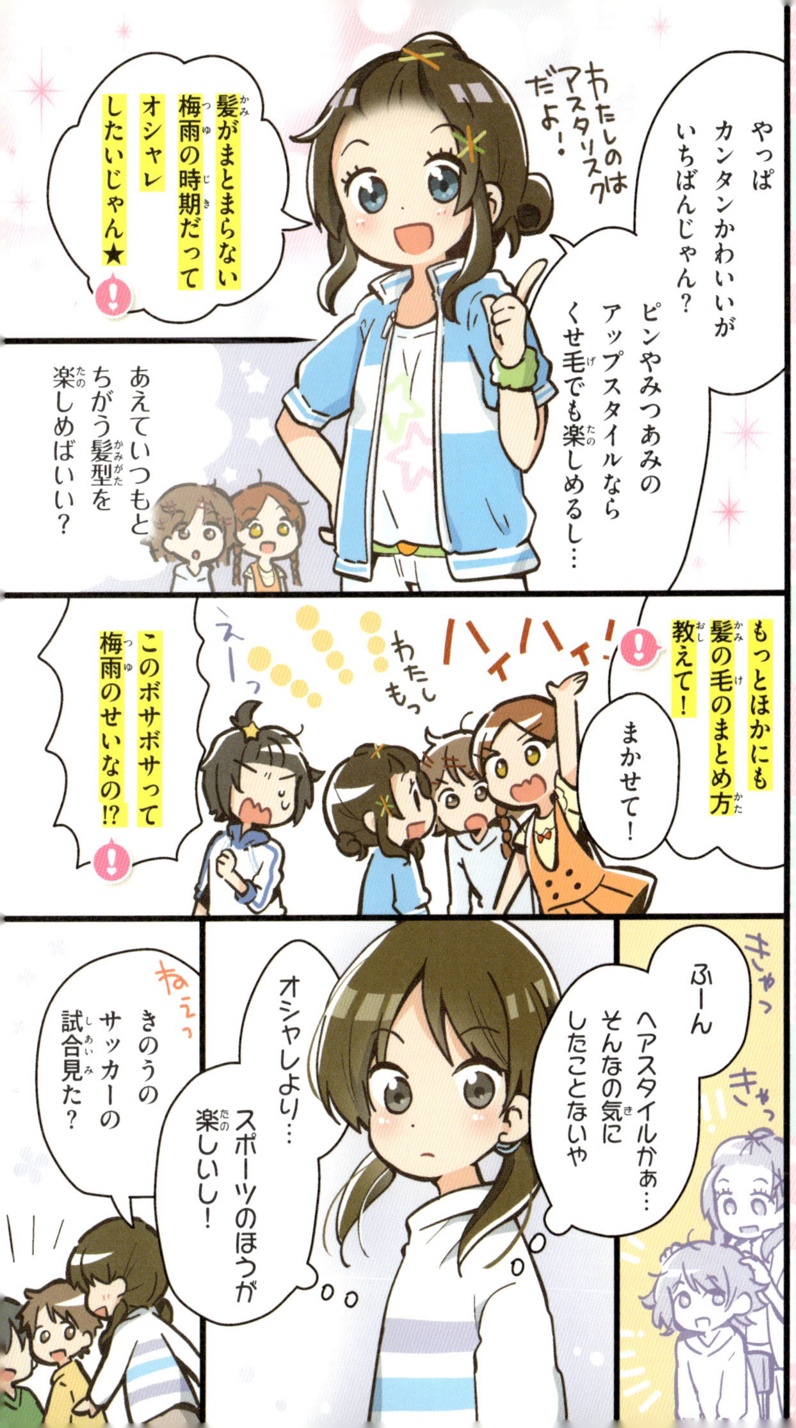

この解決法《かいけつほう》は56ページから紹介《しょうかい》

この解決法《かいけつほう》は60ページから紹介《しょうかい》

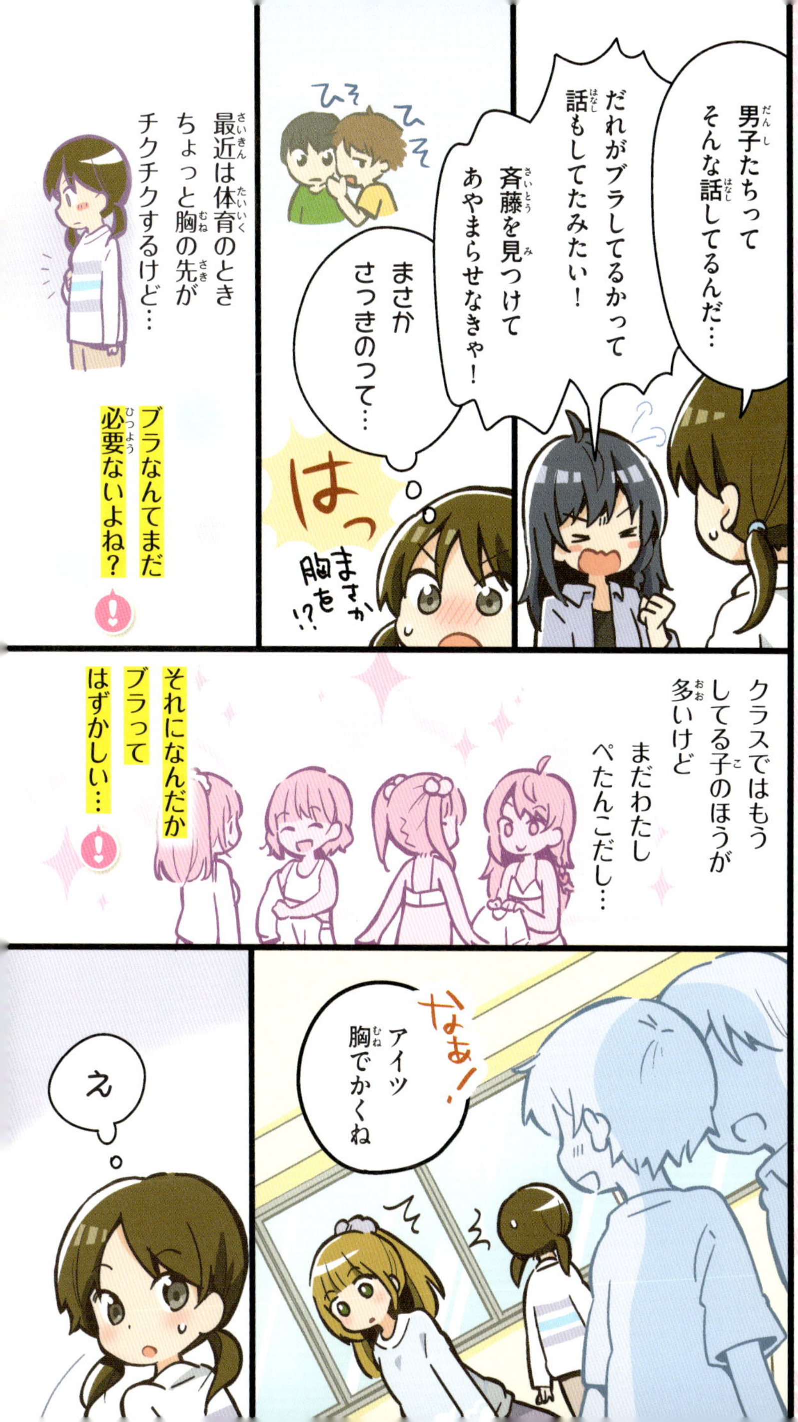

この解決法《かいけつほう》は60ページから紹介《しょうかい》

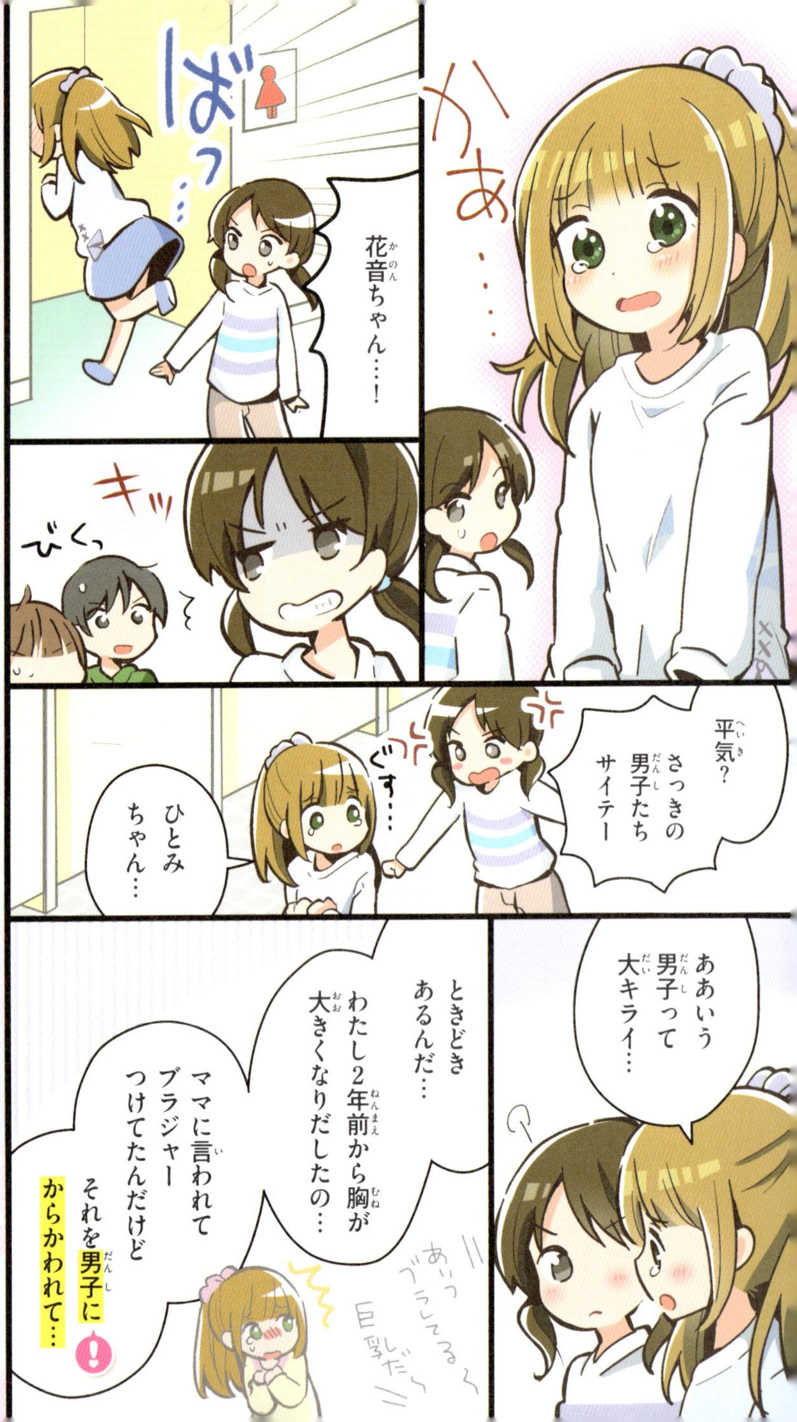

この解決法《かいけつほう》は60ページから紹介《しょうかい》

この解決法《かいけつほう》は60ページから紹介《しょうかい》

おなやみ解決《かいけつ》

梅雨《つゆ》になるとヘアがまとまらない…

うちらのこのなやみは
ヘアスタイリストさんに相談《そうだん》したよ

リアルアンケート みんなはどう考《かんが》えてる？

Q1 梅雨《つゆ》は髪型《かみがた》がまとまらない？

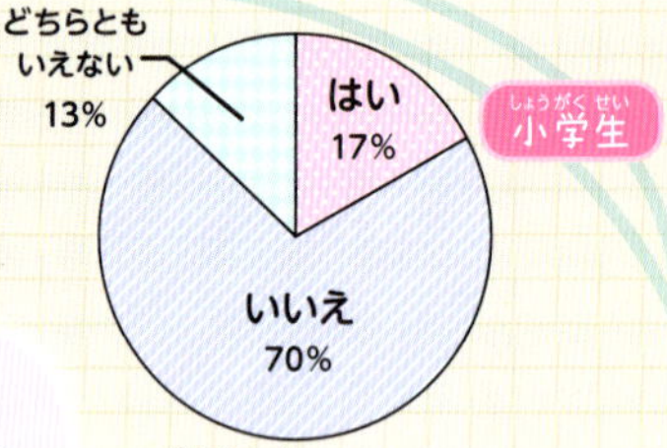

どちらともいえない 13%
はい 17%
いいえ 70%
小学生《しょうがくせい》

中学生《ちゅうがくせい》のほうが
髪型《かみがた》を気《き》にしてる子《こ》が
多《おお》いのかな？

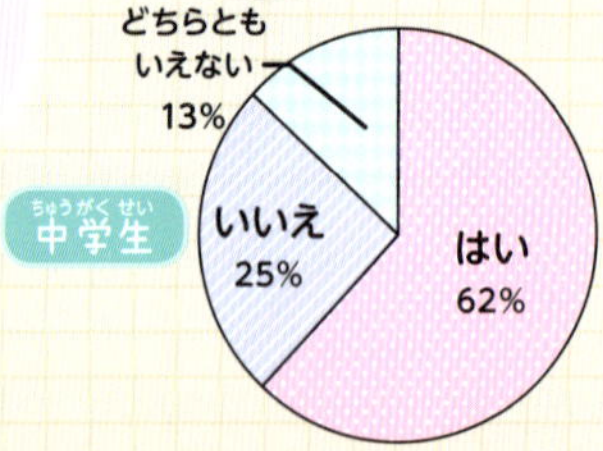

どちらともいえない 13%
いいえ 25%
はい 62%
中学生《ちゅうがくせい》

Q2 まとまらないヘアはどうしている？

- 髪《かみ》を切《き》っちゃう。あとはスタイリング剤《ざい》をつける（中《ちゅう》3）
- コームを学校《がっこう》に持《も》っていくので、とかしたりしています（中《ちゅう》1）
- 朝《あさ》は時間《じかん》がないので、くしでとかしてポニーテール（中《ちゅう》1）
- あみこみをしたり、おだんごヘアにしているよ（中《ちゅう》2）
- とにかく結《むす》んでごまかす（中《ちゅう》1）
- 学校《がっこう》に行《い》く前《まえ》にヘアスプレーをして髪型《かみがた》をキープさせる（中《ちゅう》2）
- お湯《ゆ》でぬらしたぬれタオルで、はねている部分《ぶぶん》をおさえている（中《ちゅう》1）
- ヘアクリームやヘアアイロンを使《つか》ったり、水《みず》でぬらしてポニーテール（中《ちゅう》1）

タイセツなハナシ

梅雨《つゆ》どきはなぜ髪《かみ》がまとまらない？

髪《かみ》がまとまらないのは、湿気《しっけ》（空気中《くうきちゅう》にふくまれる水分《すいぶん》）が原因《げんいん》です。梅雨《つゆ》はほかの季節《きせつ》にくらべて湿気《しっけ》が多《おお》く、髪《かみ》のなかの水分量《すいぶんりょう》も増《ふ》えるため、髪《かみ》がうねったり、広《ひろ》がったり、ペタンコになるのです。とくに傷《いた》んだ髪《かみ》は、はがれた髪《かみ》の外《そと》側《がわ》から栄養《えいよう》がにげだし、なかに水分《すいぶん》が入《はい》ってしまうので、よけいに髪《かみ》がまとまらなくなります。

#お勉強《べんきょう》しよう！

髪《かみ》を傷《いた》めるダメ習《しゅう》慣《かん》

髪《かみ》のまとまりをよくするためには、髪《かみ》のダメージをなくすのも重要《じゅうよう》。
次《つぎ》の6つは髪《かみ》を傷《いた》めるNG《エヌジー》なこと。心当《こころあ》たりのある子《こ》は、すぐにやめよう！

✕ぬれた髪《かみ》で寝《ね》る

ぬれた髪《かみ》がまくらやタオルとこすれて痛《いた》むし、くさいニオイの原因《げんいん》にも。

ショートヘアでも
きちんと乾《かわ》かして

✕ぬれ髪《がみ》にブラシ

髪同士《かみどうし》がこすれあい傷《いた》むよ。ブラシは乾《かわ》いた髪《かみ》にして。

ドライヤーの後《あと》に
ブラッシングを！

✕ドライヤーの熱《ねつ》

髪《かみ》は8割《わり》乾《かわ》けばOK。それ以上《いじょう》かけたり、髪《かみ》に近《ちか》づけすぎるのはダメ。

髪《かみ》とドライヤーは
20cm位《くらい》はなす！

✕からまり髪《がみ》にブラシ

根元《ねもと》から力《ちから》まかせにとかすのはダメ。毛先《けさき》から少《すこ》しずつ優《やさ》しくとかす。

ひどいからまりは
部分《ぶぶん》シャンプーを

✕タオルでこする

片側《かたがわ》ずつ髪《かみ》をタオルではさみ、優《やさ》しくたたいて水気《みずけ》をとろう。

パンパンパンと
はさんでたたく！

✕紫外線《しがいせん》ダメージ

紫外線《しがいせん》で髪《かみ》は傷《いた》むよ。長時間外《ちょうじかんそと》にいるときは、帽子《ぼうし》をかぶるようにして。

髪《かみ》も日焼《ひや》けして
傷《いた》むとおぼえて

#やってみよう!

髪《かみ》のタイプ別《べつ》レスキュー

「梅雨《つゆ》は髪《かみ》がまとまらないから、あきらめて…」じゃ、悲《かな》しいよね。
髪《かみ》のタイプ別《べつ》に、なやみを解決《かいけつ》する効果的《こうかてき》なレスキュー法《ほう》を教《おし》えるよ!

うねる・はねる

うねる・はねる髪《かみ》には、「クセ伸《の》ばし」が効果的《こうかてき》。ふだんのドライヤーでもやってみて。

朝《あさ》のとっておきレスキュー

❶気《き》になる部分《ぶぶん》の根元《ねもと》10cm くらいだけをミストボトルの水《みず》でぬらす。❷ぬらした部分《ぶぶん》の毛束《けたば》を上《うえ》にひっぱりながら、クセを伸《の》ばすようにドライヤーで乾《かわ》かし、最後《さいご》に冷風《れいふう》を。

広《ひろ》がる

広《ひろ》がる髪《かみ》には、「うるおいをプラス」が効果的《こうかてき》。ドライヤー前《まえ》のケアを習慣《しゅうかん》づけて。

オフロあがりにレスキュー

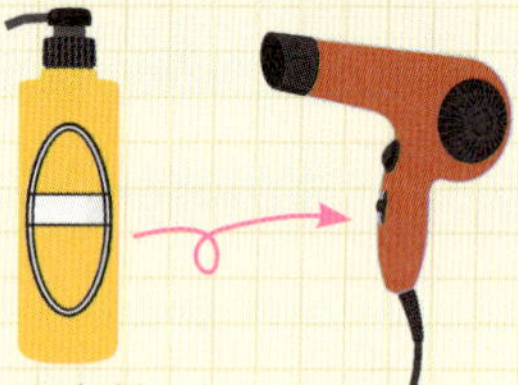

ヘアオイル

❶シャンプー後《ご》にタオルで水気《みずけ》をとろう。❷ヘアオイル（ドラックストアで買《か》えるよ）1～2プッシュを髪《かみ》全体《ぜんたい》になじませてから、ドライヤーで乾《かわ》かそう。

ペタンコ

ペタンコ前髪《まえがみ》には、「ふんわりくせづけ」が効果的《こうかてき》。細《ほそ》いカーラーを使《つか》うよ!

朝《あさ》のとっておきレスキュー

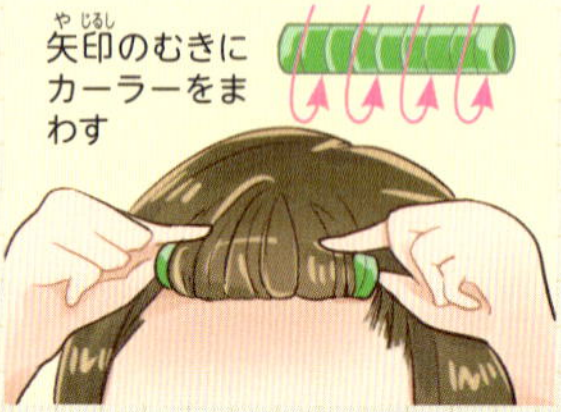

❶前髪全体《まえがみぜんたい》をぬらそう。❷細《ほそ》いカーラーに前髪《まえがみ》を下向《したむ》きに巻《ま》きつける。❸ドライヤーで乾《かわ》かしたら、すぐにカーラーをはずそう（そのままにすると、きついカールがついちゃうよ）。

どのタイプの子《こ》も梅雨《つゆ》はアレンジを楽《たの》しむのが◎!

かんたんヘアアレンジは64ページから紹介《しょうかい》しているよ!

なんだか新鮮《しんせん》～♪
今日《きょう》はゴキゲンね
まぁね～
よお～しバッチリ!
今日《きょう》は早《はや》いじゃん
おはよ～あっ
みんなでオソロのヘアだ
かぶった～!
すっごくかわいい～♥
わ～
いっしょだ～～!
ぐうぜん!
あっ、みんなもツインヘアだ～
しずくもオソロでした。

おなやみ解決《かいけつ》

ブラっていつからつけるもの？

わたしたちのこのなやみは
下着《したぎ》会社《がいしゃ》の人《ひと》に相談《そうだん》したよ

リアルアンケート みんなはどう考《かんが》えてる？

Q1 胸《むね》を守《まも》る下着《したぎ》をつけている？

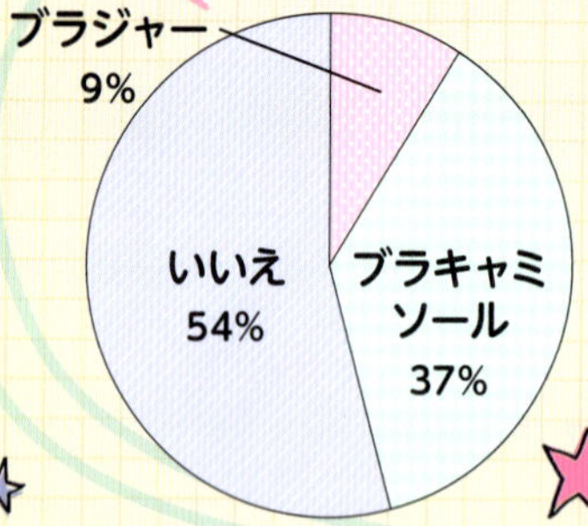

Q2 どんなきっかけでブラをつけた？

- 母《はは》に買《か》ってみる？と言《い》われたから（小《しょう》6）
- みんながつけていたから（小《しょう》6）
- 胸《むね》がふくらみ始《はじ》めているから（小《しょう》6）
- 体《からだ》の成長《せいちょう》のことが書《か》かれた本《ほん》を読《よ》んで、自《じ》分《ぶん》から母《はは》に相談《そうだん》した（小《しょう》6）
- お姉《ねえ》ちゃんにもらったから（小《しょう》5）
- まだあまり胸《むね》はでてきていないけど、もうすぐ6年生《ねんせい》になるから（小《しょう》5）

タイセツなハナシ

ブラって必要《ひつよう》なものなの？？

胸《むね》は初経《しょけい》の１年《ねん》ほど前《まえ》あたりから、ふくらみ始《はじ》めます。ブラジャーなどの胸《むね》を守《まも》る下着《したぎ》は、成長期《せいちょうき》のデリケートな胸《むね》を守《まも》るのに必要《ひつよう》。胸《むね》の先《さき》が衣服《いふく》とこすれて傷《きず》ついたり、胸《むね》が大《おお》きくゆれて不快《ふかい》な気分《きぶん》になるのを防《ふせ》ぎます。つけ始《はじ》める時期《じき》に決《き》まりはないので、気《き》になったらつけるようにしましょう。

#お勉強《べんきょう》しよう！

自分《じぶん》にあった下着《したぎ》を知《し》ろう

「自分《じぶん》にあう下着《したぎ》」がきちんとわからない子《こ》のほうが多《おお》いハズ。
自分《じぶん》の胸《むね》の成長《せいちょう》にあった、正《ただ》しい下着《したぎ》をつけるようにしようね。

胸《むね》の成長段階《せいちょうだんかい》とふさわしい下着《したぎ》

初経《しょけい》の1年《ねん》以《い》上《じょう》前《まえ》

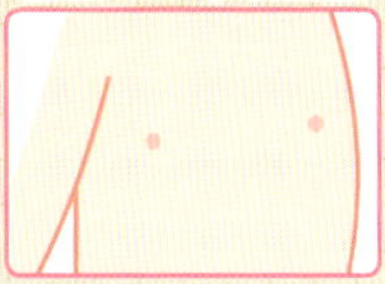

- 胸《むね》の先《さき》がふくらんでいる
- 胸《むね》の先《さき》がチクチクする
- うすい服《ふく》1枚《まい》だけだと、胸《むね》の先《さき》がすけて気《き》になる

胸《むね》の先《さき》を優《やさ》しくカバーする下着《したぎ》を選《えら》ぼう。

ブラキャミソール　ステップインタイプ（かぶり）

初経《しょけい》をむかえる頃《ころ》

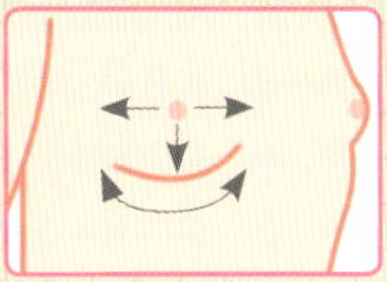

- 体《からだ》と胸《むね》の境目《さかいめ》がわかる
- 服《ふく》を着《き》てもふくらみがわかる
- はげしい運動《うんどう》は、胸《むね》の先《さき》がこすれて痛《いた》い

胸《むね》をしめつけずにやわらかく包《つつ》みこむブラを選《えら》ぼう。

カップつきワイヤーなしブラ

初経《しょけい》から1〜3年《ねん》

- 大人《おとな》のような丸《まる》い胸《むね》に近《ちか》づく
- ふくらみはあるがまだかたい
- はげしい運動《うんどう》は、胸《むね》のゆれが気《き》になって、動《うご》きにくい

かたくふくらむ胸《むね》を優《やさ》しくささえるブラを選《えら》ぼう。

カップつきワイヤー入《い》りブラ

ブラのサイズって？

体《からだ》にあったブラを選《えら》ぶことが大切《たいせつ》。サイズは家族《かぞく》やお店《みせ》の人《ひと》に測《はか》ってもらおう。

サイズの測《はか》り方《かた》

トップバスト
バストの一番高《いちばんたか》いところ

アンダーバスト
バストのふくらみのすぐ下《した》

ブラのサイズはこんなふうに表示《ひょうじ》されているよ。

A《エー》65

A《エー》65 ※アンダーバスト65cmのA《エー》カップということ。
カップサイズ（A）　アンダーバストサイズ（65）

カップサイズ ＝ トップバストのサイズ − アンダーバストサイズ

差《さ》が9.0〜11.0cm	A《エー》カップ	差《さ》が11.5〜13.5cm	B《ビー》カップ
差《さ》が14.0〜16.0cm	C《シー》カップ	差《さ》が16.5〜18.5cm	D《ディー》カップ

測《はか》ったアンダーバストのサイズ ＝ ブラのアンダーバストサイズ

62.5〜67.5cm →	65
67.5〜72.5cm →	70
72.5〜77.5cm →	75
77.5〜82.5cm →	80

トップとアンダーの差《さ》が10cmない人《ひと》はトップバストの数字《すうじ》でサイズを選《えら》ぼう

トップバスト	サイズ
65〜73cm →	2S《エス》
72〜80cm →	S《エス》
79〜87cm →	M《エム》

※資料提供元《しりょうていきょうもと》：ワコール

タイセツなハナシ

女性《じょせい》の先《せん》パイに聞《き》くのがイイ！

体《からだ》の変化《へんか》に気《き》づいても、家族《かぞく》に相談《そうだん》できなかったり、体《からだ》にあっていないブラをずっとつけている子《こ》も多《おお》いみたい。家族《かぞく》もあなたと同《おな》じなやみがあったんだから、キモチを理解《りかい》し、女性《じょせい》の先《せん》パイとしてアドバイスしてくれるよ。きちんと話《はな》して胸《むね》を守《まも》る下着《したぎ》をいっしょに買《か》いに行《い》こう。ブラの正《ただ》しいつけ方《かた》もあわせておぼえて。

ブラのつけ方《かた》

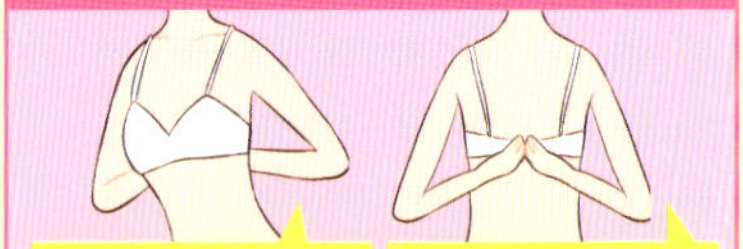

❶肩《かた》ひもに腕《うで》をとおしてから、少《すこ》し前《まえ》にかがみ、両方《りょうほう》のバストをカップのなかにきちんといれよう。

❷体《からだ》をまっすぐにして、両《りょう》手《て》で後《うし》ろのホックをとめよう。肩《かた》ひもがずれないように、長《なが》さを調節《ちょうせつ》してね。

JC先《せん》パイのアドバイス　ブラがすけないようにするには？

ブラの上《うえ》にキャミソールを着《き》れば、ブラの形《かたち》は見《み》えないよ！（中《ちゅう》3）

夏《なつ》はTシャツ《ティー》の上《うえ》からシャツを重《かさ》ねて着《き》るようにしてたよ！（中《ちゅう》3）

T《ティー》シャツもちょっと厚《あつ》めの生地《きじ》のタイプを選《えら》ぶとブラはすけにくいよ！（中《ちゅう》3）

JC先《せん》パイのアドバイス　ブラをからかう男子《だんし》がいたら？

「女子《じょし》だったらアンタもつけるでしょ！」って言《い》う（中《ちゅう》1）

ほおっておくか、ムシするのがいちばんだよ！（中《ちゅう》1）

ドン引《び》きの様子《ようす》をしっかりと表情《ひょうじょう》で伝《つた》えて、イヤだということをわかってもらう（中《ちゅう》2）

女子数人《じょしすうにん》で「ウチらは大人《おとな》だけど、男子《だんし》はガキだからからかうのもしょうがないよね～」と笑《わら》って言《い》い返《かえ》す（中《ちゅう》1）

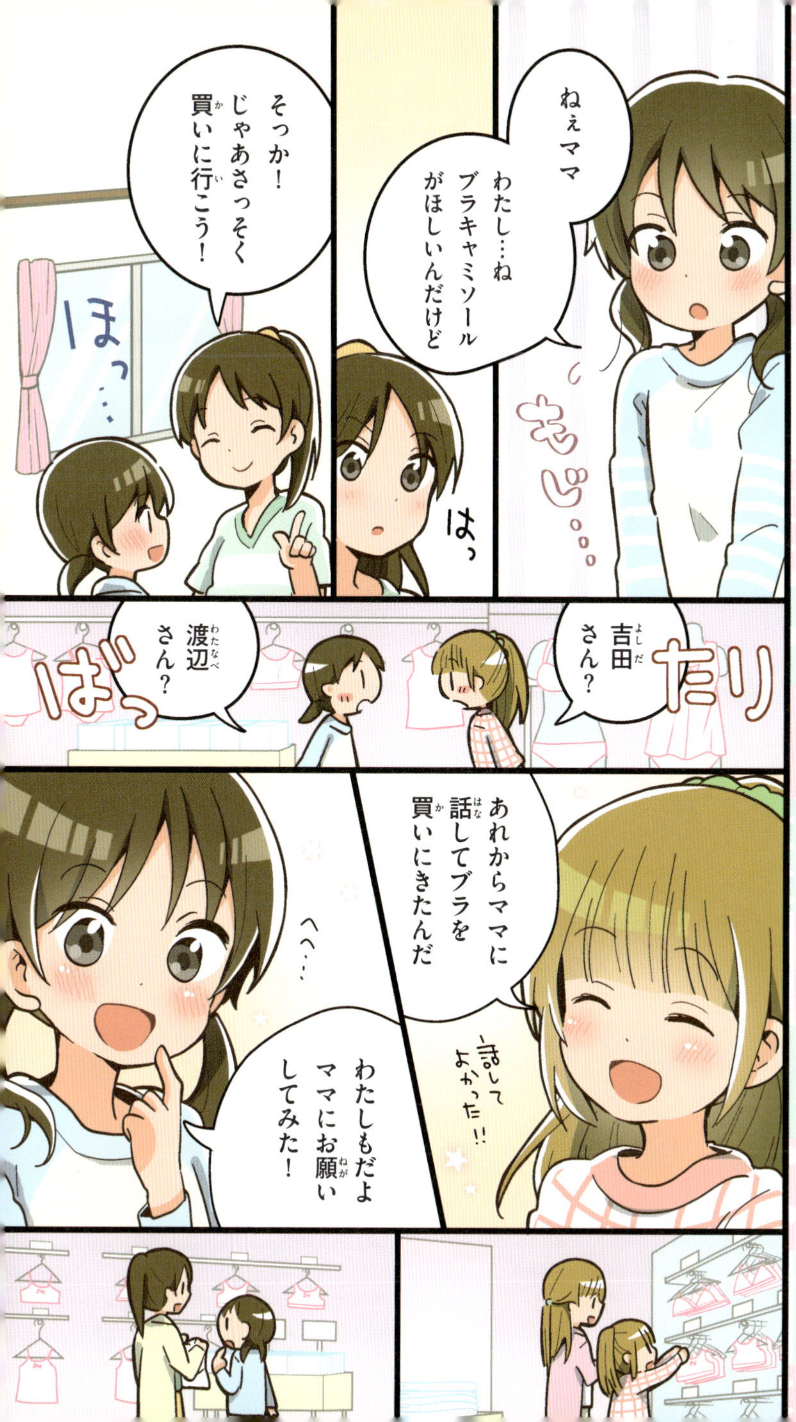

ねぇママ
わたし…ね ブラキャミソール がほしいんだけど
もじ…
はっ
そっか！ じゃあさっそく 買《か》いに行《い》こう！
ほっ…
吉田《よしだ》さん？
渡辺《わたなべ》さん？
ばっ
たり
あれからママに 話《はな》してブラを 買《か》いにきたんだ
話してよかった！！
へへ…
わたしもだよ ママにお願《ねが》い してみた！

レッツトライ カンタン！ヘアアレ

梅雨《つゆ》どきのまとまらない髪《かみ》は、ヘアピンやゴムでサッとまとめちゃおう。
不器用《ぶきよう》さんでもできちゃう、カンタンなヘアアレンジだけを集《あつ》めたよ！

カンタン1 前髪《まえがみ》アレンジこれくしょん

ショート・ミディアム・ロング…どんな髪《かみ》の長《なが》さ子《こ》でもできちゃうよ！

ちょんまげ

ヘアゴム

前髪《まえがみ》を残《のこ》らずつかんで、根元《ねもと》をヘアゴムで結《むす》ぶだけ! 結《むす》んだ毛先《けさき》をふんすいみたいに左右《さゆう》に分《わ》けると、元気《げんき》度《ど》アップ。ゴムをシュシュにしても◎

センターじぐざぐ

ヘアピン、コーム

❶ 前髪《まえがみ》を後《うし》ろ方向《ほうこう》にコームでとかす。❷ 後頭部《こうとうぶ》からおでこにむかってコームの先《さき》を左右《さゆう》に動《うご》かしジグザグ分《わ》け目《め》を作《つく》る。❸ 分《わ》けた髪《かみ》をピンでとめて完成《かんせい》♪

下《した》むきねじりん

❶ 前髪《まえがみ》を8：2に分《わ》ける。8部分《ぶぶん》の前髪《まえがみ》を両手《りょうて》でつかみ、下《した》むきにくるくると耳側《みみがわ》へねじっていこう。
❷ ねじった髪《かみ》の終《お》わりを耳《みみ》の後《うし》ろあたりでピンどめしたら、完成《かんせい》♪

ヘアピン

横《よこ》むきねじりん

❶ センターで分《わ》けた前髪《まえがみ》に横《よこ》の髪《かみ》を少《すこ》したして、上《うえ》むきに両手《りょうて》でくるくると耳側《みみがわ》へねじっていこう。❷ ねじった髪《かみ》の終《お》わりを頭《あたま》の後《うし》ろでピンどめしたら完成《かんせい》。両《りょう》サイドに作《つく》ろう!

ヘアピン

上《うえ》むきねじりん

元気《げんき》でキュートな仕上《しあ》がりに!

❶ 髪《かみ》をセンターに分《わ》け、それぞれ左右《さゆう》の毛束《けたば》を、分《わ》け目《め》と平行《へいこう》になるよう、上《うえ》むきに頭《あたま》の後《うし》ろにむかってくるくるとねじっていこう。

❷ 頭《あたま》のてっぺん終《お》わりあたりで、ピンどめしたら完成《かんせい》♪　まっすぐ真後《まうし》ろにむかってねじるのが、ポイント!

ポンパ

ぽこんとしたふくらみを!

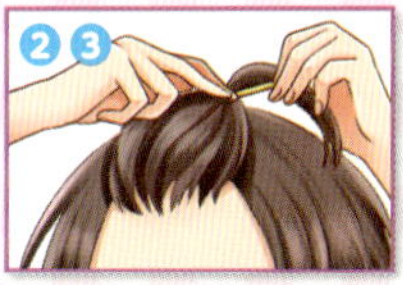

❶ 前髪《まえがみ》をすべてつかみ、根元《ねもと》をきつく１回《かい》ねじる。

❷ ねじった部分《ぶぶん》を前《まえ》におしだし、ふくらみを!

❸ 根元《ねもと》をピンどめしたら、完成《かんせい》。

なんちゃって前髪《まえがみ》

前髪《まえがみ》がない子にも◎

❶ 前髪《まえがみ》と前髪《まえがみ》後《うし》ろあたりの髪《かみ》をまとめて、根元《ねもと》を結《むす》ぼう。

❷ 結《むす》んだ髪《かみ》をおでこ側《がわ》にパタンとたおそう。

❸ 結《むす》び目《め》をヘアターバンでかくし、毛先《けさき》を整《ととの》えたら完成《かんせい》!

プチつのヘアー

カンタンなのに超《ちょう》かわいい♪

❶ 両《りょう》サイドに、細《ほそ》いゴムで細《ほそ》いツインテールを作《つく》る。

❷ ゴムで結《むす》んでいくとき、最後《さいご》だけ毛先《けさき》をすべて通《とお》さず、輪《わ》を作《つく》って。この輪《わ》がつのになるよ!

カンタン2 みつあみアレンジこれくしょん

だれでもできちゃうみつあみも、アレンジでオシャレ度《ど》がぐんとアップ♪

細《ほそ》いヘアゴム

ゆるみつあみ

❶ みつあみをしよう。先《さき》っぽをいつもより多《おお》く残《のこ》してみつあみを結《むす》ぼう。
❷ 上側《うえがわ》のあみ目《め》から順《じゅん》に矢印《やじるし》のように左右《さゆう》にひっぱりだし、ルーズ感《かん》をたしたら完成《かんせい》♪

細めのヘアゴムがオススメ♪

みつあみリング

シュシュでもかくしやすいよ

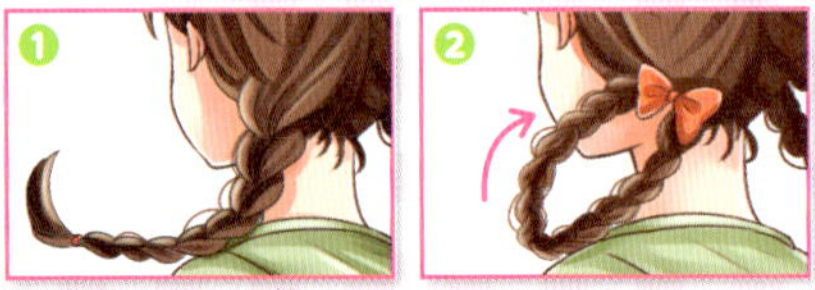

❶ 左右《さゆう》に分《わ》けた髪《かみ》で、きつくみつあみをしよう。
❷ 毛先《けさき》をみつあみの始《はじ》まり位置《いち》へもっていき、上《うえ》からかざりつきのゴムで結《むす》び目《め》をかくしたら完成《かんせい》♪

ヘアゴム、かざりヘアゴム

細《ほそ》いヘアゴム

みつあみハーフアップ

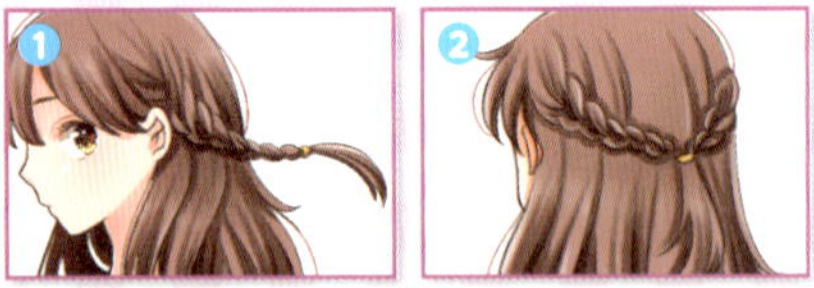

❶ 前髪横《まえがみよこ》の髪《かみ》をとり、細《ほそ》めのみつあみをしよう。左右両方《さゆうりょうほう》やってね。❷ みつあみを後《うし》ろにもっていき、後頭部《こうとうぶ》の中央《ちゅうおう》でひとつに結《むす》ぼう。

女子らしさがアップするヘア

みつあみカチューシャ

気分《きぶん》はまるでお嬢《じょう》さま♪

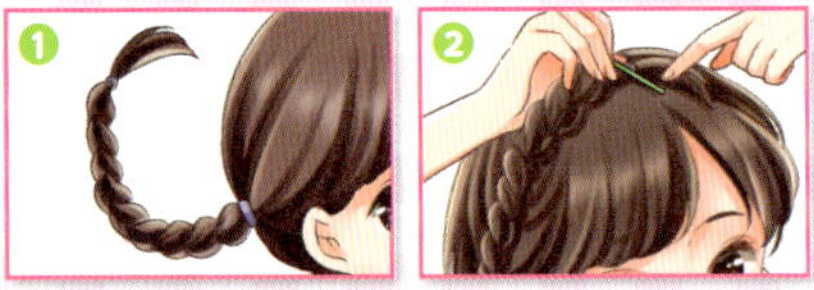

❶ 耳横《みみよこ》あたりで結《むす》んだ髪《かみ》を、きついみつあみに。
❷ 左右《さゆう》にあんだみつあみの毛先《けさき》を、頭《あたま》のてっぺんへともっていき、結《むす》び目《め》あたりをピンどめして固定《こてい》。

細いヘアゴム、ヘアピン

ダブルみつあみ

ヘアゴム

髪《かみ》が長《なが》い子《こ》はぜひトライを！

①
②
この3本《ぼん》でみつあみを！

① 髪《かみ》を3つに分《わ》け、ゆるめにみつあみをしよう。
② 3本《ぼん》のみつあみを使《つか》って、さらにみつあみをして！

デカつのヘアー

インパクト大《だい》のつのが完成《かんせい》！

①
②
③

① 左右《さゆう》の高《たか》い位置《いち》で結《むす》んだ髪《かみ》をきつくみつあみに。
②③ つのの大《おお》きさを決《き》めてみつあみを折《お》り、残《のこ》りのみつあみを根元《ねもと》から巻《ま》きつける。シュシュで固定《こてい》して！

ヘアゴム、シュシュ

＋プラステク！

ヘアピンでオシャレ度アップ!!

バーコード

4本《ほん》

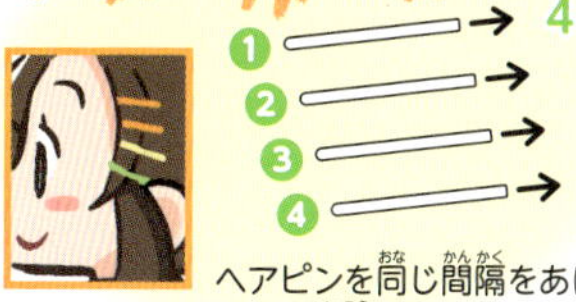
①
②
③
④

ヘアピンを同《おな》じ間隔《かんかく》をあけながら、平行《へいこう》にさしていくだけ！

トライアングル

3本《ほん》

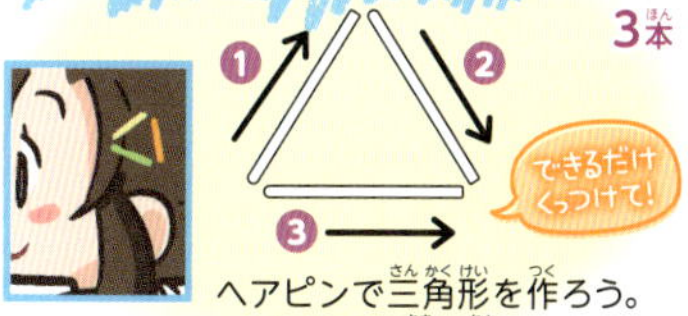
①
②
③
できるだけくっつけて！

ヘアピンで三角形《さんかくけい》を作《つく》ろう。ピンとピンの先《さき》を近《ちか》づけてね。

スター

5本《ほん》

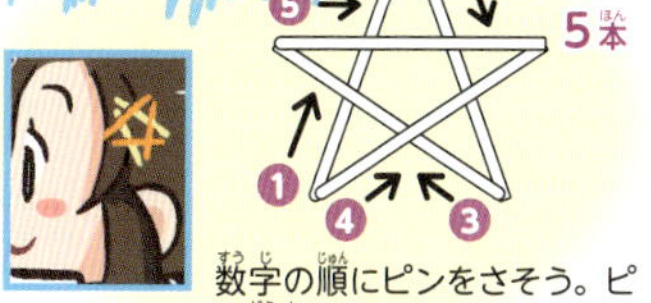
①
②
③
④
⑤

数字《すうじ》の順《じゅん》にピンをさそう。ピン同士《どうし》のすきまをつめると◎

アスタリスク

3本《ほん》

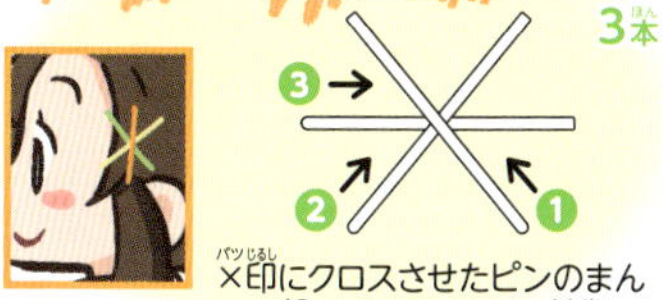
①
②
③

×印《バツじるし》にクロスさせたピンのまんなか横《よこ》にピンをさせば、完成《かんせい》♪

みんなのアレコレ

なんでもランキング

運動会《うんどうかい》の好《す》きな種目《しゅもく》な〜に？

運動《うんどう》がトクイでもニガテでも楽《たの》しい運動会《うんどうかい》♪　みんなが好《す》きな種目《しゅもく》を聞《き》いてみたよ！

1位《い》　短《たん》距《きょ》離《り》走《そう》（かけっこ）

1位《い》　リレー

3位《い》　つなひき

4位《い》　ダンス

5位《い》　組《くみ》体《たい》そう

6位《い》　玉《たま》入《い》れ

ほかにも
「大玉転《おおだまころ》がし」や
「騎馬戦《きばせん》」なんて
声《こえ》もあったよ！

みんなでいっしょに
がんばるのがいいよね。
お昼《ひる》のお弁当《べんとう》も
おいしいし☀

やっぱり走《はし》る種目《しゅもく》って
人気《にんき》だよね〜。
走《はし》る子《こ》も応《おう》えんする子《こ》も
気合《きあ》い入《はい》るよね！

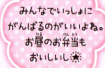

7月《がつ》 8月《がつ》 9月《がつ》のスクールライフ

夏休《なつやす》みにはいつもと少《すこ》しちがうことにも、トライしてみたいよね。
夏休《なつやす》み明《あ》けの２学期《がっき》はクラスに慣《な》れてくる分《ぶん》、新《あたら》しいなやみもでてきて…。

7月《がつ》

おなやみ7
顔《かお》やカラダの毛《け》がすごく気《き》になる…
田中莉子《たなかりこ》　佐藤真央《さとうまお》

おなやみ8
友《とも》だちの家《いえ》に行《い》ったときのマナーって？
田中莉子《たなかりこ》　佐藤真央《さとうまお》

8月《がつ》

おなやみ9
かんたんネイルをやってみたい♪
松本《まつもと》ゆりあ　伊藤美優《いとうみゆ》　渡辺花音《わたなべかのん》

おなやみ10
部屋《へや》の片《かた》づけができな〜い…
鈴木凛《すずきりん》

9月《がつ》

おなやみ11
クラスの人気者《にんきもの》になりたい！
中村奈美恵《なかむらなみえ》

おなやみ12
もっとオシャレになりたい♪
中村奈美恵《なかむらなみえ》

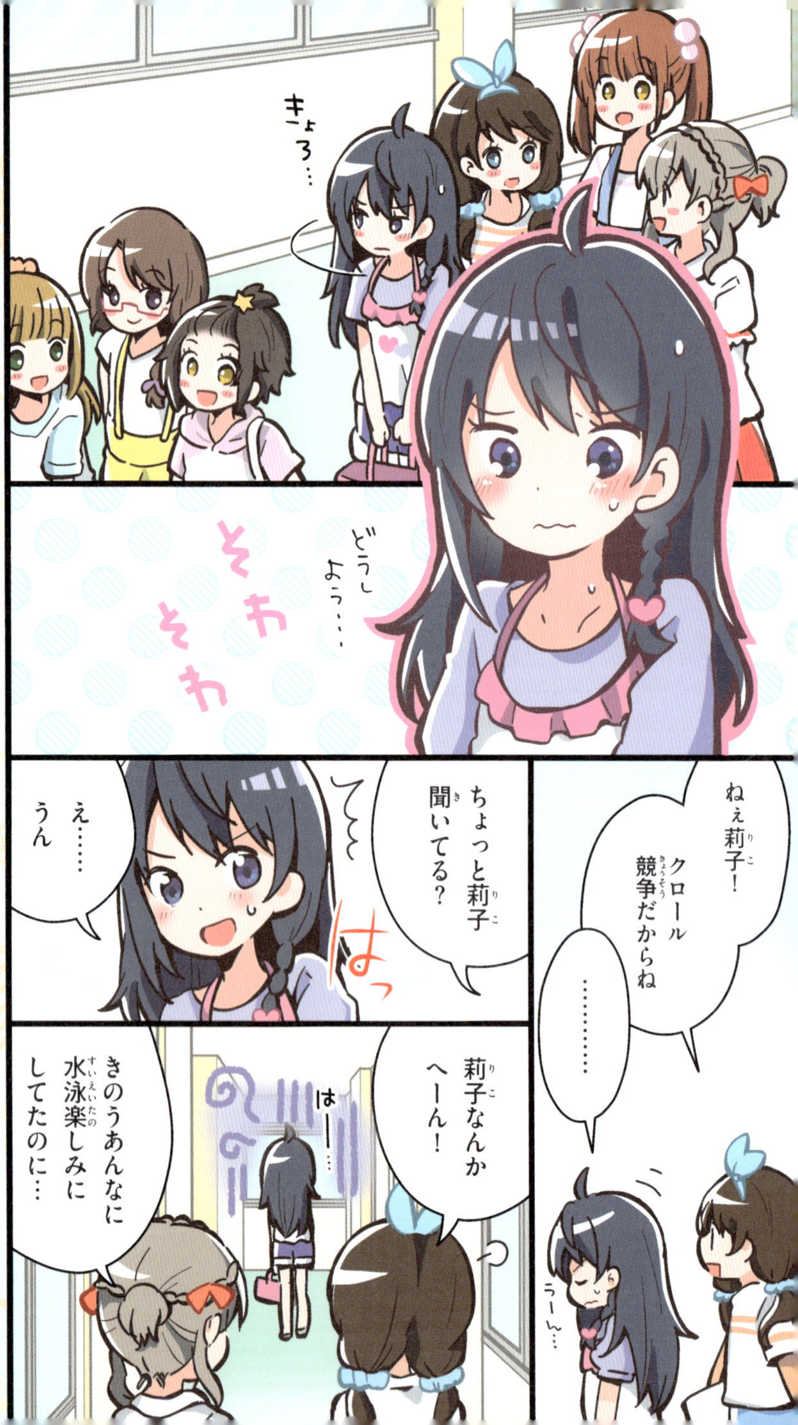
きょろ…
そわそわ
どうしよう…
ねぇ莉子《りこ》!
クロール競争《きょうそう》だからね
…………
うーん…
ちょっと莉子《りこ》聞《き》いてる?
はっ
え……うん
莉子《りこ》なんかへーん!
はーー…
きのうあんなに水泳《すいえい》楽《たの》しみにしてたのに…

数時間前《すうじかんまえ》
なんでもっと早《はや》く起《お》こしてくれないの――? きのうおフロ入《はい》らないで寝《ね》ちゃったのに!
も~ ねぐせが~
ママは何度《なんど》も起《お》こしたわよ!
夜ふかしするから…
早くおフロ入りなさい!!
はぁい…。。
ほら! 莉子《りこ》 水着《みずぎ》忘《わす》れないで持《も》って行《い》くのよ
そうだ! 今日《きょう》プールじゃん!
ヤバイ!
早《はや》くしなさい! 本当《ほんとう》にチコクするわよ!
だってだって
…わたし ちょっとトイレ 先《さき》に行《い》ってて
だいじょうぶ~?
トボ
トボ
パタン
ごそごそ
そ~~っ…
ちょん
ハロ~

やっぱダメだよ―――
体そうですごく目立っよ～～～
はずかしすぎる～
スヤ～
なんできのう寝《ね》ちゃったの！
おフロ前《まえ》に処理《しょり》しようと思《おも》ってたのに！
わたしのバカ
バカばかバカバカばか
カゼっぽいや…今日《きょう》のプール休《やす》む
よろ…
だいじょうぶ？
ワキ毛《げ》があるなんて――
ゼッタイみんなにひかれるもん
ぎゅ…
はー～
いいな楽《たの》しそう……。。

なんでわたし
女《おんな》の子《こ》なのに
毛深《けぶか》いんだろ…
莉子《りこ》がなやむ顔《かお》やカラダの毛《け》…
もみあげの下《した》あたり
ウブ毛《げ》があるみたい…
まゆ毛《げ》とまゆ毛《げ》の間《あいだ》
ほっとくとまゆ毛《げ》がつながって見《み》えちゃう…
口《くち》まわり
鼻《はな》の下《した》のウブ毛《げ》がヒゲみたい。牛乳《ぎゅうにゅう》を飲《の》むと白《しろ》くなる…
腕《うで》（ひじから下《した》）
夏《なつ》になると気《き》になっちゃう
ワキ
プールのとき、見《み》えたらこまる…
足《あし》（ひざから下《した》）
スカートやショートパンツのとき気《き》になっちゃう
気《き》になったら処理《しょり》するようにしてる…
は〜…
みんなは毛《け》の処理《しょり》とかしてるのかな…
なんで毛《け》って生《は》えてくるの？
ワキ毛《げ》なんてゼッタイにいらないのに…
ちょっと莉子《りこ》聞《き》いて聞《き》いて〜！
なに？
あのね〜なんと…佐藤《さとう》さんワキ毛《げ》が見《み》えてたんだよ！
それもけっこう…
！
1組

この解決法《かいけつほう》は80ページから紹介《しょうかい》

この解決法《かいけつほう》は80ページから紹介《しょうかい》

え……?
ホロ…
じつはわたし…毛深《けぶか》いのをなやんでてさ
!
田中《たなか》さんもそうなの?
処理《しょり》とかどうしてるのかな~って
前《まえ》にパパのカミソリをこっそりそのまま使《つか》ってみたことはあるんだけど…
ヒリヒリしたから やめちゃった
え~~!!
そのままはダメだよ!

カミソリを使《つか》うなら

- 「ボディ用《よう》」を選《えら》んで使《つか》おう
- ボディソープの泡《あわ》をつけてからそろう

毛《け》の生《は》える方向《ほうこう》にむかってそる
NG
なにもつけずにそると肌《はだ》を傷《きず》つけちゃうよ!

電気《でんき》シェーバーもオススメ!

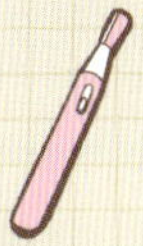

- 顔《かお》も体《からだ》も両方《りょうほう》使《つか》えちゃう
- カンタンで、肌《はだ》を傷《きず》つけないよ

毛《け》の生《は》える方向《ほうこう》と逆向《ぎゃくむ》きにそる

どちらで処理《しょり》した後《あと》も化粧水《けしょうすい》で肌《はだ》を保湿《ほしつ》するのを忘《わす》れずにね!
わかった!
シェーバーは電気屋《でんきや》さんで2000円前《えんぜん》後《ご》で売《う》っているよ。週《しゅう》1回《かい》くらい処理《しょり》をする子《こ》は、家族《かぞく》に相談《そうだん》するのもいいかも!

この解決法《かいけつほう》は80ページから紹介《しょうかい》

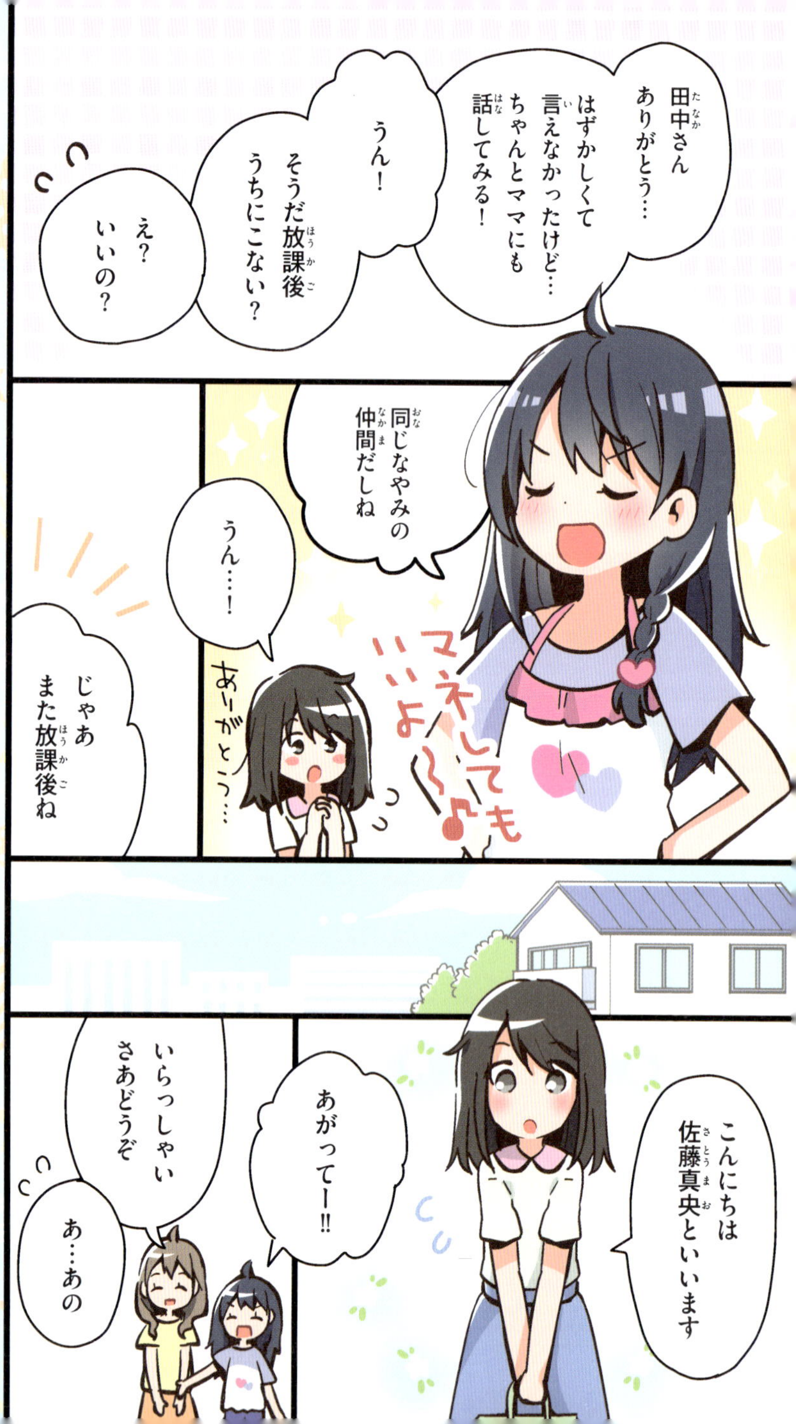
田中《たなか》さん ありがとう…
はずかしくて言《い》えなかったけど… ちゃんとママにも話《はな》してみる！
うん！
そうだ放課後《ほうかご》うちにこない？
え？いいの？
同《おな》じなやみの仲間《なかま》だしね
マネしてもいいよ〜♪
うん…！
ありがとう…
じゃあまた放課後《ほうかご》ね
こんにちは佐藤《さとう》真央《まお》といいます
あがってー!!
いらっしゃい さあどうぞ
あ…あの

これ母《はは》からです
みなさんで
食《た》べてください
まぁ
ごていねいに
ありがとう
おじゃま
いたします
ねぇ～早《はや》く
あがりなよ
うん
ちょっと待《ま》って
さっ
たくさん
食《た》べてね
ありがとう
ございます
いただきます
わぁ～い
マカロン！
莉子《りこ》！ 足《あし》おろす！
お行儀悪《ぎょうぎわる》いわよ
うるさいなー
ズズー
このマカロン
うまっ！
ママ 今日《きょう》は
成功《せいこう》だね
もぐ
もぐ
むしゃ
むしゃ
もお
しゃべりながら
食《た》べないの！
ママ
うるさい

この解決法《かいけつほう》は84ページから紹介《しょうかい》

この解決法《かいけつほう》は84ページから紹介《しょうかい》

おなやみ解決《かいけつ》

顔《かお》やカラダの毛《け》がすごく気《き》になる…

わたしたちのこのなやみは
クリニック（病院《びょういん》）の先生《せんせい》に相談《そうだん》したよ

リアルアンケート　みんなはどう考《かんが》えてる？

Q1 顔《かお》やカラダの毛《け》が気《き》になる？

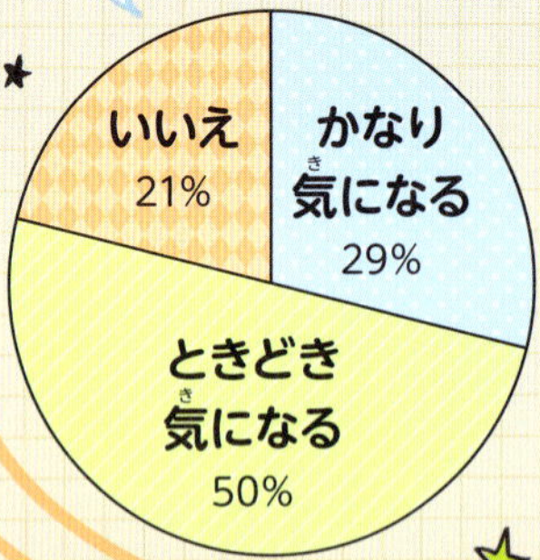

いいえ 21%
かなり気《き》になる 29%
ときどき気《き》になる 50%

Q2 どんな処理《しょり》をしている？

- 2週間《しゅうかん》に一度《いちど》くらい、家庭用脱毛器《かていようだつもうき》を使《つか》い始《はじ》めました（小《しょう》6）
- 気《き》になったらカミソリを使《つか》う（小《しょう》5）
- 1～2か月《げつ》に一度《いちど》、カミソリ（小《しょう》4）
- はさみで毛《け》の根元《ねもと》を切《き》る（小《しょう》4）
- シェーバーでそっている（小《しょう》6）
- お母《かあ》さんにシェーバーで、そってもらっている（小《しょう》6）
- 気《き》になるけど、なにもしない（小《しょう》6）

タイセツなハナシ

どうして毛《け》は生《は》えるの？？

体《からだ》に毛《け》が生《は》える理由《りゆう》は、「体温調節《たいおんちょうせつ》（寒《さむ》さから体《からだ》を守《まも》る）」や「クッションの役割《やくわ》り（雨風《あめかぜ》や太陽《たいよう》の光《ひかり》、ぶつかる石《いし》などから皮《ひ》ふを守《まも》る）」だとされています。そのため、人《ひと》がまだ服《ふく》を着《き》ていなかった大昔《おおむかし》は、人《ひと》もチンパンジーのように、体中《からだじゅう》が毛《け》だらけでした。現代《げんだい》の生活環境《せいかつかんきょう》では、毛《け》はあまり必要《ひつよう》ないといえるでしょう。

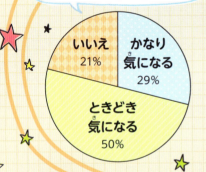

#やってみよう！

ムダ毛《げ》処《しょ》理《り》方《ほう》法《ほう》のあれこれ

いろいろなムダ毛《げ》処理《しょり》の方法《ほうほう》があるけれど、いったいなにがいいの？
それぞれの特《とく》ちょうをまとめてみたので参考《さんこう》にしてね。

処《しょ》理《り》方《ほう》法《ほう》	オススメ度《ど》	特《とく》ちょう／よいところ・悪《わる》いところ
カミソリ 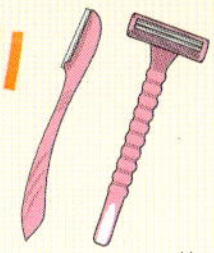 使《つか》い方《かた》 ボディソープをつけて毛《け》の流《なが》れにそってそる。	★★★☆☆	買《か》える場所《ばしょ》 ドラッグストア 100円《えん》ショップ 処理《しょり》の目安《めやす》 週《しゅう》に1回《かい》くらい ○ 手軽《てがる》でだれでもカンタンにできる。 × 皮《ひ》ふに細《こま》かな傷《きず》がつくので、肌《はだ》あれしやすい。 × 肌《はだ》を切《き》ったりなど、ケガしやすい。
眉《まゆ》用《よう》はさみ  使《つか》い方《かた》 肌《はだ》を切《き》らないよう注意《ちゅうい》して、毛《け》を根元《ねもと》から切《き》る。	★★★☆☆	買《か》える場所《ばしょ》 ドラッグストア 100円《えん》ショップ 処理《しょり》の目安《めやす》 週《しゅう》に1回《かい》くらい ○ 手軽《てがる》でだれでもカンタンにできる。 × 時間《じかん》がかかってしまう。 × 肌《はだ》を切《き》りやすいので、ワキ毛《げ》の処理《しょり》はダメ。
毛《け》ぬき  使《つか》い方《かた》 毛《け》をつまみ、引《ひ》きぬく。	★☆☆☆☆	買《か》える場所《ばしょ》 ドラッグストア 100円《えん》ショップ 処理《しょり》の目安《めやす》 週《しゅう》に1回《かい》くらい ○ ぬいた後《あと》、生《は》えてくるまでの時間《じかん》が長《なが》い。 × 毛穴《けあな》や皮《ひ》ふが傷《きず》つきプツプツ見《み》えてしまう。 × 痛《いた》みがあり、時間《じかん》がかかってしまう。
シェーバー  使《つか》い方《かた》 毛《け》の流《なが》れの反対《はんたい》むきに肌《はだ》の上《うえ》をすべらせる。	★★★★★	買《か》える場所《ばしょ》 電気屋《でんきや》 処理《しょり》の目安《めやす》 週《しゅう》に1～2回《かい》くらい ○ 肌《はだ》に優《やさ》しく、顔《かお》にも体《からだ》にも使《つか》える。 ○ 手軽《てがる》に広《ひろ》いはんいを処理《しょり》できる。 × 毛《け》を深《ふか》く切《き》らないので、こまめな処理《しょり》が必要《ひつよう》。
電《でん》動《どう》毛《け》抜《ぬ》き 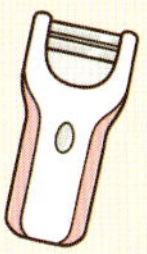 使《つか》い方《かた》 毛《け》の流《なが》れの反対《はんたい》むきに肌《はだ》の上《うえ》をすべらせる。	★★☆☆☆	買《か》える場所《ばしょ》 電気屋《でんきや》 処理《しょり》の目安《めやす》 2週《しゅう》に1回《かい》くらい ○ 手軽《てがる》に広《ひろ》いはんいを処理《しょり》できる。 ○ 毛《け》をぬくので、生《は》えてくるまでの時間《じかん》が長《なが》い。 × 人《ひと》によって、やや痛《いた》みがある。

※処理《しょり》の目安《めやす》はあくまでも目安《めやす》。個人差《こじんさ》があります。

処理方法《しょりほうほう》	オススメ度《ど》	特《とく》ちょう／よいところ・悪《わる》いところ
脱毛《だつもう》クリーム  使《つか》い方《かた》 毛《け》のある部分《ぶぶん》にぬり、時間《じかん》を置《お》いてから流《なが》す。	★☆☆☆☆	買《か》える場所《ばしょ》　ドラッグストア 処理《しょり》の目安《めやす》　週《しゅう》に1回《かい》くらい ○ 仕上《しあ》がりがツルツルときれい。 × どくとくのニオイがある。 × 薬《くすり》が強《つよ》く、かゆみや肌《はだ》あれが起《お》こりやすい。
抑毛剤《よくもうざい》  使《つか》い方《かた》 肌《はだ》にぬるだけ。	★★★☆☆	買《か》える場所《ばしょ》　ドラッグストア 処理《しょり》の目安《めやす》　毎日《まいにち》 ○ 肌《はだ》に優《やさ》しいものが多《おお》い。 ○ 生《は》える毛《け》がだんだんと少《すく》なく、細《ほそ》くなる。 × 効果《こうか》がでるまで１～3か月《げつ》かかる。
脱毛《だつもう》サロン  使《つか》い方《かた》 サロンでプロに処理《しょり》してもらう。	★☆☆☆☆	買《か》える場所《ばしょ》　キッズ脱毛《だつもう》サロンのお店《みせ》へ通《かよ》う 処理《しょり》の目安《めやす》　3～4週間《しゅうかん》に一度《いちど》 ○ 自分《じぶん》で処理《しょり》する必要《ひつよう》がない。 × 6～8回《かい》の処理《しょり》で、毛《け》がほとんど生《は》えなくなる。 × 処理《しょり》には高《たか》い金額《きんがく》がかかる。

タイセツなハナシ

「ムダ毛《げ》」は気《き》にしすぎもダメ！

どうして人《ひと》によって毛《け》の濃《こ》さがちがうの？

なんでわたし
女《おんな》の子《こ》なのに
毛深《けぶか》いんだろ…

遺伝《いでん》によって決《き》まった「テストステロン」というホルモンの量《りょう》で、毛《け》の濃《こ》さにちがいがでます。「人《ひと》より毛《け》が濃《こ》い…」となやむ女《おんな》の子《こ》はたくさんいますが、小《しょう》・中学生《ちゅうがくせい》の場合《ばあい》、体《からだ》の成長《せいちょう》スピードとも関係《かんけい》しているため、気《き》にしすぎないこと。ワキや性器《せいき》まわりの毛《け》は、みんな濃《こ》くなります。

あのさ…
佐藤さんって
ムダ毛《げ》の処理《しょり》とか
どうしてる？
ひそ…

友《とも》だちのムダ毛《げ》が気《き》になったとき…

デリケートな話題《わだい》だから、みんなでウワサしたりするのはやめてね。また、本人《ほんにん》が必要以上《ひつよういじょう》に気《き》にしちゃうことが多《おお》いから、みんなの前《まえ》で伝《つた》えるのはダメ。こっそり本人《ほんにん》にだけ伝《つた》えてあげて。女《おんな》の子《こ》ならだれもがなやむことだから、相手《あいて》のキモチを第一《だいいち》に考《かんが》えてあげるのがいいよね。

3時間《じかん》目《め》は
プールだ
今日《きょう》はムダ毛《げ》
処理《しょり》バッチリ♪
プール好《す》きだけど
ムダ毛《げ》処理《しょり》が
大変《たいへん》だよね〜
それわかる〜
なんで毛《け》なんて
生《は》えるんだろ〜
え———!?
ど…
どうしたの?
?
なんでもない!!
なんだ…みんなも
処理《しょり》してるんだ…
わたしだけじゃ
ないんだな…
ほっ…
よぉ〜し
泳《およ》ぐぞ!

おなやみ解《かい》決《けつ》

友《とも》だちの家《いえ》に行《い》ったときのマナーって？

わたしが気《き》になったこの話《はなし》は
マナー教室《きょうしつ》の先生《せんせい》に相談《そうだん》したよ

#やってみよう！

ふるまいのルール7

友《とも》だちの家《いえ》に遊《あそ》びに行《い》ったときは、正《ただ》しいマナーでふるまおう。
これはどんなに仲《なか》よしな友《とも》だちの家《いえ》でも同《おな》じことだから、気《き》をつけてね。

1 きちんとあいさつしよう

こんにちは
佐藤《さとう》真央《まお》といいます

家《いえ》にあがる、もしくは部屋《へや》に入《はい》ったときに必《かなら》ず「おじゃまします」とあいさつを。初《はじ》めて行《い》く友《とも》だちの家《いえ》では、自己紹介《じこしょうかい》も忘《わす》れないこと。

これはダメ！　あいさつをせず、友《とも》だちの部屋《へや》へ直接《ちょくせつ》行《い》くのはさけて。最初《さいしょ》はいなかったお家《うち》の人《ひと》に後《あと》から会《あ》った場合《ばあい》「おじゃましています」と忘《わす》れずにあいさつしよう。

2 ていねいな言葉《ことば》づかいを

これ母《はは》からです
みなさんで
食《た》べてください

お家《うち》の人《ひと》と話《はなし》をするときは、ていねいな言葉《ことば》づかいを。

×「～～だよ」　○「～～です」　×「うん」　○「はい」
×「～～する」　○「～～します」

これはダメ！　友《とも》だちと話《はな》す場合《ばあい》でも、「うざ～い」「おまえ」「マジ」など、らんぼうな言葉《ことば》づかいはダメ。お家《うち》の人《ひと》が聞《き》くと、気分《きぶん》を悪《わる》くするよ。

3 ぬいだくつをそろえよう

玄関《げんかん》でくつをぬいだときは、きちんとくつをそろえよう。スリッパはお家《うち》の人《ひと》や友《とも》だちにだしてもらった場合《ばあい》に、はくようにしてね。自分《じぶん》で勝手《かって》にはくのはダメだよ。

これはダメ！ くつのぬぎっぱなしはお行儀《ぎょうぎ》が悪《わる》すぎ。また、はだしはさけて。きちんとくつしたをはいていこう。

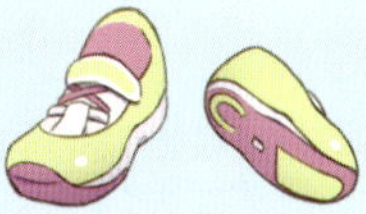

4 ソファーやイスのすわり方《かた》

友《とも》だちの家《いえ》では、自分《じぶん》の家《いえ》のようにくつろがないこと。ソファーやイスにすわるときも、お行儀《ぎょうぎ》よく。たたみの部屋《へや》の場合《ばあい》は、ざぶとんの上《うえ》に正座《せいざ》するのが正《ただ》しいけれど、足《あし》がしびれてしまったときは正直《しょうじき》に話《はな》し、足《あし》をくずしてOKだよ。

よりかからずに背筋《せすじ》を伸《の》ばして

手《て》は自然《しぜん》に足《あし》の上《うえ》におく

足《あし》は開《ひら》かずにとじて

これはダメ！ ソファーに足《あし》をのせたり、足《あし》を開《ひら》いてすわるのはお行《ぎょう》儀《ぎ》が悪《わる》いよ！

5 おやつの食《た》べ方《かた》

お家《うち》の人《ひと》に「さぁどうぞ」とすすめられてから、食《た》べたり飲《の》んだりするようにして。そのときは「いただきます」のあいさつを忘《わす》れずに。「遠慮《えんりょ》しないで食《た》べてね」と言《い》われても、ひとりでたくさんの量《りょう》を食《た》べるのはダメだよ。

ゆっくり味《あじ》わって食《た》べて

食《た》べかすをこぼさないように

これはダメ！ 片手《かたて》にお菓子《かし》、片《かた》手《て》にジュースはお行儀《ぎょうぎ》が悪《わる》いよ！

6 家族《かぞく》の人《ひと》ともお話《はなし》しよう

お家《うち》の人《ひと》にいろいろと質問《しつもん》されることもあるはず。そんなときは、ハキハキと答《こた》えよう。お家《うち》の人《ひと》とも、楽《たの》しく会話《かいわ》できると印象《いんしょう》がいいね。

これはダメ！ 友《とも》だちとだけ話《はな》して、お家《うち》の人《ひと》をさけるようなことはやめよう。友《とも》だちとはいつでも話《はな》せるよね。

7 きちんとあいさつして帰《かえ》ろう

「帰《かえ》ります。おじゃましました」ときちんとあいさつをしてから帰《かえ》ろう。あいさつをするときは、いっしょにおじぎもできると、100点満点《てんまんてん》だよ。

これはダメ！ 友《とも》だちの部屋《へや》を出《で》てそのまま帰《かえ》ってしまうのはダメ。友《とも》だちにお家《うち》の人《ひと》を呼《よ》んでもらい、きちんとあいさつして。

タイセツなハナシ

マナー違反《いはん》に気《き》をつけて！

友《とも》だちの家《いえ》で気《き》をつけたいことは、ほかにもたくさんあるよ。「あの子《こ》にはもう来《き》てほしくないわね」と思《おも》われないよう、この6つは最低限注意《さいていげんちゅうい》してね。

勝手《かって》に部屋《へや》をのぞく

大声《おおごえ》でさわぐ

トイレをよごしたまま

遊《あそ》んだ後《あと》に片《かた》づけない

勝手《かって》に物《もの》にさわる

スマホをいじってばかり

ママ…なにかお手《て》伝《つだ》いしよっか？
莉《り》子《こ》が手《て》伝《つだ》い？
おこづかいのおねだり？
そ…そんなんじゃないよ！
お料《りょう》理《り》上《じょう》手《ず》も真《しん》の女《じょ》子《し》力《りょく》かな…って
そうねいい心《こころ》がけじゃない！
じゃあさっそくニンジンの皮《かわ》をピーラーでむいてくれる？
ピーラーってこれのこと？
え〜とえ〜と
ピーラー
それはおろし金《がね》よピーラーはこれ！
教《おし》えることがいっぱいだわ…
優《やさ》しく教《おし》えてよね〜

ハァ〜 あつい…
夏休《なつやす》みって 意外《いがい》とヒマ だよね〜
ジリジリ
あっ みんな! こんなとこで なにしてるの〜?
アイス食《た》べてる…
え〜 なにそれ
わぁ!!
そのツメ どうしたの?
キラ
キラ
キラ
これ? 自分《じぶん》で やったんだよ!
かわいいでしょ〜!
すごーい かわいい〜★
どうやって やるの?
イイな〜
ドヤ!
教《おし》えてあげよっか? よかったら 家《うち》においでよ〜
え〜! いいの?
ヤッタ〜

カンタンでかわいい柄《がら》の作《つく》り方《かた》だよ!

用意《ようい》するもの

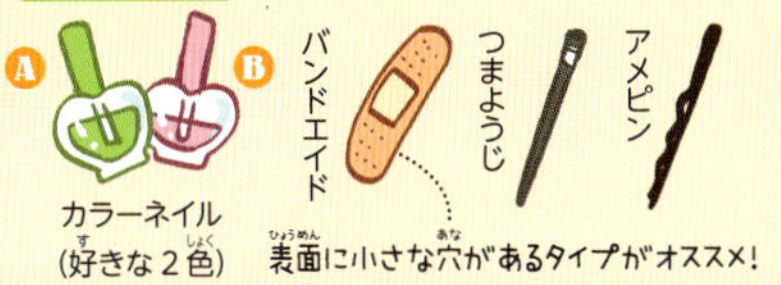

A
B
カラーネイル
(好《す》きな２色《しょく》)
バンドエイド
つまようじ
アメピン
表面《ひょうめん》に小さな穴《あな》があるタイプがオススメ!

1 バンドエイドでセパレート

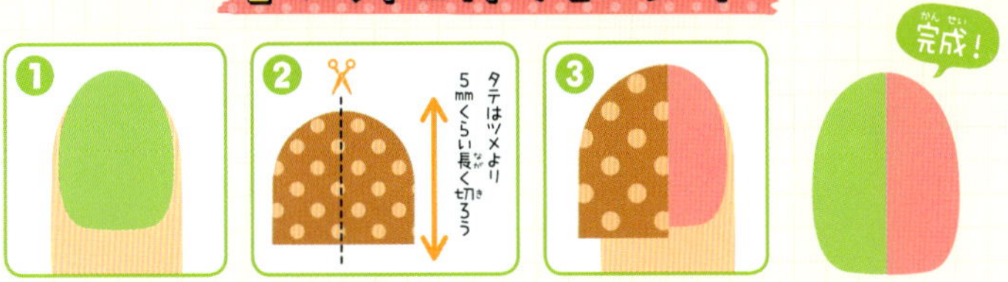

1
2
タテはツメより5㎜くらい長《なが》く切《き》ろう
3
完成《かんせい》!

1 ツメ全体《ぜんたい》にAの色《いろ》を１度《ど》ぬろう。※色《いろ》はAとBを入《い》れかえてもOK。

2 バンドエイドを図《ず》のように切《き》ろう（バンドエイドにある穴《あな》を目安《めやす》にすると楽《らく》チン）。

3 切《き》ったバンドエイドを貼《は》ってツメの左半分《ひだりはんぶん》をかくし、ツメの右半分《みぎはんぶん》にBの色《いろ》を１度《ど》ぬろう。乾《かわ》いたらバンドエイドをはがして完成《かんせい》。

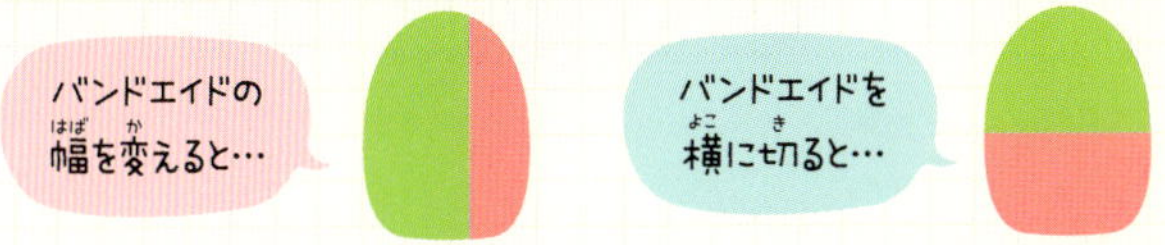

バンドエイドの幅《はば》を変《か》えると…
バンドエイドを横《よこ》に切《き》ると…

2 バンドエイドでストライプ

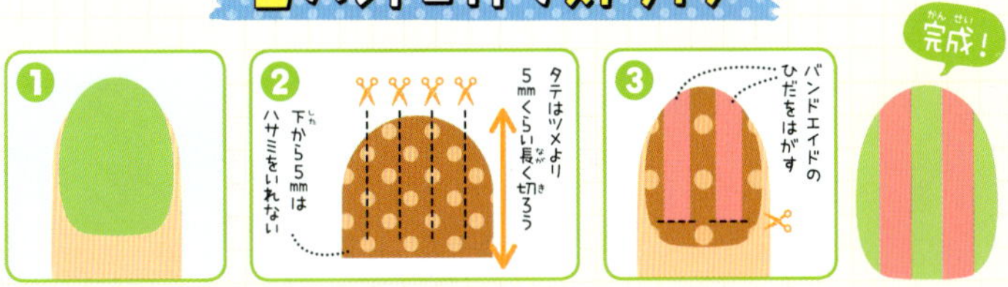

1
2
下《した》から5㎜はハサミをいれない
タテはツメより5㎜くらい長《なが》く切《き》ろう
3
バンドエイドのひだをはがす
完成《かんせい》!

1 ツメ全体《ぜんたい》にAの色《いろ》を１度《ど》ぬろう。※色《いろ》はAとBを入《い》れかえてもOK。

2 バンドエイドを図《ず》のように切《き》ろう（バンドエイドにある穴《あな》を目安《めやす》にすると楽《らく》チン）。

3 切《き》ったバンドエイドをツメの先《さき》にあわせて貼《は》り、ストライプができるよう、ひだを１本《ぽん》おきにはがし、ツメより下《した》の位置《いち》で切《き》ろう。上《うえ》からBの色《いろ》を１度《ど》ぬろう。乾《かわ》いたらバンドエイドをはがして完成《かんせい》。

ほかの柄《がら》も、あとで紹介《しょうかい》するよ～!

この解決法《かいけつほう》は98ページから紹介《しょうかい》

利《き》き手《て》じゃない手《て》も キレイに仕《し》上《あ》げるポイント！

- 利《き》き手《て》から先《さき》にぬろう！ ※右利《みぎき》きなら右手《みぎて》から。
（集中力《しゅうちゅうりょく》があるうちに、ぬりずらいほうをぬってしまう）
- ネイルの筆《ふで》を持《も》つ手《て》は、小指側《こゆびがわ》を机《つくえ》につけて安定《あんてい》させて！

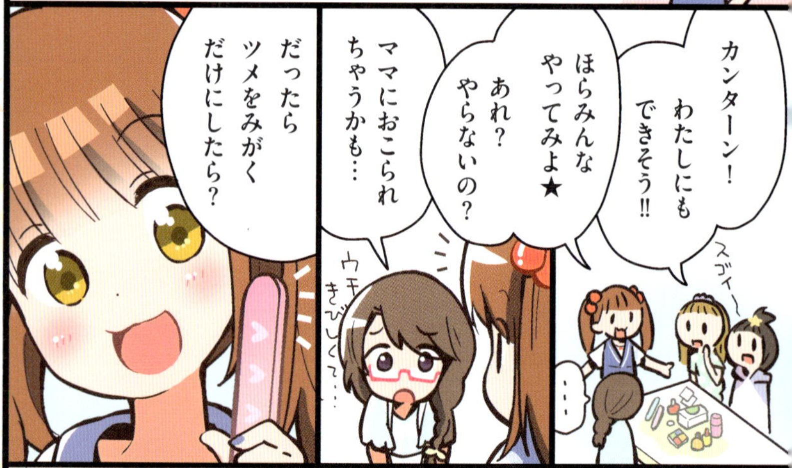

つめみがきのやり方《かた》

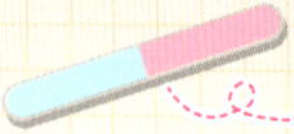

さわったときよりザラザラするほうが目《め》が粗《あら》いほうだよ！

1

目《め》が粗《あら》い面《めん》で、力《ちから》はいれず軽《かる》くすべらせて表面《ひょうめん》をなめらかに。1本《ぽん》の指《ゆび》で15秒《びょう》まで。

2
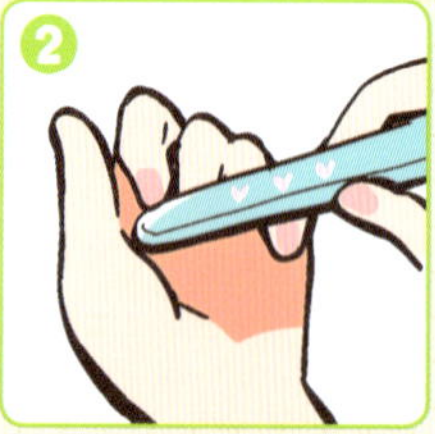

目《め》が細《こま》かい面《めん》で、ツメの表面《ひょうめん》をみがいてツヤをだそう。

3

ツメがピカピカになったら、ハンドクリーム（ネイルクリーム）をぬって完成《かんせい》！

ほかの柄《がら》も紹介《しょうかい》!!

3 バンドエイドでハート

① ツメ全体《ぜんたい》にⒶの色《いろ》を２度《ど》ぬろう。 ② バンドエイドを半分《はんぶん》に折《お》り、図《ず》のように切《き》って開《ひら》くとハートができるよ。 ③ ハートを好《す》きな位置《いち》に貼《は》って、ツメ全体《ぜんたい》にⒷの色《いろ》を１度《ど》ぬろう。乾《かわ》いたらバンドエイドをはがして完成《かんせい》。

4 バンドエイドでリボン

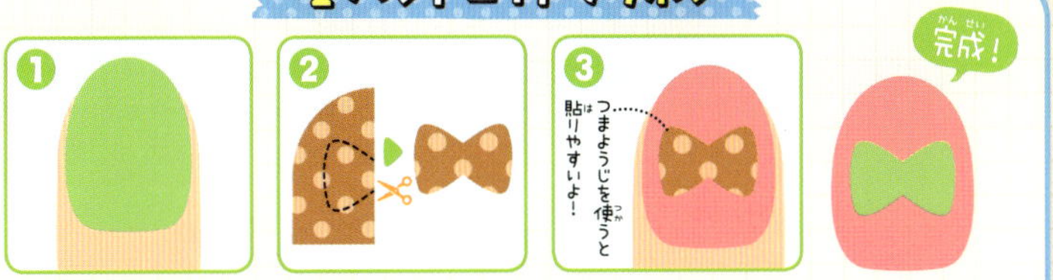

① ツメ全体《ぜんたい》にⒶの色《いろ》を２度《ど》ぬろう。 ② バンドエイドを半分《はんぶん》に折《お》り、図《ず》のように切《き》って開《ひら》くとリボンができるよ。 ③ リボンを好《す》きな位置《いち》に貼《は》って、ツメ全体《ぜんたい》にⒷの色《いろ》を１度《ど》ぬろう。乾《かわ》いたらバンドエイドをはがして完成《かんせい》。

5 アメピンでドット

① ツメ全体《ぜんたい》にⒶの色《いろ》を２度《ど》ぬろう。 ② アメピンの先《さき》(丸《まる》みある部分《ぶぶん》)にⒷの色《いろ》をつけ、図《ず》の順《じゅん》でちょんちょんとおいていこう。

この解決法《かいけつほう》は98ページから紹介《しょうかい》

ネイルって気分《きぶん》があがるね♪
楽しい〜
いつもはダメだけど…夏休《なつやす》みだしね!
トクベツ感!
ツメをきれいにしただけで女子力《じょしりょく》がアップしたみたい
でしょー!
ネイルシールっていうのもあるよ!
いろいろあるんだよ〜!!
部屋《へや》にあるからおいでよ!!
見《み》たーい
鈴木《すずき》さんお部屋《へや》もオシャレにしてそう!
楽《たの》しみ〜
いや…そんなことないよ…
ちょっとキタナイけどひかないでよー?
ぐちゃあ〜
CUTE

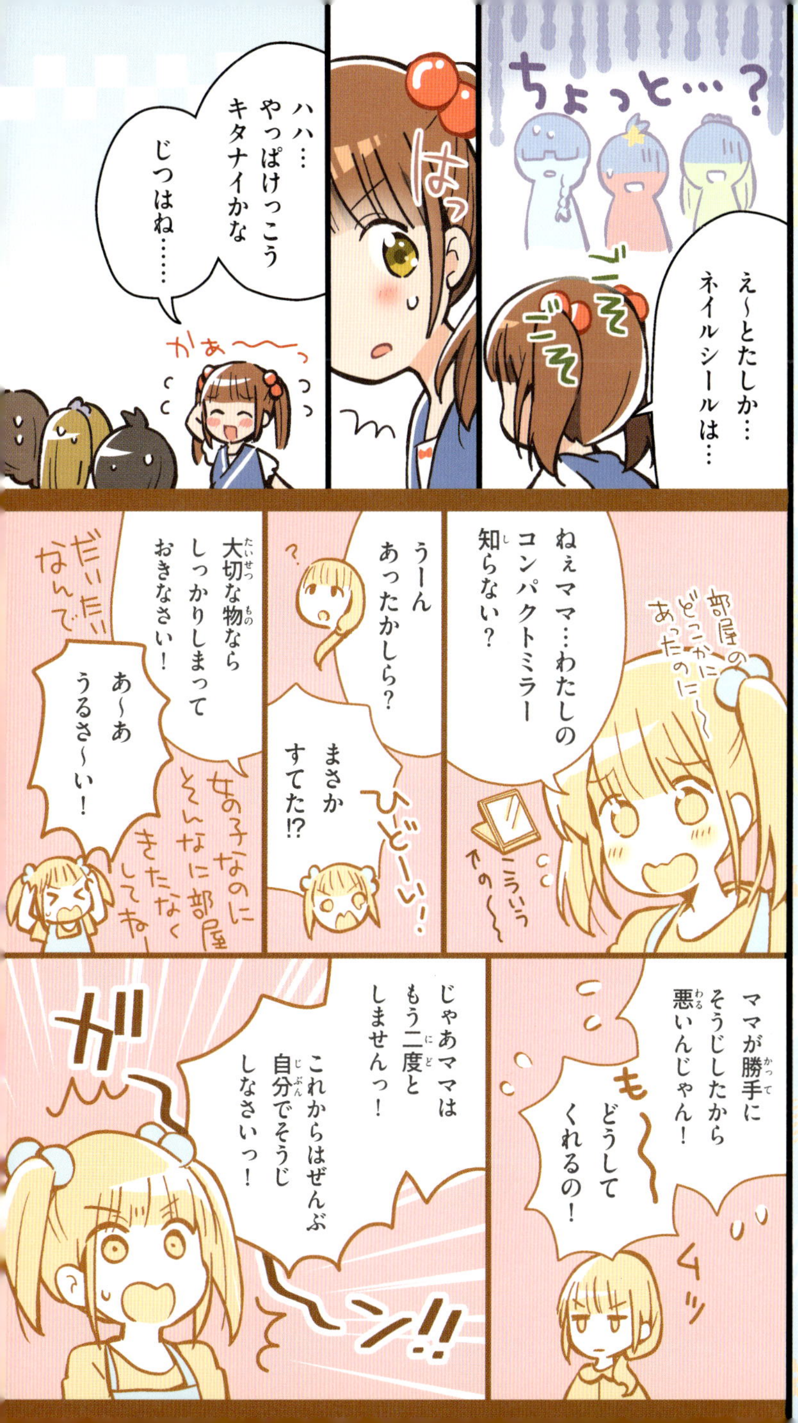

ちょっと…？
え～とたしか…ネイルシールは…
ごそごそ
はっ
ハハ…やっぱけっこうキタナイかな
じつはね……
かぁ～～っ
部屋のどこかにあったのに～
ねぇママ…わたしのコンパクトミラー知《し》らない？
こういうの～
うーん あったかしら？
まさか すてた!?
ひどーい！
大切《たいせつ》な物《もの》ならしっかりしまっておきなさい！
だいたいなんで
女の子なのにそんなに部屋きたなくしてや
あ～あ うるさ～い！
ママが勝手《かって》にそうじしたから悪《わる》いんじゃん！
も～～ どうしてくれるの！
ムッ
じゃあママはもう二度《にど》としませんっ！
これからはぜんぶ自分《じぶん》でそうじしなさいっ！
ガ～ン!!

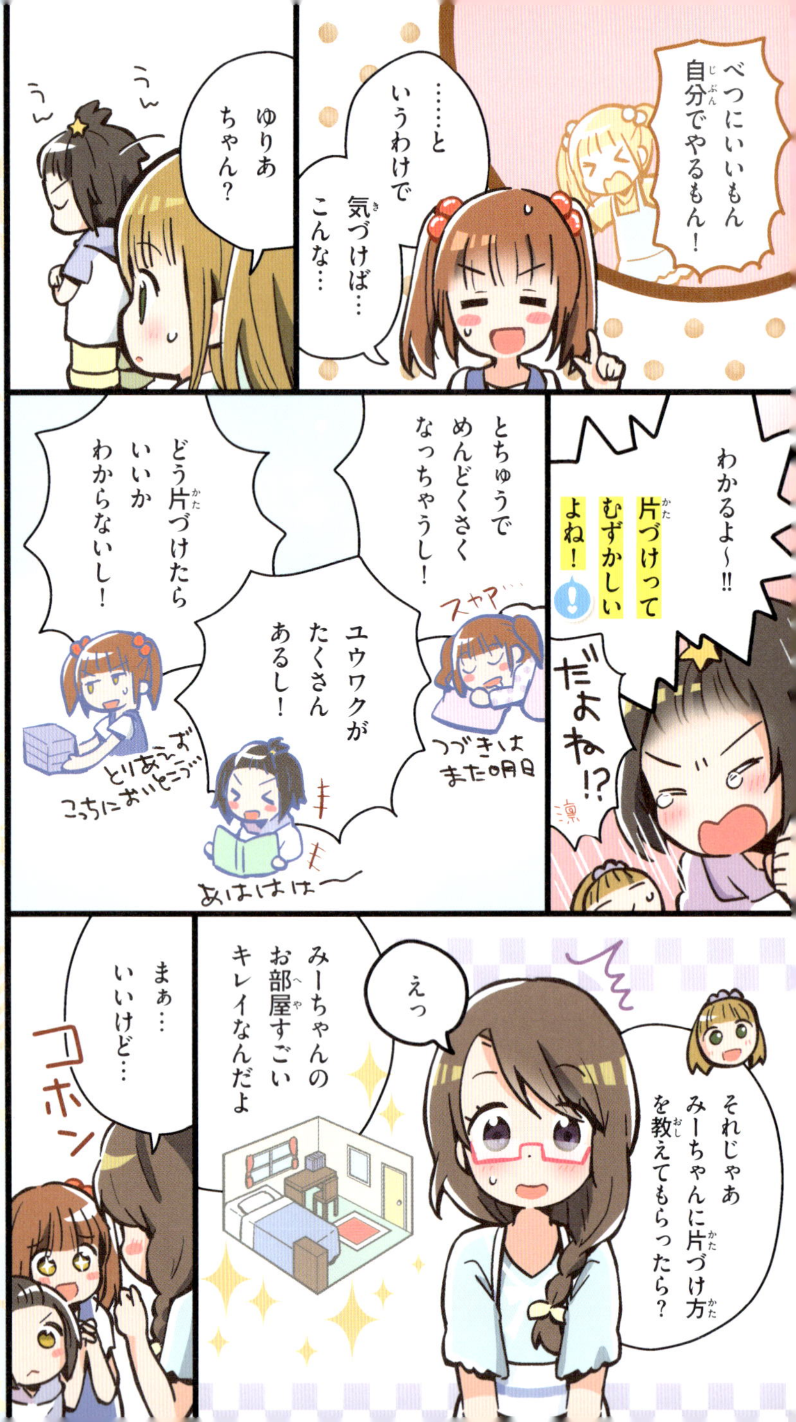

この解決法《かいけつほう》は102ページから紹介《しょうかい》

片《かた》づけのスタートは
「部屋《へや》にある物《もの》をへらす」ことから！
まずは箱《はこ》を用意《ようい》し、この3つにわけてみてね！

※ダンボール箱《ばこ》がなければ、ゴミ袋《ぶくろ》でもいいよ。

1 いる（とっておく）物《もの》

★学校《がっこう》で使《つか》う物《もの》
教科書《きょうかしょ》、ノート、文房具《ぶんぼうぐ》など

★思《おも》い出《で》の物《もの》
写真《しゃしん》、手紙《てがみ》、もらったプレゼントなど

2 いらない（すてる）物《もの》

★お菓子《かし》のゴミ、ペットボトル
★小《ちい》さくなったえんぴつや消《け》しゴム
★使《つか》い終《お》わったノート
★必要《ひつよう》なくなったプリント
★もう読《よ》まないマンガ
★ボロボロの洋服《ようふく》やくつ下《した》

3 どちらか迷《まよ》う物《もの》

すぐに決《き》められない物《もの》は、いったん
ここにいれて！ 迷《まよ》っていると、片《かた》づけが
いつまでも終《お》わらないからね

この解決法《かいけつほう》は102ページから紹介《しょうかい》

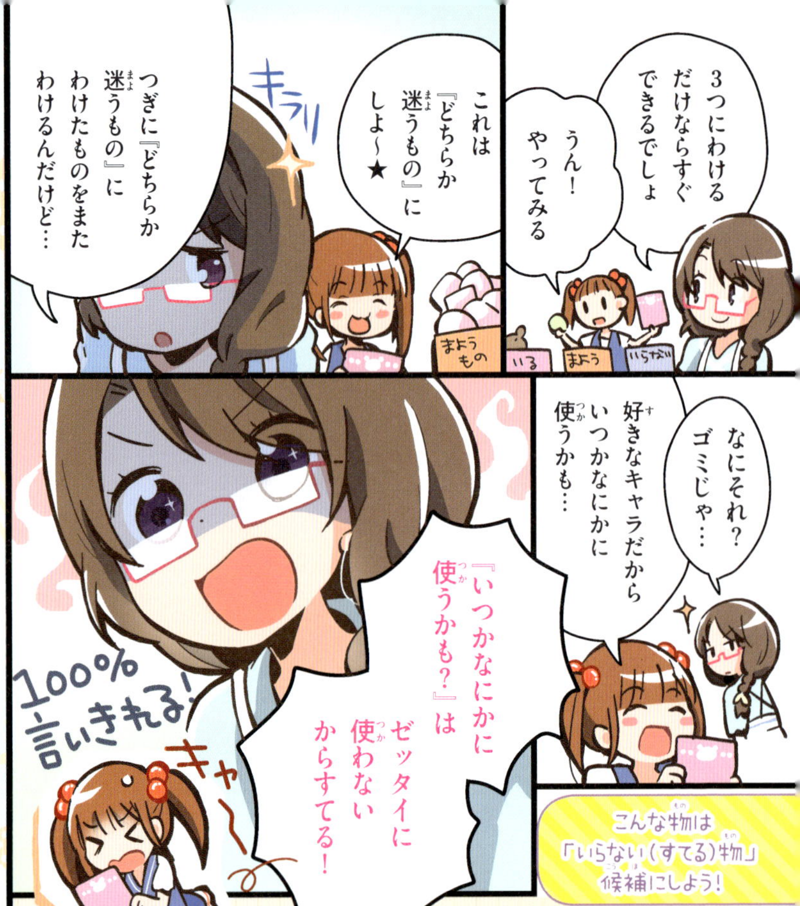

「思《おも》いきって物《もの》をすてる」のも片《かた》づけのポイント。すてるのがいやならば、人《ひと》にあげたり、リサイクルショップに売《う》るようにして!

- ★ ふたつ以上《いじょう》の同《おな》じ物《もの》や似《に》たような物《もの》
- ★ 1年以上見《ねんいじょうみ》ていない・使《つか》っていない物《もの》
- ★ 前《まえ》は好《す》きだったけど、趣味《しゅみ》が変《か》わったキャラクター物《もの》
- ★ どんどん増《ふ》えていく雑貨《ざっか》やぬいぐるみ、ヘアアクセ

この解決法《かいけつほう》は102ページから紹介《しょうかい》

この解決法《かいけつほう》は102ページから紹介《しょうかい》

おなやみ解決《かいけつ》

かんたんネイルをやってみたい♪

うちらのこの願望《がんぼう》は
ネイリストさんに相談《そうだん》したよ

リアルアンケート みんなはどう考《かんが》えてる？

Q1 ネイルをしたことある？

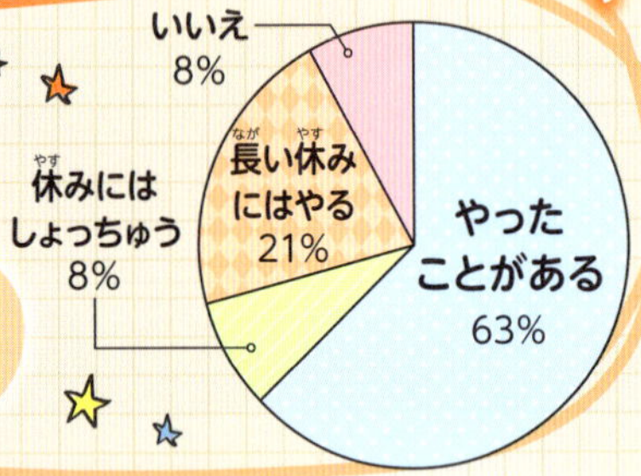

みんなもけっこうネイルやってるんだ～

#お勉強《べんきょう》しよう！

ネイルの基本《きほん》アイテム

必要《ひつよう》なアイテムをおぼえよう。すべて100円《えん》ショップで買《か》えるよ。

カラーネイル
マニキュアのこと。いろんな色《いろ》やラメ入《い》りなどがあるよ。

ベースコート
ツメの表面《ひょうめん》をなめらかに整《ととの》え、保護《ほご》。ぬるとネイルが長持《ながも》ち。

トップコート
仕上《しあ》げにぬると、ネイルがはがれたり傷《きず》つくのを防《ふせ》いでくれる。

ハンドクリーム
ネイルクリーム
甘皮《あまかわ》ケアやネイルをぬった後《あと》にぬり、乾《かん》そうを防《ふせ》ごう。ネイルクリームはツメをケアする成分入《せいぶんい》り。

リムーバー
ネイルカラーを落《お》とす液体《えきたい》。これがないと落《お》とせないよ。

コットン
ネイルを落《お》とすときに使《つか》うよ。

綿棒《めんぼう》
甘皮《あまかわ》ケアやはみだしたネイルを落《お》とすときに。

#やってみよう！

ネイルの基本《きほん》テクニック

「きれいにぬれない」「すぐに落《お》ちちゃう」そんなあなたは注目《ちゅうもく》！
ネイルを長持《ながも》ちさせ、キレイに見《み》せるための正《ただ》しい手順《てじゅん》とぬり方《かた》を教《おし》えるよ。

1 甘皮《あまかわ》の処理《しょり》

用意《ようい》するもの
・綿棒《めんぼう》　・ハンドクリーム

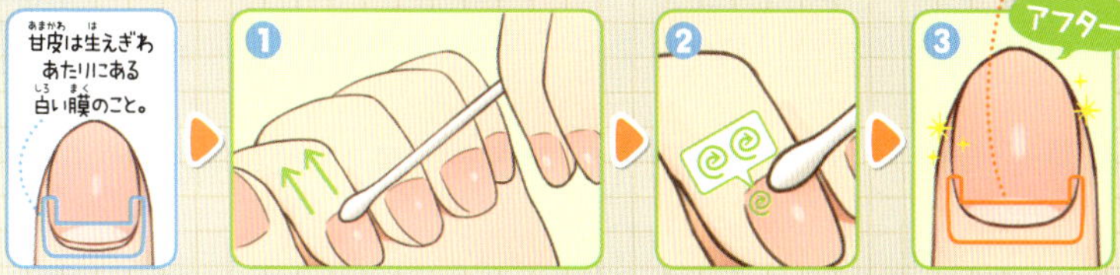
ビフォー
甘皮《あまかわ》は生《は》えぎわあたりにある白《しろ》い膜《まく》のこと。
1
2
3
アフター
ツメが大《おお》きくキレイに見《み》えるようになるよ！

最初《さいしょ》に おフロにゆっくり入《はい》って、ツメの甘皮《あまかわ》をやわらかくしておくこと。
1 指《ゆび》をおり、綿棒《めんぼう》で甘皮《あまかわ》をそっとおしあげる。力《ちから》のいれすぎはダメ。
2 おしあげた後《あと》にでてくる白《しろ》っぽい膜《まく》を、綿棒《めんぼう》の先《さき》をくるくる動《うご》かしてとろう。
3 ツメと指《ゆび》にハンドクリーム（ネイルクリーム）をぬりこんだらOK。

2 ネイルのぬり方《かた》

1. ベースコートをぬる

2. カラーネイルをぬる

1 ツメの先《せん》たん

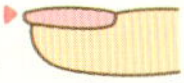

（ツメを横《よこ》にしてツメの厚《あつ》み部分《ぶぶん》）
2 ツメの表面《ひょうめん》1回目《かいめ》
乾《かわ》いてから
3 ツメの表面《ひょうめん》2回目《かいめ》

3. トップコートをぬる

4. ドライヤーの冷風《れいふう》で乾《かわ》かす

ぬり方《かた》のポイント

1 指《ゆび》は1本《ぽん》ずつ机《つくえ》の上《うえ》に置《お》いて固定《こてい》する。
2 液《えき》がたれないように、びんのふちでしごく。
3 中央《ちゅうおう》、左《ひだり》、右《みぎ》の順《じゅん》に、根元《ねもと》からツメ先《さき》にむかってぬる。

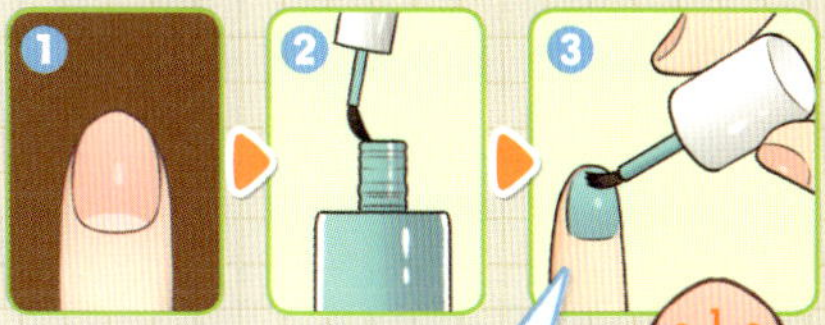
1
2
3

●筆《ふで》のあとがつかないようブラシに力《ちから》をいれすぎず、やわらかく。
●ツメのわきにマステを貼《は》っておくとはみだしてもOK。

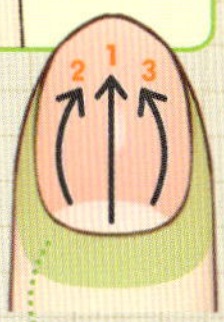
2 1 3

マステを貼《は》ると◎

3 ネイルの落《お》とし方《かた》

部屋《へや》の窓《まど》を開《あ》けて換気《かんき》をしながらやってね！

1. コットンに 500 円玉《えんだま》の大《おお》きさくらい、リムーバーをしみこませる。
2. ネイルを落《お》としたいツメに、コットンを 3 秒《びょう》くらいのせておく。
3. 親指《おやゆび》でおすようにして、しっかりとふきとる。落《お》としもれがないようにね！

これはダメ！

ティッシュを使《つか》うのはさけて！

ティッシュにつけたリムーバーはすぐに蒸発《じょうはつ》してしまい、なかなかネイルが落《お》ちないよ。結果的《けっかてき》にリムーバーを使《つか》う量《りょう》が増《ふ》えたり、時間《じかん》がかかるので、ツメが乾《かん》そうしちゃうよ。

ネイルにまつわるQ《キュー》&《アンド》A《エー》

Q《キュー》 ネイルは何日間《なんにちかん》くらいつけたままでいい？
A《エー》 1 週間《しゅうかん》を目安《めやす》に。はがれたネイルはきちんと落《お》としてね。

Q《キュー》 ネイルの一部《いちぶ》がはげてきてしまったら？
A《エー》 その指《ゆび》のネイルを一度《いちど》落《お》とし、ぬり直《なお》すのがキレイだよ。

Q《キュー》 ネイルがかわく前《まえ》にヨレちゃう
A《エー》 1 回目《かいめ》が乾《かわ》く前《まえ》に 2 回目《かいめ》をぬってない？ 乾《かわ》くまでの時間《じかん》が長《なが》くなり、ぶつけたりしてヨレる原因《げんいん》に。

JC先《せん》パイのアドバイス ネイルで工《く》夫《ふう》していること

ふつうのカラーネイルの上《うえ》から、ラメ入《い》りのネイルを重《かさ》ねるとキレイだよ♪（中《ちゅう》1）

季節《きせつ》にあわせたネイルシールを100円《えん》ショップで買《か》って、ワンポイントとして貼《は》る（中《ちゅう》2）

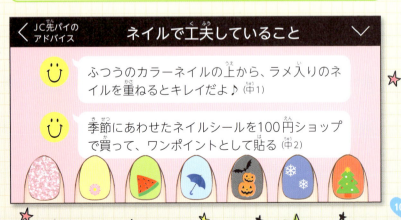

夕方《ゆうがた》
あっ！伊藤《いとう》さん
は…長谷川《はせがわ》くん
ドキ〜
ラッキー!!
今《いま》から帰《かえ》り？
友《とも》だちの家《いえ》に行《い》ってて…長谷川《はせがわ》くんは？
ぼくは本屋《ほんや》さんに行《い》ってたんだ
そうだ これ貸《か》してあげるよ
好きそうだなって思ったんだ
黒猫のアリバイ
キラッ
わ〜 ありがとう！
わ〜 伊藤《いとう》さんのツメすごくキレイだね
光ってる!!
えっ…
あ…うん ありがとう
キャ〜
やったぁ〜長谷川《はせがわ》くんにほめられちゃった♥

おなやみ解決《かいけつ》

部屋《へや》の片《かた》づけができな～い…

鈴木《すずき》さんのこのなやみは
整理収納《せいりしゅうのう》アドバイザーの先生《せんせい》に相談《そうだん》したよ

リアルアンケート　みんなはどう考《かんが》えてる？

Q1 部屋《へや》の片《かた》づけやそうじはトクイ？

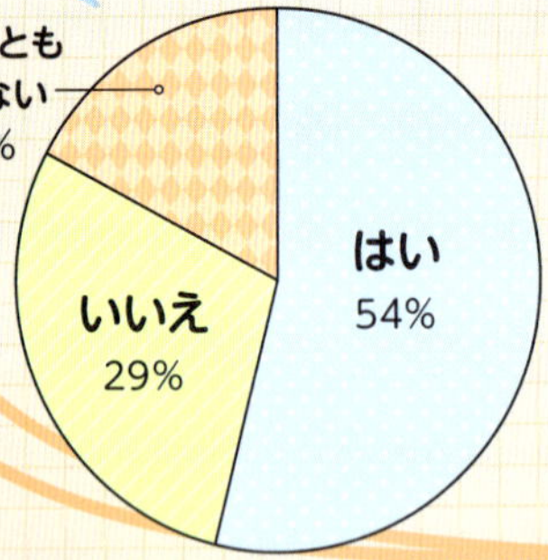

どちらとも
いえない
17%
はい
54%
いいえ
29%

Q2 片《かた》づけでニガテなのは？

- 収納場所《しゅうのうばしょ》がなくて、どこに物《もの》を片《かた》づけたらいいかわからない（小《しょう》4）
- 片《かた》づけてもすぐにきたなくなる（小《しょう》6）
- 「片《かた》づけなさい」と親《おや》に言《い》われるたびに、イヤになってしまう（小《しょう》6）
- 物《もの》がどんどん増《ふ》えてしまう（小《しょう》6）
- めんどうくさくなる（小《しょう》6）

タイセツなハナシ

片《かた》づけができないのは？

片《かた》づけができない原因《げんいん》はひとつ。部屋《へや》がたくさんの物《もの》であふれているから！　物《もの》はすてたり人《ひと》にあげたりと意識《いしき》してへらさないと、増《ふ》えていくいっぽう。物《もの》だらけの部屋《へや》では、片《かた》づけるスペースすらうまれません。「なんとなく取《と》っておく」。これがいちばんダメなこと。まずは、部屋《へや》の物《もの》をへらすことから始《はじ》めましょう！

#やってみよう！

引《ひ》きだしや棚《たな》の収納《しゅうのう》テク

引《ひ》きだしや棚《たな》をあけたら、物《もの》がごちゃごちゃ。なんて人《ひと》も多《おお》いかも…。
そんなときは、100円《えん》ショップで買《か》える「カゴ」や「ボックス」を上手《じょうず》に使《つか》おう！

「カゴ」や「ボックス」で、グループごとに整理《せいり》！

仕切《しき》りつき、タテ長《なが》、ヨコ長《なが》、深《ふか》さアリなど、いろいろあるから収納《しゅうのう》する物《もの》や場所《ばしょ》によって使《つか》いわけを。

＋

使《つか》うときに便利《べんり》かどうかを考《かんが》えて、こんなふうにグループわけをしよう。

- 文房具《ぶんぼうぐ》
- レターセット
- ヘア用品《ようひん》
- 勉強《べんきょう》に関《かん》するもの
- ネイル用品《ようひん》
- 趣味《しゅみ》のもの
- メイク用品《ようひん》
- ハンカチ・ティッシュ

文房具《ぶんぼうぐ》

机《つくえ》の引《ひ》きだしには、仕切《しき》りごとにアイテムをしまう収《しゅう》納《のう》ケースでスッキリ！

ヘアアクセ・アクセ

ひとつずつ仕切《しき》りがわかれたボックスなら、ひとめで使《つか》うものを選《えら》べて便利《べんり》！

メイク用品《ようひん》

ボトルやスプレー、ブラシなど高《たか》さがある物《もの》は深《ふか》いボックスに立《た》てて、いれて。

趣味《しゅみ》のもの

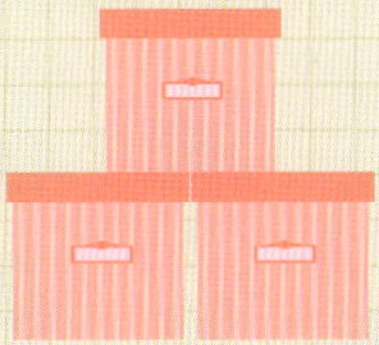

マンガやおもちゃ、雑貨《ざっか》などは、それぞれにわけてかわいいボックスにいれよう。

ハンカチ・ティッシュ

たたんだハンカチやティッシュはタテにならべて収納《しゅうのう》すると、柄《がら》が見《み》えて◎

ノートやプリント

プリントはファイルにいれてファイルボックスにまとめると、スッキリ！

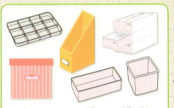

#やってみよう！

キレイをキープする方法《ほうほう》

せっかく片《かた》づけたのに、気《き》づけばすぐにまたキタナイ部屋《へや》…。
なんてことにならないよう、キレイをキープするルールを徹底《てってい》していこうね！

1 物《もの》の住所《じゅうしょ》（収納場所《しゅうのうばしょ》）を決《き》めてラベリング！

マステに「物《もの》の名前《なまえ》」や「グループわけの名前《なまえ》」を油性《ゆせい》ペンで書《か》いて、収納《しゅうのう》した場所《ばしょ》に貼《は》っていこう！

レターセット
これを貼ろう！

プチテク 使《つか》うひん度《ど》で物《もの》の住所《じゅうしょ》を決《き》めよう！

- 毎日使《まいにちつか》うもの ▶ すぐ取《と》りだせる場所《ばしょ》へ。ちょうど目《め》の高《たか》さにくる位置《いち》がいいよ！
- 1週間《しゅうかん》に一度《いちど》くらい使《つか》うもの ▶ 棚《たな》の高《たか》い場所《ばしょ》や低《ひく》い場所《ばしょ》へ。
- ほとんど使《つか》わないもの ▶ 棚《たな》の奥《おく》にしまってOK。

2 もとの場所《ばしょ》にもどす！

なにかを使《つか》ったらそのままにせず、必《かなら》ずもとの場所《ばしょ》にもどすこと！　これをしっかりと習慣《しゅうかん》づければ、部屋《へや》はいつもスッキリした状態《じょうたい》に。「あれ～？　テープってどこにしまったっけ？」なんて、物《もの》をさがす時間《じかん》もなくなるよ。

3 床《ゆか》に物《もの》を置《お》かない！

学校《がっこう》からの荷物《にもつ》、読《よ》んだマンガ、洗濯物《せんたくもの》。「後《あと》で片《かた》づけるから」と床《ゆか》に置《お》くのはダメ。一度《いちど》床《ゆか》に物《もの》を置《お》くと、どんどん置《お》いてしまうよ。また、床《ゆか》が見《み》えていないとそうじがめんどうくさくなるから、さらに汚《よご》れる原因《げんいん》に。

4 週《しゅう》1回《かい》、そうじの日《ひ》！

毎日《まいにち》部屋《へや》のそうじをするのはむずかしいから、週《しゅう》1回《かい》「○曜日《ようび》はそうじの日《ひ》」と決《き》めて、そうじをしよう。きちんと自分《じぶん》でやれば、すぐに汚《よご》すことはなくなるよ。

5 部屋《へや》デコスペースを♪

「ここは好《す》きな物《もの》を飾《かざ》るスペース」と決《き》めて、部屋《へや》デコしよう♪　部屋《へや》をかわいくすると、キレイをキープしようとするキモチも強《つよ》くなるはず。

124ページから
部屋《へや》デコを紹介《しょうかい》！

2週間後《しゅうかんご》
部屋《へや》を汚《よご》してないよね？
バッチリだよ〜！
キラキラリン
ほらっ!!
本当《ほんとう》だね…がんばってる！
わたしも部屋《へや》の片《かた》づけしようかな…
イイナー
じゃあ次《つぎ》はゆりあちゃんの部屋《へや》だね！
だいじょうぶ♪わたしも手伝《てつだ》ってあげるから！

休《やす》み時間《じかん》は
キライだ
『ぼっち』を
感《かん》じないと
イケナイから
別《べつ》に
本《ほん》が好《す》きな
わけじゃない
『ひとりが好《す》き』って
フリをするために
読書《どくしょ》してるだけ
夏休《なつやす》み
楽《たの》しかったね
またネイル
やりたいな～
わたしあの後《あと》
ペディキュアも
やってみたんだ
わい
夏休《なつやす》み中《ちゅう》…
わたしはだれとも
会《あ》わなかったな…
はぁ…
今度《こんど》のとなりは
しずくかよー
JUN
そういうこと
言《い》うと教科書《きょうかしょ》
忘《わす》れても見《み》せて
あげないから!
あ～
ゴメンなさい
しずく様～

佐々木《ささき》さんって いつもみんなに かこまれてる
毎日《まいにち》 楽《たの》しいん だろうな
あっ 後《うし》ろの席《せき》は 中村《なかむら》さんかー
よろしくねっ!
あ… よ… よろ…
きょど…
しずくー なにしてんの?
今《いま》ねぇ 中村《なかむら》さんと…
本読《ほんよ》んでるの ジャマしちゃ 悪《わる》いよ
さっ
えっ… あ!
ごめんね~
ジャマ しちゃった~! も~
あ…

自分《じぶん》から話《はな》しかけることなんてできない…
話《はな》しかけられてもうまく話《はな》せない
こんなわたし大《だい》キライ…
放課後《ほうかご》
ガラッ
あれっ今帰《いまかえ》り?
わたしノート忘れちゃって
う…うん日直《にっちょく》だったから
じゃあいっしょに帰《かえ》らない?
えっ…いや……ひとりで帰《かえ》るよ…
えーなんで?もう帰《かえ》れるんでしょ?
バシッ!
いいって!
は、
あっ…ごめん…

わ…
わたしなんかと帰《かえ》っても…どうせつまらないだろうし…
…なにそれ『わたしなんか…』って
それやめたほうがいいよ
最初《さいしょ》からあきらめてるみたいじゃない？
ウチらまだちゃんと話《はな》したこともないのにさ
ね！
そんな…
人気者《にんきもの》の佐々木《ささき》さんに
ジミで目立《めだ》たないわたしのキモチなんてわからないでしょ！
………わかるよ

だってわたし…前《まえ》の学校《がっこう》ではずっと暗《くら》かったから
えっ
3年前転校して来たんだよ
う…ウソ……
ウソじゃないよ！
ささきん バイキン〜
暗いやつ！
本当《ほんとう》はみんなと仲《なか》よくしたいのに
ぜんぶ人《ひと》のせいにして自分《じぶん》のカラにとじこもって
今《いま》のわたしと同《おな》じだ…
ぎゅ…
でもそんなときパパの仕事《しごと》の都合《つごう》で転校《てんこう》が決《き》まってチャンスだって思《おも》ったの
新《あたら》しい学校《がっこう》では自分《じぶん》を変《か》えてみようって！

この解決法《かいけつほう》は112ページから紹介《しょうかい》

おなやみ
解《かい》決《けつ》

クラスの人《にん》気《き》者《もの》になりたい!

奈《な》美《み》恵《え》ちゃんのこのなやみは
心理《しんり》コミュニケーショナーの先生《せんせい》に相談《そうだん》したよ

リアルアンケート

みんなはどう考《かんが》えてる?

Q1

人《にん》気《き》者《もの》になりたいと考《かんが》えたことある?

半分《はんぶん》以上《いじょう》の子《こ》がわたしと同《おな》じ
ように人《にん》気《き》者《もの》になりたいんだ
人《にん》気《き》者《もの》ってあこがれるよな…

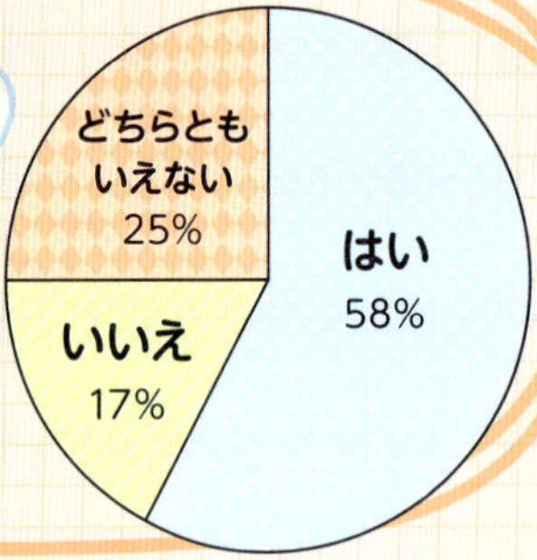

どちらともいえない
25%
はい
58%
いいえ
17%

#やってみよう!

人《にん》気《き》者《もの》になるためのルール

人《にん》気《き》者《もの》に共通《きょうつう》するのは「明《あか》るく前《まえ》むき、自分《じぶん》らしさを持《も》っている」こと。
考《かんが》え方《かた》や行動《こうどう》を変《か》えたら、だれだって人《にん》気《き》者《もの》に近《ちか》づけるんだよ!

1 いつもニコニコ笑顔《えがお》で!

笑顔《えがお》は親《した》しみやすさをあたえるよ。人《ひと》は親《した》しみを持《も》てる子《こ》と仲《なか》よくなりたいもの。あなたもおこった顔《かお》をした子《こ》には、「話《はな》しかけにくい…」って思《おも》っちゃうはず。どんな笑顔《えがお》も人《ひと》をひきつける魔法《まほう》になるとおぼえて!

あなたはどっちの子《こ》と仲《なか》よくなりたい?

2 ネガティブ発言《はつげん》はしない!

わ…
わたしなんかと
帰《かえ》っても…
どうせつまらない
だろうし…

うしろむきや否定的《ひていてき》な言葉《ことば》はやめ
ハッピーな言葉《ことば》を心《こころ》がけて!

ネガティブな発言《はつげん》は、まわりのみんなの気分《きぶん》も悪《わる》くしちゃうよ。

ネガティブ ×「わたしなんて…どうせ暗《くら》いし」
▼
ハッピー ○「性格《せいかく》があう子《こ》をさがしてみよう!」

ネガティブ ×「なにそれ…つまんない」
▼
ハッピー ○「へぇ～そういう考《かんが》えもあるんだ」

ネガティブ ×「失敗《しっぱい》したら…どうしよう」
▼
ハッピー ○「自信《じしん》ないけど、がんばろう!」

3 自分《じぶん》の考《かんが》えを伝《つた》えよう!

「相手《あいて》がどう思《おも》うか」はあまり気《き》にせず、まずは自分《じぶん》の考《かんが》えを「はい」か「いいえ」だけでも伝《つた》えよう。だまってばかりいると、考《かんが》えていることが伝《つた》わらないから、友《とも》だちもあなたに話《はな》しかけるのが、不安《ふあん》になっちゃうよ。

この犬《いぬ》すっごく
かわいくない?
うん!かわいい～♪
わたしはネコの
ほうが好《す》きだな～
……………
……………
Cちゃんって
なに考《かんが》えてるか
わかんないな
おこってるの?

4 わけへだてなく仲《なか》よくしよう!

自分《じぶん》の好《す》きな子《こ》には優《やさ》しく、そうでない子《こ》はムシする。こんな様子《ようす》だとイヤな感《かん》じだよね。また、友《とも》だちの悪口《わるぐち》を言《い》ったりウワサ話《ばなし》で人《ひと》と仲《なか》よくなるのはやめよう。人《ひと》の悪《わる》口《ぐち》やウワサは盛《も》りあがるからといって、そんな話《はなし》ばかりすると「ほかの子《こ》に自分《じぶん》の悪口《わるぐち》を言《い》ってるかも?」と信頼《しんらい》をなくすよ。「だれにでも優《やさ》しくできる」は、人気者《にんきもの》の条件《じょうけん》!

5 なんでも楽《たの》しんでやってみよう!

人気者《にんきもの》の子《こ》って、いつも楽《たの》しそうじゃない？　それってどんなことでもやる前《まえ》から決《き》めつけず、まずは楽《たの》しんでやってみようとしているから。みんな「つまらないより楽《たの》しいほうがいい」から、楽《たの》しそうな子《こ》のまわりには自然《しぜん》と人《ひと》が集《あつ》まるよ。

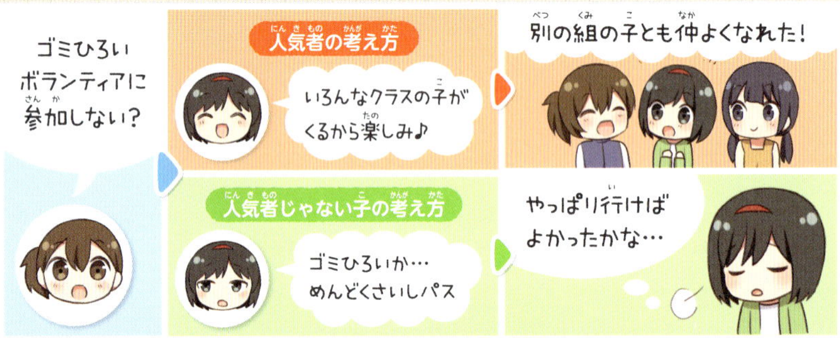

6 もっとみんなに興味《きょうみ》をもとう!

人《ひと》に好《す》かれるには、まずあなたが人《ひと》を好《す》きになること。みんなに興味《きょうみ》をもって観《かん》察《さつ》してみて。そうすると、人《ひと》がよろこぶことをしてあげられるようになるよ。

7 自分《じぶん》から動《うご》いてみよう!

自分《じぶん》から動《うご》くと、いろんなきっかけがうまれるよ。仲《なか》よしの子《こ》がどんどん増《ふ》えていけば、結果的《けっかてき》に人気者《にんきもの》だね♪

- **係《かかり》や委員《いいん》などに立候補《りっこうほ》してみる**
- **だれにでも自分《じぶん》からあいさつする**
- **みんなで遊《あそ》ぶ会《かい》を計画《けいかく》してみる**

少《すこ》しずつがんばってみよう…
まずは最初《さいしょ》の一歩《いっぽ》をふみだす!
笑顔《えがお》であいさつしてみよう!
あ…あの… おはよう!
KONOHA
!
おはよう
おはよっ!
にっ

だいじょうぶ？上《うえ》はわたしが消《け》すよ
あっ伊藤《いとう》さん…
ドキッ
あ…ありがとう…！
ねえねえしずく聞《き》いたよ！
プッチモ
コーデ
カワイイNO.1
来月《らいげつ》のプッチモの読者《どくしゃ》スナップにのるんだって？
そうそう～
ダンスの発表会《はっぴょうかい》の帰《かえ》りたまたま声《こえ》かけられてさ
え～いいな～
佐々木《ささき》さんやっぱりすごい…
モデルみたい…

この解決法《かいけつほう》は120ページから紹介《しょうかい》

スポーティー
活発的《かっぱつてき》で
気取《きど》らない印象《いんしょう》！
ガーリー
ふんわりしたキュートな
女《おんな》の子《こ》らしさ！
フェミニン
上品《じょうひん》な印象《いんしょう》もある
大人《おとな》っぽいかわいさ！
着《き》る洋服《ようふく》で
イメージって
まったく変《か》わるの
つまりそれは
なりたい自分《じぶん》に
見《み》せる洋服《ようふく》を
着《き》ればいいって
ことなんだよ
ポップ
今《いま》っぽさがあって
元気《げんき》で明《あか》るい印象《いんしょう》！
SPORT
わたしは
暗《くら》い自分《じぶん》を
変《か》えたくて
元気《げんき》な子《こ》に見《み》える
ファッションを
するようにしたの
洋服《ようふく》を変《か》えたら
自然《しぜん》と性格《せいかく》も
明《あか》るくなったかな

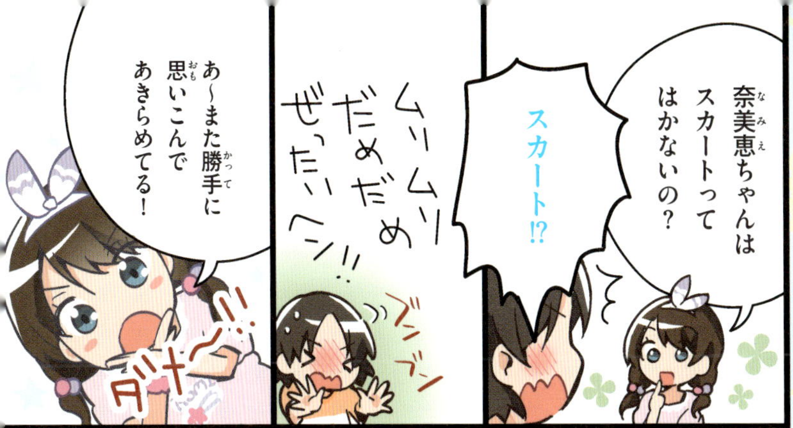

スカートのなかでも丈《たけ》や形《かたち》にいろいろな種類《しゅるい》があるんだから！

スカート丈《たけ》のいろいろ

ミニ
ひざ上《うえ》から10～15cmくらいの長《なが》さ

ひざ丈《たけ》
ちょうどひざくらいの長《なが》さ

ミモレ丈《たけ》
ふくらはぎにかかるか半分《はんぶん》かくれる長《なが》さ

マキシ丈《たけ》
足首《あしくび》やくるぶしがかくれる長《なが》さ

スカートのデザインいろいろ

フレア
波《なみ》のように広《ひろ》がるシルエット

プリーツ
山折《やまお》り谷折《たにお》りのひだが重《かさ》なる

ペンシル
腰《こし》から裾《すそ》までまっすぐなシルエット

台形《だいけい》
「台形《だいけい》」の形《かたち》をしている

チュール
半透明《はんとうめい》の素材《そざい》（チュール）を使《つか》ったもの

わたしに似《に》あうスカートもあるってこと？

もちろん！

「どんな自分《じぶん》に見《み》せたいか」や「自分《じぶん》の体型《たいけい》にあうアイテム」を考《かんが》えて選《えら》ぶといいよ！

この解決法《かいけつほう》は120ページから紹介《しょうかい》

おなやみ解決《かいけつ》

もっとオシャレになりたい♪

奈美恵《なみえ》ちゃんのこのなやみは
洋服《ようふく》のスタイリストさんに相談《そうだん》したよ

#お勉強《べんきょう》しよう！

体型別《たいけいべつ》おすすめコーデ

あなたは自分《じぶん》の体型《たいけい》に似《に》あうアイテムやコーデのバランスルールをちゃんとわかってる？　それぞれの体型《たいけい》の魅力《みりょく》をいかしながら、オシャレを楽《たの》しもう！

ほっそり & 身長高《しんちょうたか》めさん

かっこよく見《み》せよう！

魅力《みりょく》である「足《あし》の長《なが》さ、スタイルのよさ」をアピールするアイテム、コーデを意識《いしき》。

おすすめパンツコーデ

・大《おお》きめなトップス
×
・スキニーパンツ

・コンパクトなトップス
×
・たっぷり丈《たけ》のワイドパンツ

長《なが》い丈《たけ》や細身《ほそみ》のパンツは身長《しんちょう》が高《たか》い子《こ》のマストアイテム。かっこよくはきこなしちゃおう！

おすすめスカートコーデ

・Tシャツ《ティ》をイン
×
・マキシ丈《たけ》スカート

ハイウエストなペンシルスカート

パンツ同様《どうよう》に細身《ほそみ》のシルエット、長《なが》い丈《たけ》が似《に》あうよ。反対《はんたい》にミニスカートは足《あし》が見《み》えすぎちゃうので△

身長低《しんちょうひく》めさん

キュートに見《み》せよう!

魅力《みりょく》である「コンパクトさ」をアピールするアイテム、コーデを意識《いしき》して。

おすすめパンツコーデ

・ややゆるなトップス×ショーパン
・大《おお》きめTシャツ×ややゆるサロペット

ショートパンツがいちばん似《に》あう、身長低《しんちょうひく》めさん。サロペットでブカッと感《かん》をだしてもかわいいよ。

おすすめスカートコーデ

・ややゆるTシャツ×ミニスカート
・パーカーワンピをだぼっと着《き》る!

スカートコーデはトップスインでウエストを高《たか》く見《み》せたり、厚底《あつぞこ》スニーカーでスタイルアップ効果《こうか》をねらって。

ぽっちゃりさん

女《おんな》の子《こ》らしさを見《み》せよう!

魅力《みりょく》である「やわらかさ」をアピールしつつ、スッキリ見《み》せるアイテムがポイント。

おすすめパンツコーデ

・ウエストにシャツ巻《ま》き×パンツをロールアップ
・ロングシャツをはおる×ボーイフレンドデニム

ピッタリすぎない太《ふと》さやロールアップの足首《あしくび》見《み》せで、下半身《かはんしん》をスッキリと。ウエストにシャツ巻《ま》きで細見《ほそみ》せ!

おすすめスカートコーデ

・ワンピのウエストにはベルト×G《ジー》ジャンをはおる
・カーディガンをはおる×アシンメトリースカート

ワンピ×ベルト、はおりもの、アシンメトリースカート(左右《さゆう》の丈《たけ》がちがう)は、体型《たいけい》をスッキリ見《み》せるよ!

#お勉強《べんきょう》しよう！ コンプレックス解決《かいけつ》テク

体型《たいけい》のコンプレックスも、ちょっとしたコツで解決《かいけつ》することができるよ。
反対《はんたい》にコンプレックスが目立《めた》っちゃうアイテムもあるから、注意《ちゅうい》して。

顔《かお》を小《ちい》さく見《み》せたい

ポイントは「顔《かお》まわり」。V《ブイ》ネックやシャツなど、首元《くびもと》が大《おお》きく開《ひら》いたアイテムでスッキリと見《み》せよう。

OKなアイテム　NGなアイテム

V《ブイ》ネックT《ティー》シャツ
シャツのボタンをはずして
首元《くびもと》がつまったデザイン

顔《かお》に大《おお》きな小物《こもの》をプラスするのも☺

ダテメ
イヤリング
デカリボンカチューシャ

上半身《じょうはんしん》をスッキリ見《み》せたい

太《ふと》めの腕《うで》はかくすか、すべてだすかに。オフショルは腕《うで》をかくす＆肩《かた》のチラ見《み》せで、スッキリ効果《こうか》。

OKなアイテム　NGなアイテム

オフショルダー
短《みじか》めな袖丈《そでたけ》
ノースリーブ
パフスリーブ
フレアスリーブ
ピタッとしたトップス

太《ふと》ももを細《ほそ》く見《み》せたい

太《ふと》ももをかくしつつ、ほどよいボリューム感《かん》のアイテムを選《えら》ぼう。太《ふと》ももを強調《きょうちょう》する「細《ほそ》い・短《みじか》い」はNG。

OKなアイテム　NGなアイテム

ワイドパンツ
スキニーパンツ
ひざ丈《たけ》フレアスカート
ミニスカート
オールインワン

ふくらはぎを細《ほそ》く見《み》せたい

ふくらはぎが中途半端《ちゅうとはんぱ》に見《み》える丈《たけ》は強調《きょうちょう》されるので×　パンツの場合《ばあい》、ロールアップの足首《あしくび》見《み》せでスッキリ！

OKなアイテム　NGなアイテム

マキシ丈《たけ》
ミモレ丈《たけ》
長《なが》めレギンス
中途半端《ちゅうとはんぱ》なレギンス
ロールアップあり
ロールアップなし

思《おも》いきって
はいてきたけど…
もじ…
びくっ
あれ？
中村《なかむら》さん
スカートだ
あ！本当《ほんとう》だ
めずらしいね
すごい
かわいい★
イメチェン？
!
うん
似《に》あってる！
あ…
ありがとう…！
なんか雰囲気《ふんいき》も
いつもと違《ちが》う
感《かん》じがするよね？
きゃっ
きゃっ
お洋服《ようふく》のせい
かな～？
しずくなに
ニヤニヤ
してるの？
?
ニヤ
ニヤ
べつに…

レッツトライ

ゲキかわ! 部屋《へや》デコ

キレイに片《かた》づけた部屋《へや》には「部屋《へや》デコ」をして、ジマンの部屋《へや》に♪
100円《えん》ショップでそろうアイテム & カンタンなデコテクばかりだよ!

こんなカワイイ部屋《へや》デコができちゃう!

ゲキかわ1 かべデコで部屋《へや》をイメチェン!

かべを傷《きず》つけないデコだから安心《あんしん》。部屋《へや》の印象《いんしょう》がぐっと華《はな》やかになるよ♪

かべデコ1 マステハウス

用意《ようい》するもの

- マスキングテープ

作《つく》り方《かた》 下《した》の図《ず》のようにマステをかべに貼《は》っていこう。高《たか》い位置《いち》は家族《かぞく》に手伝《てつだ》ってもらって!

大《おお》きく作《つく》ったほうがカワイイよ♪

マステの柄《がら》は同《おな》じでもバラバラでも◎

かべデコ2 アートフレーム

用意《ようい》するもの

- ラッピングペーパー
- フレーム(100円《えん》ショップで買《か》えるよ)

作《つく》り方《かた》 ラッピングペーパーをフレームのうら板《いた》にあわせて切《き》り、フレームに入《い》れよう。

シンプルな柄《がら》のほうがオシャレ☆

フレームをかべに飾《かざ》る方法《ほうほう》は家族《かぞく》に相談《そうだん》して。

かべデコ3 フラッグガーランド

用意《ようい》するもの

- 柄《がら》つきのおり紙《がみ》
- オシャレなひも

作《つく》り方《かた》

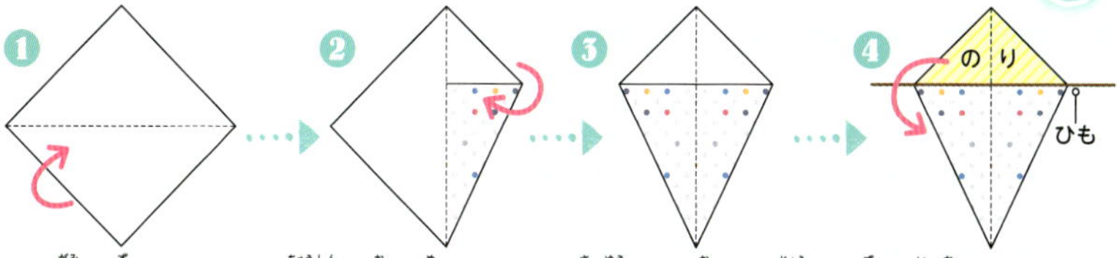
のり
ひも

① おり紙《がみ》を図《ず》のように半分《はんぶん》に折《お》り、中心《ちゅうしん》に折《お》り目《め》をつけて。

② 中心《ちゅうしん》の折《お》り目《め》にあわせて、外側《そとがわ》から内側《うちがわ》へと折《お》ろう。

③ 左右《さゆう》とも折《お》った状態《じょうたい》。この形《かたち》をたくさん作《つく》ってね。

④ 図《ず》の位置《いち》にひもをおき、白地《しろじ》にのりをぬって上《うえ》から折《お》ろう。

ひもの両《りょう》はしは押《お》しピンでとめて。
柄《がら》や色《いろ》がちがうフラッグを交互《こうご》に入《い》れて!

フラッグをたくさんならべて、長《なが》いものを作《つく》ると楽《たの》しいよ♪

ゲキかわ2 ひと工《く》夫《ふう》でオシャレな写《しゃ》真《しん》デコに！

友《とも》だちと撮《と》った写真《しゃしん》はかわいく飾《かざ》っちゃおう♪　いろいろアレンジしてみて★

写《しゃ》真《しん》デコ1 コルクボードを使《つか》おう！

用《よう》意《い》するもの

- コルクボード
- 柄《がら》つきのおり紙《がみ》
- マスキングテープ
- レースリボン

作《つく》り方《かた》

❶ 写真《しゃしん》を人物《じんぶつ》やペットにそって切《き》ろう。

❷ その形《かたち》より少《すこ》し大《おお》きめに柄《がら》つきの折《お》り紙《がみ》を切《き》って、写真《しゃしん》の下《した》に貼《は》ろう。

レースリボンを貼《は》って☆

写真《しゃしん》のふちに好《す》きなマステを貼《は》ろう。これだけで、超《ちょう》かわいくなっちゃう♪

写《しゃ》真《しん》デコ2 ウッドクリップを使《つか》おう！

用《よう》意《い》するもの

- ウッドクリップ
- オシャレなひも

何段《なんだん》かならべてオシャレ度《ど》アップ！

作《つく》り方《かた》

オシャレなひもに等間隔《とうかんかく》で、ウッドクリップの上側《うえがわ》うらをボンドで貼《は》りつけて。クリップで写真《しゃしん》をはさもう♪

ひもの両《りょう》はしは押《お》しピンでとめて。

写《しゃ》真《しん》デコ3 ハート型《がた》にかざろう！

タテむきの写真《しゃしん》、ヨコむきの写真《しゃしん》いろいろあるとバランスが◎

作《つく》り方《かた》

大《おお》きなハート型《がた》になるよう、写真《しゃしん》をかべに両面《りょうめん》テープで貼《は》っていこう。最初《さいしょ》にいちばんまんなかの列《れつ》を貼《は》り、そこから左右《さゆう》に列《れつ》を増《ふ》やしていくと、キレイに仕上《しあ》がるよ。タテとヨコをなんとなくそろえていってね。

ゲキかわ3 小物《こもの》は見《み》せデコでインテリアに!

ごちゃつく小物《こもの》は、見《み》せる収納《しゅうのう》を楽《たの》しもう。「クリア(透明《とうめい》)」で統一感《とういつかん》を。

見《み》せデコ1 ガラスびんやクリアボトルに入《い》れよう!

ガラスびん

カラフルさがポイント♪

ヘアアクセ　キャンディ　ネイル

クリアボトル

長《なが》いものはタテ収納《しゅうのう》が◎

カラーペンや色《いろ》えんぴつ

見《み》せデコ2 自分《じぶん》だけのオブジェを手作《てづく》りしちゃおう!

フラワーボトル

用意《ようい》するもの

- 造花《ぞうか》(ダリアやガーベラが◎)
- パールビーズ
- 動物《どうぶつ》の小物《こもの》

びんのふちをリボンで結《むす》んでもガーリー!

はさみでくきからカット

びんのなかに、造花《ぞうか》やパールビーズ、動物《どうぶつ》の小物《こもの》などをバランスよくいれたら完成《かんせい》。

シェルボトル

用意《ようい》するもの

- 砂《すな》
- ラメ(ネイルグッズ)
- 貝《かい》がら(いろんな形《かたち》があると◎)
- シーグラスやビー玉《だま》

シーグラスやビー玉《だま》は色《いろ》のアクセントに!

❶ 砂《すな》にラメをまぜよう。

❷ びんに❶を入《い》れ、上《うえ》からバランスよくシーグラスや貝《かい》がらを置《お》けば完成《かんせい》。

みんなのアレコレ

なんでもランキング

夏休《なつやす》みに友《とも》だちとしたいことな～に？

たくさんの思《おも》い出《で》を作《つく》りたい夏休《なつやす》み。友《とも》だちと楽《たの》しみたいことを聞《き》いてみたよ！

1位《い》 プールに行《い》く

2位《い》 お泊《と》まり会《かい》

3位《い》 遊園地《ゆうえんち》で遊《あそ》ぶ

4位《い》 海《うみ》に行《い》く

5位《い》 花火大会《はなびたいかい》に行《い》く

花火大会《はなびたいかい》も
いいよね～。みんなで
浴衣《ゆかた》を着《き》たりしたら
盛《も》りあがりそう♪

お泊《と》まり会《かい》も楽《たの》しいよね。
夜遅《よるおそ》くまでおしゃべりしたり。
夏《なつ》だから怖《こわ》い話《はなし》で
盛《も》りあがるのもアリ？

暑《あつ》い夏《なつ》はやっぱり
プールだよね。
プールの後《あと》のアイスが
おいしいし～

10月《がつ》 11月《がつ》 12月《がつ》のスクールライフ

ハロウィンにクリスマス。楽《たの》しいイベントでは、みんなと思《おも》い出《で》作《つく》りたいよね。
…だけど、イベントにまつわるなやみも、やっぱりでてくるわけで…。

10月《がつ》
おなやみ13
ダイエットして
細《ほそ》くなりたい!
瀬戸陽菜《せとひな》
おなやみ14
ハロウィンの仮装《かそう》を
してみたい★
佐藤真央《さとうまお》
11月《がつ》
おなやみ15
特技《とくぎ》がない…
将来《しょうらい》の夢《ゆめ》がない…
山本英里奈《やまもとえりな》
おなやみ16
オナラや便秘《べんぴ》が
気《き》になっちゃう…
松本《まつもと》ゆりあ
伊藤美優《いとうみゆ》
渡辺花音《わたなべかのん》
12月《がつ》
おなやみ17
もっともっと
かわいくなりたい♥
高橋愛美《たかはしまなみ》
伊藤美優《いとうみゆ》
おなやみ18
スキな男子《だんし》と楽《たの》しく
会話《かいわ》するには?
高橋愛美《たかはしまなみ》

次《つぎ》の児童集会《じどうしゅうかい》はハロウィンパーティーです
仮装《かそう》での参加《さんか》もOK《オーケー》です！すてきな仮装《かそう》には賞品《しょうひん》があります
ハロウィンパーティー
じゃんけん 宝さがし クイズ
ざわ
ざわ
仮装《かそう》か〜おもしろそう！
なにやろ〜？
楽しみ〜
仮装ってこんな？
楽しいかも…
バナナ
タイツ
との
ねぇねぇ！
ハロウィンパーティーの話《はなし》聞《き》いた？
楽《たの》しそうだよね！
陽菜の塾友《じゅくとも》
3人《にん》でスノープリンセスの仮装《かそう》しない？
お姉《ねえ》ちゃんが友《とも》だちと使《つか》ったドレスがあるんだ
やりたーい！
じゃあ決《き》まり！

これがそのドレスだよ!
かわいい〜!★
キャ〜〜〜
でしょ〜!! 3人《にん》で着《き》たらぜったい目《め》立《だ》つよ
じ…
こ…これちょっと細《ほそ》くない?
プリンセス…?
ぱつん
ぱつん
今《いま》から着《き》てみようよ!
え!?
ビクッ
ご…ごめん今日《きょう》はちょっと時間《じかん》なくて
しどろ
もどろ
そっかーじゃあまた今度《こんど》だね

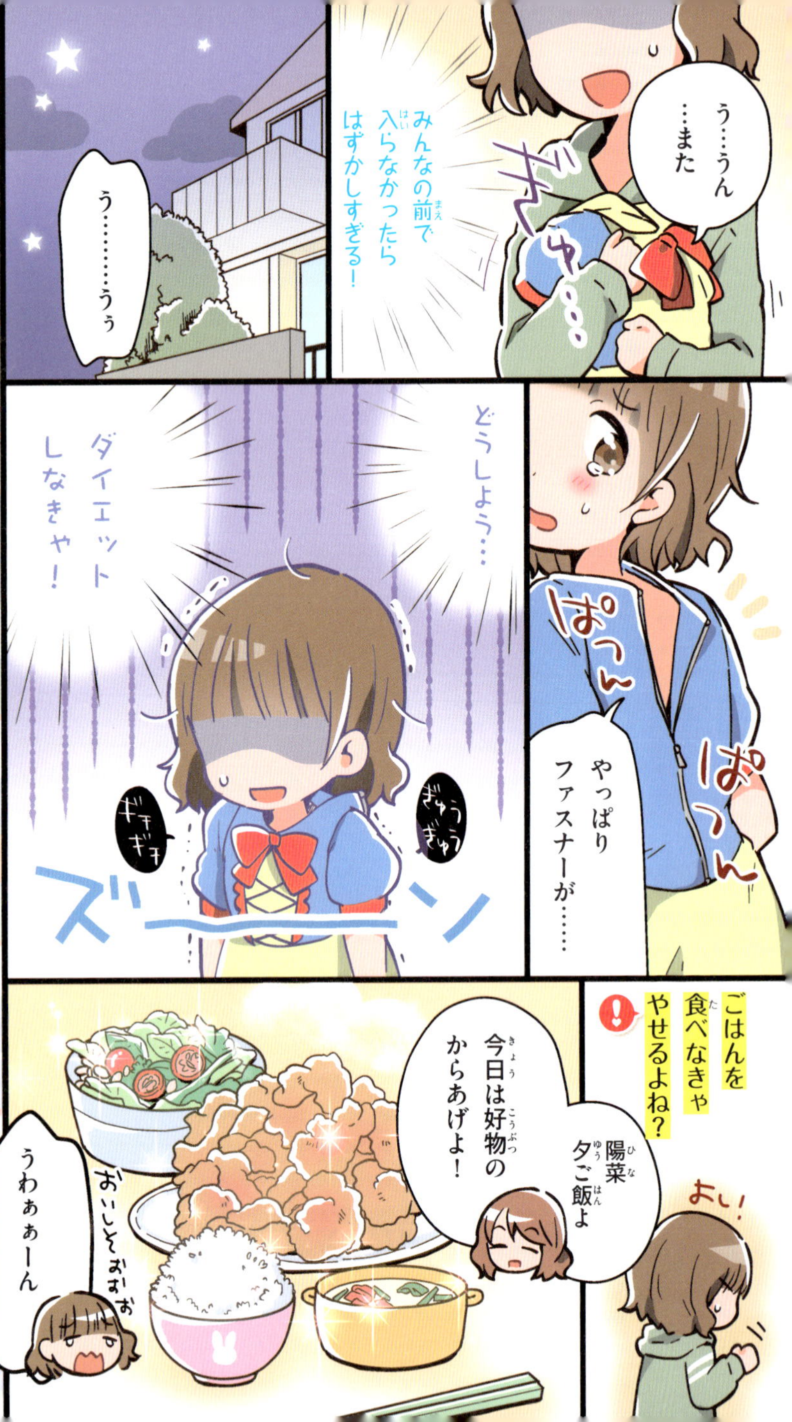

この解決法《かいけつほう》は140ページから紹介《しょうかい》

サラダだけにしなきゃ…
今日《きょう》おやつ食《た》べすぎちゃって…（ウン）
ちまっ
もお～ダメじゃない！
ママにはダイエットのことナイショにしよ
陽菜《ひな》のたたかいは続《つづ》く……
朝《あさ》ごはんも食《た》べない！給食《きゅうしょく》があるし…
ちこくしちゃうから行くね!!
おかずもへらしてもらう！
男子にあげる
これだけ
プリン
MILK
サラダ食《た》べたらおなかいっぱいだ
（ウン）
ごちそうさま～
ううう～
宿題《しゅくだい》中《ちゅう》
ガマン～
ぐぅうううううううう

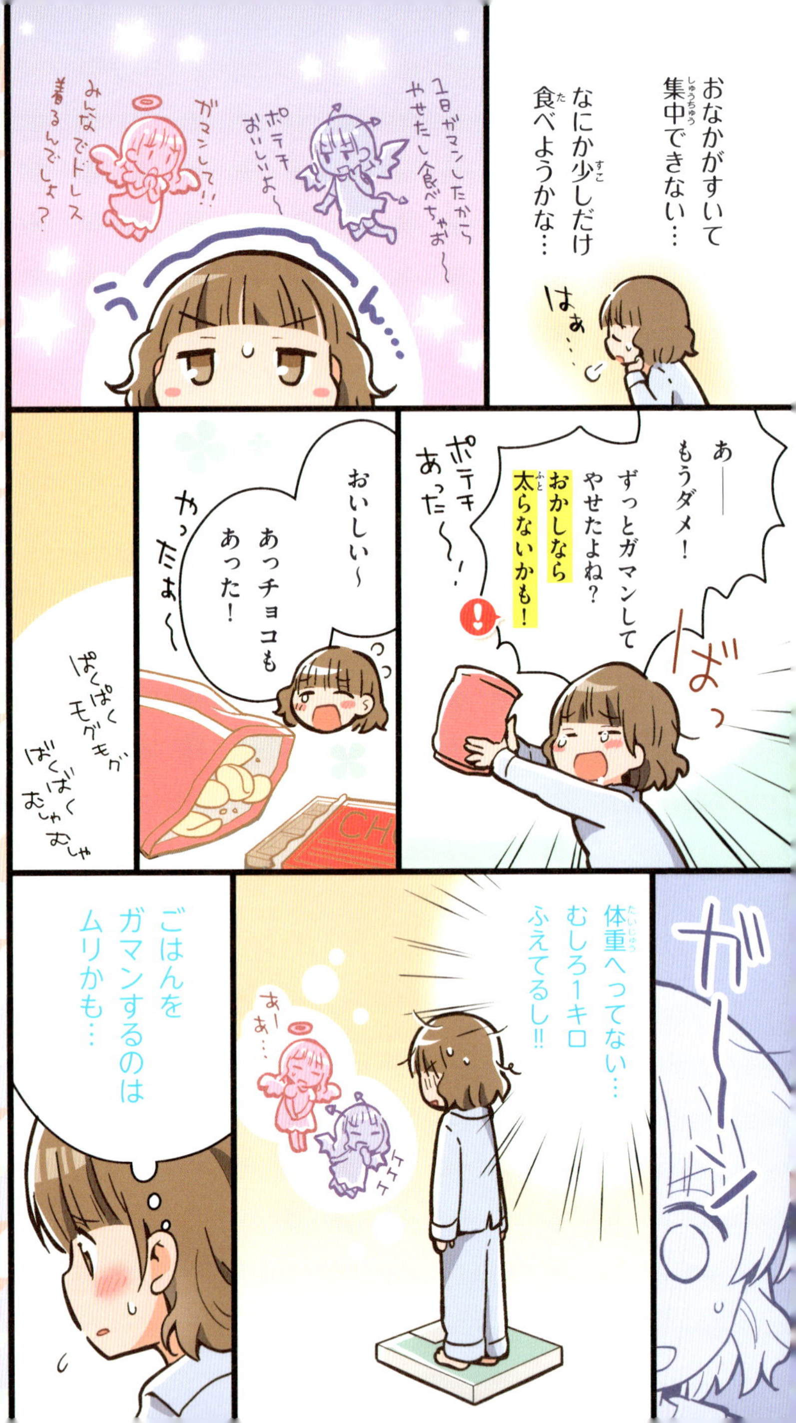

この解決法《かいけつほう》は140ページから紹介《しょうかい》

この解決法《かいけつほう》は140ページから紹介《しょうかい》

この解決法《かいけつほう》は144ページから紹介《しょうかい》

ねぇ〜
お姉《ねえ》ちゃん去年《きょねん》ハロウィンの仮装《かそう》してたよね?
うん!部活《ぶかつ》のみんなでゾンビをやったよ
見るっ?
わ〜
楽《たの》しそう…!
もしかして真《ま》央《お》もなにか仮装《かそう》するの?
わ…わたしはそんな…
なんで?友《とも》だちとやってみなよ!
か
あ…
でも…むずかしいことはできないし…
だいじょうぶ!真《ま》央《お》にもできる仮装《かそう》を教《おし》えてあげるから
う…うん…
次《つぎ》の日《ひ》
ねぇねぇ仮装《かそう》決《き》めた?

自分《じぶん》で用意《ようい》できる衣装《いしょう》ってなかなかないよね
カンタンにできる仮装《かそう》ないかなー？
ね〜
あ…あの…
それじゃあいっしょにゾンビの仮装《かそう》しない？
え〜〜！
ゾンビ？
わたしたちにできるかな？
やりたいけど…

ゾンビの仮装《かそう》は、なにか特別《とくべつ》に買《か》わなくてもカンタンにできちゃいますよ！
髪《かみ》はあえてボサボサに
髪《かみ》に逆毛《さかげ》を立《た》ててボサボサにしたり、前髪《まえがみ》で目《め》をかくしたりすると、ゾンビらしさアップ！
ところどころ赤《あか》い絵《え》の具《ぐ》をつけた包《ほう》帯《たい》かトイレットペーパーを巻《ま》こう！
赤《あか》い絵《え》の具《ぐ》で「血《ち》」をつけよう。下《した》に新聞紙《しんぶんし》をしき、絵《え》の具《ぐ》がついた筆《ふで》を服《ふく》の上《うえ》でふると、細《こま》かい血《ち》しぶきみたいになるよ！
ゾンビメイク
目《め》の下《した》に黒《くろ》いアイシャドウ、くちびる横《よこ》にグロスで血《ち》すじ、傷口《きずぐち》メイクもぜひトライしてみて！
いらなくなった服《ふく》
もう着《き》ない服《ふく》のすそや一部分《いちぶぶん》をやぶって、ボロボロ感《かん》をだそう！
わざとハサミを入《い》れ、そこからやぶるとOK《オーケー》

この解決法《かいけつほう》は144ページから紹介《しょうかい》

たくさんの人数《にんずう》でやると盛《も》りあがります。ゾンビ集団《しゅうだん》!!
仮装《かそう》をした後《あと》は、ゾンビになりきろう！ゾンビポーズで写真《しゃしん》を撮《と》ったら楽《たの》しいね♪
ゾンビっぽいしぐさ
● 頭《あたま》、手足《てあし》をだらんとさせる
● 目《め》を見開《みひら》き、大《おお》きな口《くち》をあけ、人《ひと》に襲《おそ》いかかろうとする
● 変《へん》な方向《ほうこう》を見《み》て、口《くち》をあける
● 変《へん》な方向《ほうこう》に手《て》を曲《ま》げながら、ぎこちなく歩《ある》く
ほかにもだれかさそってみようか？
いいね♪多《おお》いほうが迫力《はくりょく》でそう
優勝《ゆうしょう》しちゃったらどうしよ～!!
ゾンビって、やるやる～！
ハロウィン楽《たの》しみだね★
おもしろそ～!!

おなやみ解決《かいけつ》

ダイエットして細《ほそ》くなりたい！

わたしのこのなやみは
クリニック（病院《びょういん》）の先生《せんせい》に相談《そうだん》したよ

リアルアンケート　みんなはどう考《かんが》えてる？

Q1 ダイエットの経験《けいけん》はある？

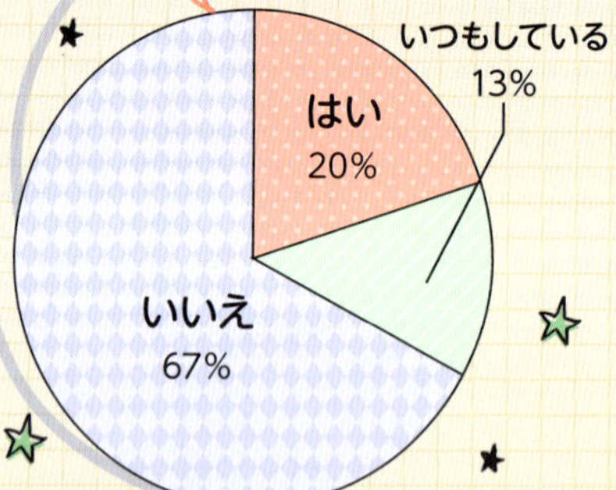

いつもしている
13%
はい
20%
いいえ
67%

Q2 どんなとき、やせたいって思《おも》う？

- 体型《たいけい》が気《き》になりだしたとき（中《ちゅう》1）
- 人《ひと》に「太《ふと》ってきたんじゃない？」と、言《い》われたとき（中《ちゅう》1）
- 男子《だんし》に体型《たいけい》のことでからかわれた（オレより太《ふと》ってんの？）とき（中《ちゅう》2）
- クラスの子《こ》と体重《たいじゅう》の話《はなし》になり、自分《じぶん》の体重《たいじゅう》を言《い》うのがはずかしかったとき（中《ちゅう》1）
- 鏡《かがみ》で自分《じぶん》の全身姿《ぜんしんすがた》を見《み》たとき（中《ちゅう》3）

ダイセツなハナシ　そのダイエット、本当《ほんとう》に必要《ひつよう》？

女《おんな》の子《こ》の体《からだ》は、中《ちゅう》～高学年《こうがくねん》になると、大人《おとな》の体《からだ》にむかって、全体的《ぜんたいてき》に丸《まる》みをおびてくるようになります。この体《からだ》の変化《へんか》を、「太《ふと》ってきた！」とカン違《ちが》いし、ダイエットしなきゃと考《かんが》える子《こ》もたくさんいます。また、成長期《せいちょうき》は、身長《しんちょう》と体重《たいじゅう》がどんどん増《ふ》えていく時期《じき》です。あなたがしたいダイエットは、本当《ほんとう》に必要《ひつよう》なものなのかをよく考《かんが》えて。

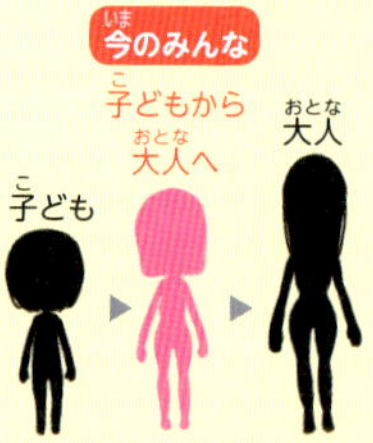

今《いま》のみんな
子《こ》どもから大人《おとな》へ
子《こ》ども
大人《おとな》

ダイセツなハナシ

食《た》べないダイエットは絶対《ぜったい》ダメ！！

みんながむかえている成長期《せいちょうき》は、体《からだ》の土台《どだい》を作《つく》るとても大切《たいせつ》な時期《じき》。体《からだ》を動《うご》かす栄養《えいよう》以外《いがい》に、体《からだ》を成長《せいちょう》させる栄養《えいよう》も必要《ひつよう》になります。そんな時期《じき》に食《た》べないダイエットなど、もってのほか。「貧血《ひんけつ》」「肌《はだ》あれ」「生理《せいり》がとまる」「身長《しんちょう》が伸《の》びない」など、体《からだ》に危険《きけん》なことが起《お》こってしまいます。絶対《ぜったい》にやめてください。

#やってみよう！ 健康的《けんこうてき》にダイエット 食生活《しょくせいかつ》

どうしてもダイエットがしたいなら、「健康的《けんこうてき》なダイエット」を！
ムリのないダイエットは、リバウンド（体重《たいじゅう》がすぐもどる）もしにくいよ。

バランスのよい食事《しょくじ》を3食《しょく》きちんと食《た》べよう！

ごはんやパスタ、パンだけ食《た》べるなど、かたよった食事《しょくじ》は太《ふと》りやすい体《からだ》になるよ。肉《にく》・魚《さかな》・卵《たまご》／野菜《やさい》／海《かい》そう・きのこ／ごはんと、バランスよく食《た》べよう。

1口《くち》20～30回《かい》を目標《もくひょう》に、よくかんで食《た》べよう！

脳《のう》が「おなかいっぱい」と感《かん》じるのは、ごはんを食《た》べ始《はじ》めて15～20分後《ぶんご》といわれているよ。たくさんかむことで、食《た》べすぎの防止《ぼうし》になるよ。

食事《しょくじ》のとき、「食《た》べる順番《じゅんばん》」を気《き》にしてみよう！

ごはんをたくさんおかわりしちゃう子《こ》は、「野菜《やさい》→おかず→ごはん」の順番《じゅんばん》で、食《た》べてみて。お腹《なか》がいっぱいになって、ごはんのおかわりが必要《ひつよう》ないかも。

これはダメ！

ふだんおやつにこれらをよく食《た》べている子《こ》は、太《ふと》りやすいよ。3食《しょく》の食事《しょくじ》はへらさず、これらをガマンするように！

炭酸《たんさん》ジュース

カップめん

ファストフード

スナック菓子《がし》

プチテク　おやつを食《た》べるなら

箱《はこ》のまま食《た》べると最後《さいご》まで一気《いっき》に食《た》べちゃいがち…

お皿《さら》に小分《こわ》けにして食《た》べすぎ防止《ぼうし》！

#やってみよう!

健康的《けんこうてき》にダイエット 動《うご》く

ムリな運動《うんどう》は少《すこ》しの間《あいだ》しか続《つづ》かないし、やめるとすぐリバウンドしてしまうよ。生活《せいかつ》のなかで「ムリなく動《うご》く習慣《しゅうかん》」をつければ、太《ふと》らない体《からだ》に!

早足《はやあし》で歩《ある》く

学校《がっこう》の行《い》き帰《かえ》りなど、「早足《はやあし》で大《おお》また歩《ある》き」を意識《いしき》して歩《ある》こう。

背筋《せすじ》を伸《の》ばし
遠《とお》くを見《み》ると
さらに◎

ペットの散歩《さんぽ》

毎日散歩《まいにちさんぽ》すれば、いい運動《うんどう》に! 楽《たの》しく体《からだ》を動《うご》かせちゃうね。

ワンちゃんも
よろこぶね!

家《いえ》のお手伝《てつだ》い

そうじや買《か》い物《もの》など、家《いえ》のお手伝《てつだ》いをして、体《からだ》を動《うご》かそう!

ママにも
ほめられちゃう♪

ダンス

好《す》きな曲《きょく》を聞《き》きながら、自由《じゆう》に体《からだ》を動《うご》かしたり、フリつけしよう!

ストレス発散《はっさん》
にもなるよ

ラジオ体《たい》そう

毎日《まいにち》しっかりとラジオ体《たい》そうするだけでも、いい全身運動《ぜんしんうんどう》になるよ!

大《おお》きく手足《てあし》を
動《うご》かしてね!

おフロにつかる

湯船《ゆぶね》にゆっくりつかって汗《あせ》を流《なが》そう。水分《すいぶん》をとりのぼせないように注意《ちゅうい》。

15分《ふん》～20分《ふん》
くらいが目安《めやす》

プチテク 足《あし》がスッキリ!

足《あし》にボディクリームやオイルをぬり、足首《あしくび》を両手《りょうて》で強《つよ》くにぎってそのまま太《ふと》もものきわまで、片足《かたあし》10回《かい》ずつ移動《いどう》させよう。

プチテク 手足《てあし》ブラブラ体《たい》そう

天井《てんじょう》をむいて寝転《ねころ》び、1分間《ぷんかん》手足《てあし》を上《うえ》にあげてブラブラとふろう。2～3回《かい》くり返《かえ》すといい運動《うんどう》に。※食事後《しょくじご》1時間《じかん》は気分《きぶん》が悪《わる》くなるのでさけて。

ブラ
ブラ
ブラ
ブラ

なるほど…
ムリしない健康的《けんこうてき》なダイエットか!!
しっかりよくかんで野菜から食べる!
体を動かす!
体を動かす!
食べすぎないようとりわけ
10月
やった〜ドレス入《はい》った♪
体重《たいじゅう》はそんなにへってないけど体《からだ》がスッキリしたかも!
スゴイ!

おなやみ解《かい》決《けつ》

ハロウィンの仮《か》装《そう》をしてみたい★

わたしたちのこのなやみには
ＪＣ《ジェイシー》先《せん》パイたちにアドバイスをもらったよ

リアルアンケート

みんなはどう考《かんが》えてる？

Q1 ハロウィンの仮《か》装《そう》したことある？

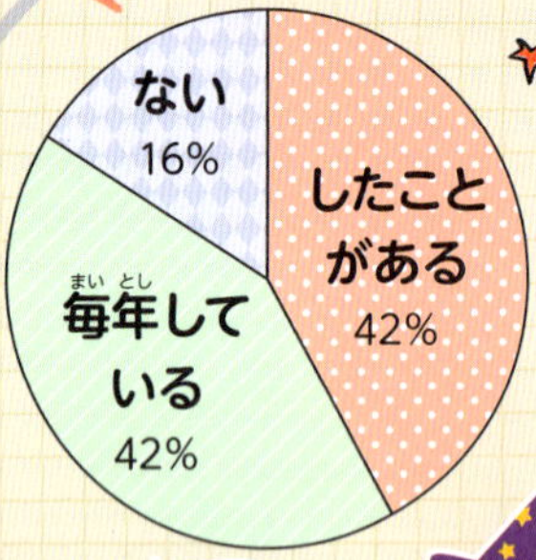

Q2 したことのある仮《か》装《そう》って？

- 魔女《まじょ》（小《しょう》6、小《しょう》5、小《しょう》6、小《しょう》6、小《しょう》6）
- マンガのキャラクターの服《ふく》（中《ちゅう》1）
- テーマパークのプリンセス（小《しょう》5）
- 天使《てんし》と悪魔《あくま》（小《しょう》6）
- ジャック・オランタン（中《ちゅう》1）
- 似《に》あわないのを覚悟《かくご》で、ひらひらのワンピを着《き》たり、悪魔《あくま》とかのカチューシャをつけたよ（小《しょう》6）
- ねこ耳《みみ》カチューシャとしっぽをつけて、ねこパーカーを着《き》た。みんなに「かわいい♪」と評判《ひょうばん》だったよ（中《ちゅう》1）
- ねこ耳《みみ》＋血《ち》のり＋マント（小《しょう》5）

#やってみよう！

ゾンビメイクで迫力《はくりょく》UP《アップ》！

ゾンビメイクは、ハロウィンのどんな仮装《かそう》にもぴったりあうからオススメ！
身近《みぢか》なアイテムでカンタンにできちゃうから、ぜひトライしてみてね！

メイクのポイント

黒《くろ》か茶色《ちゃいろ》のアイシャドウで目《め》の下《した》をぬろう。

真《ま》っ赤《か》なリップグロスをたっぷりぬろう。

血《ち》をたらすイメージでくちびる横《よこ》にすじを。

傷口《きずぐち》メイクの作《つく》り方《かた》

用《よう》意《い》するもの　ティッシュ、液状《えきじょう》のり、絵《え》の具《ぐ》（肌色《はだいろ》、赤《あか》）、赤《あか》いリップグロス、黒《くろ》いアイシャドウ

手《て》の甲《こう》や腕《うで》で肌《はだ》あれしないか確認《かくにん》してみて。

❶ ティッシュ3～4枚《まい》をタテヨコ3cmくらいに細《こま》かくちぎってね。

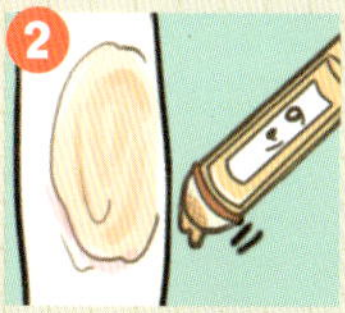

❷ 傷《きず》を作《つく》りたい部分《ぶぶん》にのりをたっぷりぬろう。目《め》のすぐ下《した》はさけて。

❸ ぬったのりがすべてかくれるよう、ちぎったティッシュを貼《は》って。

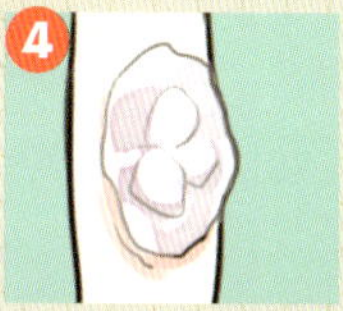

❹ ❷と❸をくり返《かえ》すと、厚《あつ》みができるよ。15分《ふん》くらい乾《かわ》かして。

❺ 上《うえ》から肌色《はだいろ》の絵《え》の具《ぐ》をぬり、乾《かわ》かそう。肌《はだ》となじんで見《み》えると◎

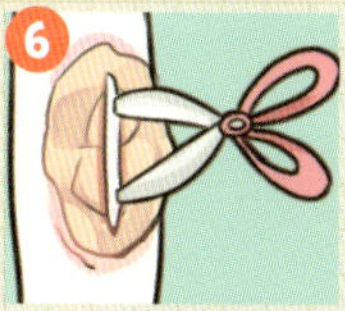

❻ はさみでまんなかに切《き》れ目《め》をいれよう。ケガをしないよう注意《ちゅうい》。

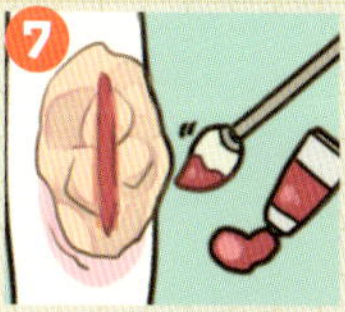

❼ 切《き》れ目《め》部分《ぶぶん》を赤《あか》い絵《え》の具《ぐ》でぬり、乾《かわ》かそう。切《き》れ目《め》が傷口《きずぐち》部分《ぶぶん》に。

❽ 傷口《きずぐち》まわりに黒《くろ》いアイシャドウをぬってぼかすとリアルになるよ。

#やってみよう！

こんな仮装《かそう》もオススメ♪

ふだんの服《ふく》＋100円《えん》ショップアイテムでできちゃうカンタンな仮装《かそう》だよ。すべて同《おな》じ衣装《いしょう》を買《か》わなくても、ポイントをおさえたらオソロ感《かん》はでるよ！

「●」＝友《とも》だちと同《おな》じ仮装《かそう》をする場合《ばあい》、買《か》いそろえたいアイテム。
そのほかは自分《じぶん》の持《も》っている服《ふく》でOKだよ。

黒《くろ》ネコちゃん　　赤《あか》ずきんちゃん　　ドラキュラ伯爵《はくしゃく》

アイライナーで鼻先《はなさき》を黒《くろ》くぬり、ほほにひげを3本《ぼん》でネコメイク！

赤《あか》いマントに赤《あか》いくつをあわせると、雰囲気《ふんいき》アップ。

カッチリまとめたヘアとモノトーンで、かっこよさを目指《めざ》して！

JC先《せん》パイのアドバイス　ハロウィンに友《とも》だちとすること

みんなでお菓子《かし》を準備《じゅんび》して、「トリック オア トリート」と言《い》って、お菓子《かし》の交換《こうかん》やシェアをすると楽《たの》しい（中《ちゅう》1）

仮装《かそう》したら、スマホやプリで撮影会《さつえいかい》。仮装《かそう》したキャラになりきって撮《と》るのがポイントだよ（中《ちゅう》3）

みんなで持《も》ちよったお菓子《かし》に、ひとつだけワサビやカラシをいれる「ロシアンルーレット」がもりあがるよ（中《ちゅう》1）

その顔
すごーい!!
佐藤さん
リアル〜
キャッ
キャッ
よし完成《かんせい》！
みんな
行《い》こー！
お―――!!
わ〜
見《み》てゾンビ！
すごーい！
ゾロ
ゾロ
ゔぅ…
ゔぅぅ
ゔぅ…
よろ
よろ
よろ
ゆりあちゃん
たち本格的《ほんかくてき》!!
スゴ〜イ
みんなでホラーの
映画見て
勉強した
もんね!!
歩《ある》く姿《すがた》も
しっかり
やらないとね
ギャーー!!
よろ…
よろ…
すっごく
楽《たの》しい！
やって
よかった!!
ハロウィン
仮装《かそう》コンテスト
優秀賞《ゆうしゅうしょう》

1組
新聞係
それじゃあ
今月《こんげつ》の新聞《しんぶん》の内容《ないよう》を決《き》める会議《かいぎ》をしたいと思《おも》います！
ドラストⅣ《フォー》の攻略法《こうりゃくほう》ってどうだ？
あのゲームむずいよな〜
そういう不真面目《ふまじめ》なのは却下《きゃっか》
読書《どくしょ》の秋《あき》だしオススメの本《ほん》を紹介《しょうかい》するとかどうかしら
ーん〜〜
なんかカタいよな〜
…あの……
アンケートをとってのせるとか…
アンケート？
アンケートの内容《ないよう》はどうするの？
別にいいけど…
特技《とくぎ》を聞《き》くのはどうですか…
その…芸術《げいじゅつ》の秋《あき》スポーツの秋《あき》ですし…

なるほど いいんじゃね
おもしろそうだな！
さっそくアンケートやろうぜ！
ポツン…
なによ… 高橋《たかはし》さんいつも目立《めだ》たないのに…
仕切るのはわたしよ…
数日後《すうじつご》
アンケート集《あつ》まったぞ！ みんないろいろでおもしろいな
ダンス
手芸《しゅげい》
おかし作《づく》り
バスケ
水泳《すいえい》
カラオケ
ボウリング
けん玉《だま》
へぇ〜〜
けっこう意外《いがい》な趣味《しゅみ》もあるな
料理《りょうり》
変顔《へんがお》
美容《びよう》
妄想《もうそう》
野鳥観察《やちょうかんさつ》
なんだこれ？ これも特技《とくぎ》なのか？

学級新聞アンケート
Q.あなたの特技を教えてください。
名前
散歩
プラモデル
バドミントン
サッカー
新発見《しんはっけん》があって なかなか おもしろいな
そういう おまえはなんて 書《か》いたんだ？
オレは ピアノ
小1から 習ってる
おれは もちろん サッカー
ジュニアリーグ 入ってるぜ
山本《やまもと》は？
わたしは…
うーん…
特技《とくぎ》か… カンタンにいえば 得意《とくい》なことよね
わたしの 得意《とくい》なこと……？
？
また 百点！
すご〜い 山本さん また上位 クラス〜
さすが 英里奈!!

やっぱり〜
頭いいもんね〜
もちろん勉強《べんきょう》よ！
えっへん！
えー 勉強《べんきょう》って特技《とくぎ》かぁ？
えっ…
なんかつまんねぇな
な…なによ！
地味《じみ》な高橋《たかはし》さんきっと白紙《はくし》のハズよ
じゃあ高橋《たかはし》さんはどうなの!?
わたしは……マンガかな
とくになにも…
そうよねー
うんうん

…………マンガ!?
えっ?
たしかに高橋《たかはし》は絵《え》がうまいもんな
将来《しょうらい》はマンガ家《か》になりたくて…少《すこ》しずつ描《か》いてるんです
特技《とくぎ》の絵《え》を高橋《たかはし》が書《か》いて新聞《しんぶん》にのせたら楽《たの》しそうじゃん!
な…なによ…
成績優秀《せいせきゆうしゅう》な子《こ》たちなら勉強《べんきょう》の価値《かち》がわかるはずよ!
バサバサッ
名前
アンケート
の特技を教えてください。
プログラミング
新聞アンケート
あなたの特技を教えてください。
将棋
……え?
みんな勉強《べんきょう》って書《か》いてない…
わたしは勉強《べんきょう》以外《いがい》に得意《とくい》なことなんてない…
将棋《しょうぎ》
プログラミング

この解決法《かいけつほう》は158ページから紹介《しょうかい》

この解決法《かいけつほう》は158ページから紹介《しょうかい》

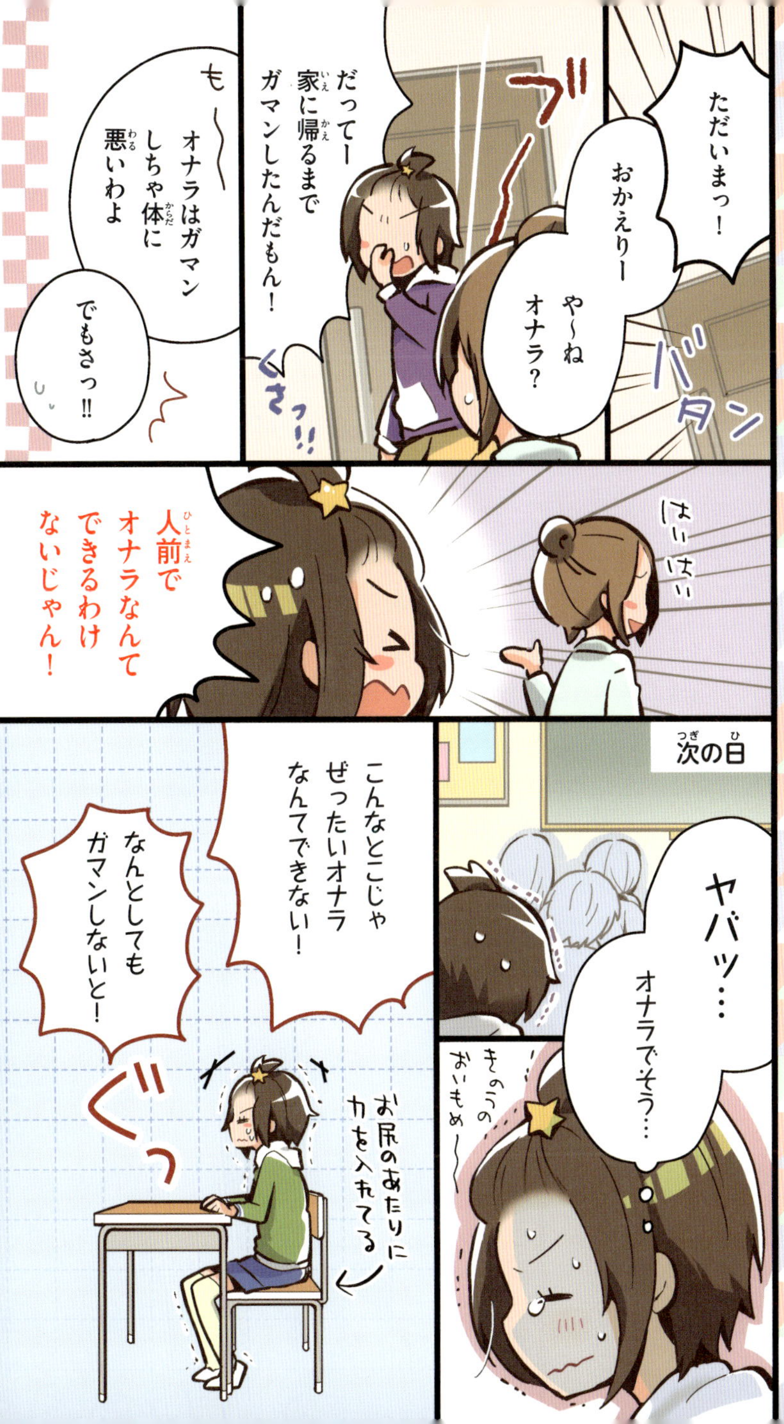
ただいまっ！
おかえりー
や〜ね
オナラ？
バタン
ブ〜
だってー
家《いえ》に帰《かえ》るまで
ガマンしたんだもん！
くさっ!!
も〜〜
オナラはガマン
しちゃ体《からだ》に
悪《わる》いわよ
でもさっ!!
はいはい
人前《ひとまえ》で
オナラなんて
できるわけ
ないじゃん！
次《つぎ》の日《ひ》
ヤバッ…
オナラでそう…
きのうのおいもめ〜
こんなとこじゃ
ぜったいオナラ
なんてできない！
なんとしても
ガマンしないと！
ぐっ
お尻のあたりに力を入れてる

あ…ガマンしてたらオナラ消《き》えてきたかも…
ダメだ…またオナラの気配《けはい》
ぐっ…
そうだ!音《おと》をださずにするってどうだろう…
ちら…
あ〜
くせぇ〜〜
だれだよオナラしたの
やだ〜くさい〜
イヤ〜
もうだめだ…
ぱたり…
ダメダメダメ
ニオイでばれちゃう!
早《はや》く授業《じゅぎょう》終《お》われ——
ダッ
バタン
ブ
は〜
デッカイ音《おと》した——
すっきり
はっ
だ…だれもいなかったよね?
コソ
コソ

この解決法《かいけつほう》は162ページから紹介《しょうかい》

おなやみ解決《かいけつ》

特《とく》技《ぎ》がない…将《しょう》来《らい》の夢《ゆめ》がない…

わたしのこのなやみは
心理《しんり》コミュニケーショナーの先生《せんせい》に相談《そうだん》したよ

リアルアンケート みんなはどう考《かんが》えてる？

Q1 あなたの特技《とくぎ》を教《おし》えて！

- 鼻《はな》の下《した》と下《した》くちびるの下《した》で同時《どうじ》にえんぴつをはさむこと（小《しょう》6）
- 絵《え》を描《か》くこと（小《しょう》4）
- フラフープ（小《しょう》4）
- ピアノと習字《しゅうじ》と球技《きゅうぎ》（小《しょう》5）
- 絵《え》を描《か》くこと、歌《うた》を作《つく》る、ポーズを決《き》める（小《しょう》5）
- おもしろいことを考《かんが》える（小《しょう》6）
- 駅名《えきめい》を順番《じゅんばん》に覚《おぼ》えること（小《しょう》6）
- おさいほう、お料理《りょうり》（中《ちゅう》1）
- 合唱《がっしょう》やアカペラで歌《うた》う（中《ちゅう》1）
- 劇《げき》などのセリフをすぐにおぼえてしまえること（中《ちゅう》1）
- ギター、ドラム、ダンス、アニメのヲタクをやること（中《ちゅう》3）
- クライミング、メイク（中《ちゅう》3）

Q2 将来《しょうらい》の夢《ゆめ》ってある？

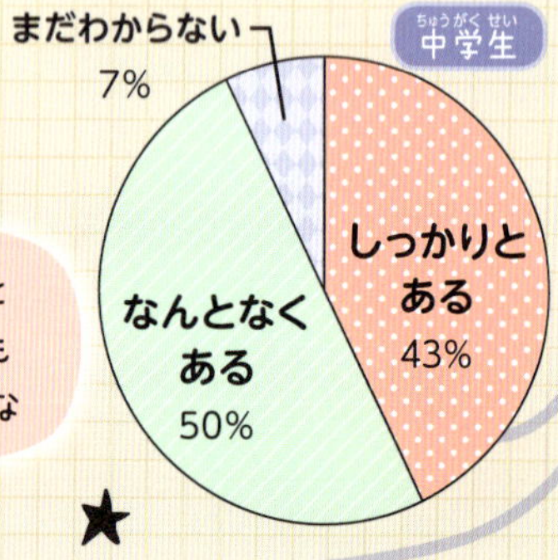

中学生《ちゅうがくせい》になると
しっかりした夢《ゆめ》も
できてくるんだな

#考《かんが》えてみよう！

特技《とくぎ》や趣味《しゅみ》の見《み》つけ方《かた》

特技《とくぎ》はあなたの「好《す》き、気《き》になる」から始《はじ》まるよ。どんなことだってOK。
気《き》になる➡夢中《むちゅう》になる➡トクイで、特技《とくぎ》や将来《しょうらい》の仕事《しごと》にも！

スイーツは見《み》るのも食《た》べるのも大好《だいす》き♪

おいしいスイーツを作《つく》ることにハマる！

お菓子《かし》作《づく》りをつきつめパティシエに！

目《め》の前《まえ》のことに興味《きょうみ》をもってチャレンジ！

好《す》きなことや気《き》になることがないなら、勉強《べんきょう》や委員《いいん》、学校行事《がっこうぎょうじ》、お手伝《てつだ》いなど、なんでも興味《きょうみ》をもってやってみて。興味《きょうみ》をもつと知《し》りたいことができ、それが好《す》きの始《はじ》まりになるかも。

生《い》き物係《ものがかり》になり、グッピーの世話《せわ》をすることに。
▼
「お世話《せわ》をがんばってするぞ～！」
▼
「だったらグッピーの本《ほん》を読《よ》んでみよう！」
▼
「へぇ～。オスが美《うつく》しくて、メスが地味《じみ》なんだ。おもしろいかも！」

短所《たんしょ》や欠点《けってん》と思《おも》うことが特技《とくぎ》かも？

みんなとちがっていたり、短所《たんしょ》や欠点《けってん》だと思《おも》っていることが、じつは特技《とくぎ》のヒントになるかも。人《ひと》とちがうことはとてもステキなこと。自分《じぶん》をもっと好《す》きになろう。

- 先生《せんせい》におしゃべりを注意《ちゅうい》される ▶ 「話《はな》す」という特技《とくぎ》かも
- いつもひとりで本《ほん》を読《よ》んでいる ▶ 「集中力《しゅうちゅうりょく》、知識《ちしき》を極《きわ》める」という特技《とくぎ》かも
- 引《ひ》っこみ思案《じあん》で人《ひと》と話《はな》すのが苦手《にがて》 ▶ 「繊細《せんさい》な観察力《かんさつりょく》」が特技《とくぎ》かも

タイセツなハナシ

勉強《べんきょう》だって立派《りっぱ》な特技《とくぎ》！

集中《しゅうちゅう》する力《ちから》。理解《りかい》する力《ちから》。整理《せいり》する力《ちから》。暗記《あんき》する力《ちから》。勉強《べんきょう》をするにはいろいろな力《ちから》が必要《ひつよう》。あなたががんばって取《と》りくむことは、どんなことでも立派《りっぱ》な特技《とくぎ》。好《す》きな勉強《べんきょう》をつきつめ、学者《がくしゃ》や博士《はかせ》、研究者《けんきゅうしゃ》、先生《せんせい》になっている人《ひと》もたくさんいます。

#考《かんが》えてみよう！

将《しょう》来《らい》の夢《ゆめ》の見《み》つけ方《かた》

みんなは「可能性《かのうせい》のかたまり」なんです！　将来《しょうらい》なんにだってなれちゃうんだから！　大《おお》きな夢《ゆめ》を自由《じゆう》にたくさんもってほしいな！

今《いま》はまだあせらなくても平気《へいき》！

世《よ》の中《なか》には数《かぞ》えきれないほど、たくさんの仕事《しごと》があります。そして、あなたにむいている仕事《しごと》も必《かなら》ずあります。将来《しょうらい》の夢《ゆめ》がなくても、今《いま》はまだあせる必要《ひつよう》はないよ。まずは、世《よ》の中《なか》にあるいろんな仕事《しごと》を本《ほん》やネットで調《しら》べてみるのは、どうかな？

たとえば…　この本《ほん》を作《つく》ったり、協力《きょうりょく》している人《ひと》の職業《しょくぎょう》

- マンガ家《か》
- イラストレーター
- デザイナー
- 編集者《へんしゅうしゃ》
- 本《ほん》の営業《えいぎょう》
- 書店員《しょてんいん》
- 医者《いしゃ》
- 心理《しんり》コミュニケーショナー
- スポーツインストラクター
- ヘアスタイリスト
- ネイリスト
- 整理収納《せいりしゅうのう》アドバイザー
- スタイリスト
- ヘアメイク
- ヴォーカルインストラクター

あなたが時間《じかん》を忘《わす》れちゃうことって？

「時間《じかん》がたつのを忘《わす》れちゃうほど、熱中《ねっちゅう》できる」＝「あなたが大好《だいす》きなこと」だよね。この大好《だいす》きなことからつながる仕事《しごと》や活動《かつどう》を調《しら》べてみると、ヒントになるかも。

食《た》べるのが大好《だいす》き！

▼

料理人《りょうりにん》、料理研究《りょうりけんきゅう》家《か》、フードコーディネーター、栄養師《えいようし》、食品開発《しょくひんかいはつ》、フードライター

ゲームが大好《だいす》き！

▼

エレクトロニックスポーツ選手《せんしゅ》、ゲームクリエイター、ゲームデザイナー、ゲームライター

毎日自由《まいにちじゆう》に使《つか》えたら、なにをする？

もしも「毎日学校《まいにちがっこう》へ行《い》かなくていいよ。自由《じゆう》に時間《じかん》をすごしていいよ」と言《い》われたら、なにかやりたいことはある？　それはもちろん遊《あそ》びだってOK。こんな質問《しつもん》にでてきた答《こた》えは、ズバリあなたの「好《す》きなことや熱中《ねっちゅう》できること」。将来《しょうらい》の夢《ゆめ》につながるなにかかもしれないね。勉強《べんきょう》、スポーツ、習《なら》い事《ごと》、遊《あそ》び、趣味《しゅみ》、どんなことでも夢中《むちゅう》になってやってみよう！

今月号《こんげつごう》はホント大作《たいさく》だな！
高橋《たかはし》が描《か》いたみんなの特技《とくぎ》の絵《え》がいいよな～
みんな…あ…ありがとう…
………高橋《たかはし》さんの特技《とくぎ》…すごいな
あの…わたし…勉強《べんきょう》も立派《りっぱ》な特技《とくぎ》だと思《おも》います！
わたし集中苦手だから、山本さんいつもテストの点もよくてあこがれます…！
ありがとね！

おなやみ解決《かいけつ》

オナラや便秘《べんぴ》が気《き》になっちゃう…

わたしたちのこのなやみは
クリニック（病院《びょういん》）の先生《せんせい》に相談《そうだん》したよ

リアルアンケート みんなはどう考《かんが》えてる？

Q1 オナラや便秘《べんぴ》で困《こま》っていることは？

- オナラがくさい（小《しょう》4）
- オナラの音《おと》が大《おお》きい（小《しょう》5）
- 便秘《べんぴ》でお腹《なか》が痛《いた》くなる（小《しょう》5）
- みんなの前《まえ》でオナラが小《ちい》さくでて聞《き》かれてしまった（小《しょう》1）
- 便秘《べんぴ》のせいで、お腹《なか》が少《すこ》し大《おお》きくなってしまう（小《しょう》6）
- すかしっぺがくさい（小《しょう》5）

Q2 学校《がっこう》でオナラしたくなったら？

- トイレに行《い》ってする（中《ちゅう》3）
- 音《おと》がでないように、少《すこ》しずつオナラをだします（中《ちゅう》1）
- 女子《じょし》の前《まえ》なら「オナラする～」と言《い》ってしちゃう。ガマンするとお腹《なか》が痛《いた》くなるので…（中《ちゅう》3）
- だれもいない場所《ばしょ》へ行《い》く（中《ちゅう》1）

タイセツなハナシ どうしてオナラはでる？

オナラは腸内《ちょうない》にたまったガス。腸内《ちょうない》にいる菌《きん》が食《た》べ物《もの》を分解《ぶんかい》するときにでるガスが、オナラになるのです。オナラがでるのは自然《しぜん》なことで、どんな人《ひと》でも1日《にち》に10～20回《かい》はでるもの。オナラを長時間《ちょうじかん》ガマンするのは体《からだ》に悪《わる》いので、トイレで水《みず》を流《なが》しながらするようにして。

#お勉強《べんきょう》しよう!

オナラのなやみQ&A《キュー アンド エー》

とても身近《みぢか》なものなのに、じつはみんなよくわかっていないのがオナラ。オナラを知《し》ることは、自分《じぶん》の体《からだ》の状態《じょうたい》を知《し》ることにもなるよ。

おなやみ16

オナラや便秘《べんぴ》が気《き》になっちゃう…

Q とてもくさ〜いオナラがでます…

くさくないオナラと、くさいオナラのちがいは大腸《だいちょう》の状態《じょうたい》。くさいオナラがでるときは、大腸《だいちょう》によい菌《きん》より悪《わる》い菌《きん》がたくさんいて、くさいガスを発生《はっせい》させます。悪《わる》い菌《きん》は、たんぱく質《しつ》や脂質《ししつ》をエサにして増《ふ》えるので、野菜《やさい》を食《た》べずに肉《にく》ばかり食《た》べていると、オナラはくさくなります。

くさくないオナラがでるときの大腸《だいちょう》

よい菌《きん》が多《おお》い状態《じょうたい》

くさ〜いオナラがでるときの大腸《だいちょう》

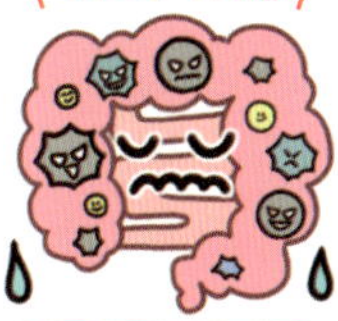

悪《わる》い菌《きん》が多《おお》い状態《じょうたい》

くさいオナラをへらすには… 大腸《だいちょう》のよい菌《きん》をふやす食《た》べ物《もの》を食《た》べよう!

ヨーグルト
YOGURT
納豆《なっとう》
おみそしる
ごぼう
キャベツ
ほうれん草《そう》
にんじん
さつまいも

食物繊維《しょくもつせんい》が多《おお》い野菜《やさい》

Q オナラがたまって苦《くる》しいときは?

すぐにでも、腸内《ちょうない》にたまったオナラをだすことが大切《たいせつ》。絵《え》のように、両腕《りょううで》と足《あし》を床《ゆか》につけ、おしりの穴《あな》が上《うえ》をむくようにしてみて。オナラがあがってくるよ。オナラはふだんから、ためないようにしようね。

この姿勢《しせい》をキープして!

おまけのハナシ

さつまいもとオナラの関係《かんけい》

さつまいもを食《た》べるとオナラがたくさんでるのは、本当《ほんとう》のハナシです。さつまいもにはデンプンと食物繊維《しょくもつせんい》がたくさんふくまれていて、これらが腸《ちょう》の動《うご》きを活発《かっぱつ》にするため、オナラがたくさんでるようになるのです。さつまいもを食《た》べてでるオナラは、くさくないよいオナラ。便秘解消《べんぴかいしょう》にも効果《こうか》があります。

でもこんなにさつまいも食《た》べるとさ…
オナラが心配《しんぱい》じゃない?

#お勉強《べんきょう》しよう！

便秘《べんぴ》のなやみQ&A《キューアンドエー》

ひどい便秘《べんぴ》になやむ小学生《しょうがくせい》は、そこまで多《おお》くないかもしれません。ただ注意《ちゅうい》しないと便秘《べんぴ》になってしまう子《こ》は多《おお》いかも。規則正《きそくただ》しい生活《せいかつ》で便秘《べんぴ》を予防《よぼう》して。

Q どんな状態《じょうたい》だと、便秘《べんぴ》なの？

こんな症状《しょうじょう》がある人《ひと》は、「便秘《べんぴ》」です！

- ☑3日以上《かいじょう》、うんちがでないことがふつう
- ☑うんちをするとき、うんちがかたくて痛《いた》い
(コロコロと小《ちい》さくかたいうんちがよくでる)
- ☑お腹《なか》にガスがたまって痛《いた》い、お腹《なか》がはって苦《くる》しい

うんちが大腸《だいちょう》にたまったまま
便秘《べんぴ》のときの大腸《だいちょう》

Q どうして、便秘《べんぴ》になるの？

よくない生活習慣《せいかつしゅうかん》やストレスなどによって、大腸《だいちょう》の動《うご》きが悪《わる》くなり、うんちが大腸《だいちょう》にたまってしまうから。大腸《だいちょう》にうんちがたまると、悪《わる》い菌《きん》も増《ふ》えさらに悪《わる》い状態《じょうたい》に。

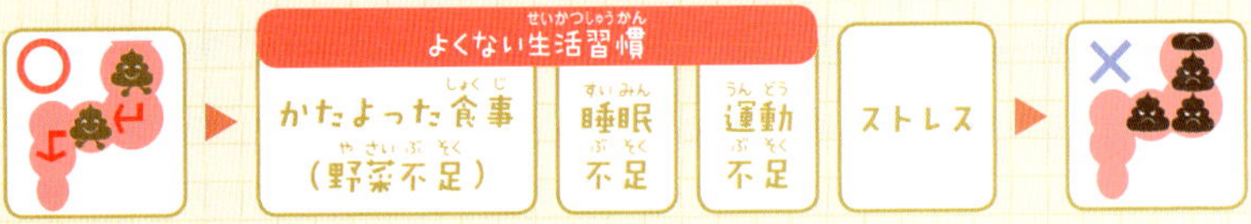
○
よくない生活習慣《せいかつしゅうかん》
かたよった食事《しょくじ》(野菜不足《やさいぶそく》)
睡眠《すいみん》不足《ぶそく》
運動《うんどう》不足《ぶそく》
ストレス
×

Q 便秘《べんぴ》を改善《かいぜん》、予防《よぼう》したい

バランスのよい食事《しょくじ》と睡眠《すいみん》、運動《うんどう》を続《つづ》ければ、便秘《べんぴ》は改善《かいぜん》されるよ。腸《ちょう》の動《うご》きを活発《かっぱつ》にさせる体《たい》そうもあるのでやってみて。便秘《べんぴ》がヒドイ子《こ》は家族《かぞく》に相談《そうだん》を。

プチテク うんちがでないときは、腸《ちょう》を動《うご》かす体《たい》そうを！

この状態《じょうたい》で本《ほん》を読《よ》むのもいいよ

❶腕《うで》と足《あし》を伸《の》ばし、お腹《なか》を床《ゆか》にペタっとつける。
❷おへその下側《したがわ》を意識《いしき》しながら、体《からだ》を左右《さゆう》にゴロリゴロリと往復《おうふく》10回《かい》くらいゆらそう。

左《ひだり》の脇腹《わきばら》が伸《の》びているのがポイント！

❶左手《ひだりて》を高《たか》くあげる。
❷そのまま左手《ひだりて》をできるだけ遠《とお》くへ伸《の》ばすように頭《あたま》のほうへ曲《ま》げて。❸この状態《じょうたい》を30秒《びょう》キープ。片側《かたがわ》のみ。

オナラ…ガマンしすぎて変《へん》な感《かん》じ…
はー
プウ〜〜
今《いま》おまえオナラした?
オレじゃねぇ〜よ!
ドキドキドキ
伊藤《いとう》のほうから聞《き》こえたぜ
うわ〜オナラしたのかよ〜
ビク〜ッ
プップップップップゥ〜
ザンネ〜ンこの音《おと》だよ!
プップ
※上ばきのつま先を床にこすると音がでるよ!!
なんだそれ〜
ゲラゲラ
わたしこれうまいんだ〜
オレもやろ〜
プウ〜〜
わー うまいっ
ゆりあちゃんありがとう…

11月《がつ》の新聞《しんぶん》アンケート大成功《だいせいこう》だったな 高橋《たかはし》の絵《え》のおかげだよなー
ありがとう…
今月《こんげつ》もいい新聞《しんぶん》にしような！
う…うん
……
高橋《たかはし》さん…もしかして

ねぇねぇ
高橋《たかはし》さんってさ
もしかして
久保田《くぼた》くんの
ことスキ？
こそっ
は－…
！
えええ!?
な…なんで？
どうして？
!?
だって
高橋《たかはし》さん
わかりやすいん
だもん
じつはね…わたしも
スキな人《ひと》いるんだ
だから
なんとなく
わかっちゃった
えへへ
伊藤《いとう》さん
すごい…

高橋《たかはし》さん!
ねぇねぇビックニュースだよ!
3組《くみ》の豪徳寺《ごうとくじ》さんが家《いえ》にみんなを呼《よ》んでクリパするんだって!
GOUTOKUJI SAN
久保田《くぼた》くんも参加《さんか》するって! いっしょに行《い》こうよ!
ひそ ひそ
ドキッ
えっ
久保田《くぼた》くんとクリスマスパーティー…
いいな…
だけど…
わたしはやめとく…
えっ…
パーティーなんて自信《じしん》ないから…

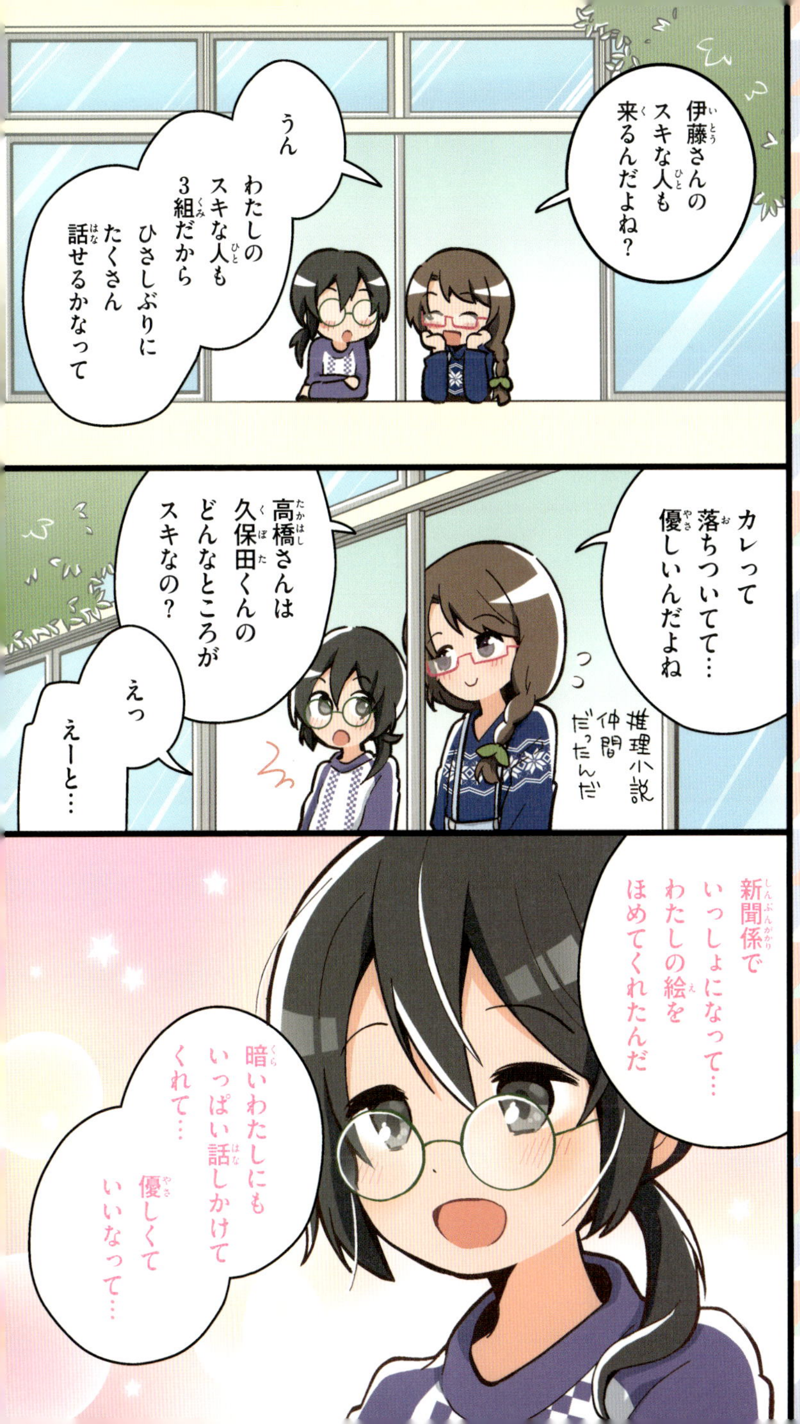

伊藤《いとう》さんの スキな人《ひと》も 来《く》るんだよね？
うん
わたしの スキな人《ひと》も 3組《くみ》だから ひさしぶりに たくさん 話《はな》せるかなって
カレって 落《お》ちついてて… 優《やさ》しいんだよね
推理小説 仲間 だったんだ
高橋《たかはし》さんは 久保田《くぼた》くんの どんなところが スキなの？
えっ
えーと…
新聞係《しんぶんがかり》で いっしょになって… わたしの絵《え》を ほめてくれたんだ
暗《くら》いわたしにも いっぱい話《はな》しかけて くれて…
優《やさ》しくて いいなって…

この解決法《かいけつほう》は171ページから紹介《しょうかい》

おなやみ解《かい》決《けつ》 もっともっとかわいくなりたい♥

わたしたちのこのなやみは
ヘアメイクさんに相《そう》談《だん》したよ

リアルアンケート みんなはどう考《かんが》えてる？

Q1 メイクをしたことある？

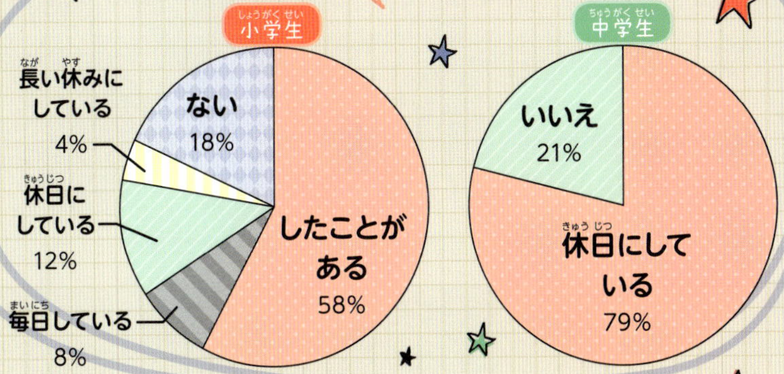

タイセツなハナシ 小《しょう》学《がく》生《せい》のメイクはアリ？ ナシ？

メイクをするならあくまでポイント＆シンプルに。みんなの肌《はだ》は、ニキビができやすかったりカサついたりと、成長中《せいちょうちゅう》で不安定《ふあんてい》なため、大人《おとな》と同《おな》じフルメイクはおすすめしません。メイクは肌《はだ》への負担《ふたん》があり、メイクし始《はじ》める時期《じき》が早《はや》いほど、肌《はだ》の老化《ろうか》も早《はや》まるよ。また、メイクをしたら、メイク落《お》としやクレンジングでしっかり落《お》とすようにして。

#やってみよう！

スッキリ小顔《こがお》を目指《めざ》そう！

小顔《こがお》になると、目《め》が大《おお》きく見《み》えたり、スタイルがよく見《み》える効果《こうか》もあるよ！
むくみをとったり、顔《かお》にある筋肉《きんにく》をきたえて、スッキリ小顔《こがお》を目指《めざ》そう！

むくみとりマッサージ

むくみってなに？

よぶんな水分《すいぶん》や老廃物《ろうはいぶつ》（ゴミ）が皮《ひ》ふの下《した》にたまっている状態《じょうたい》のこと。むくみがあると、顔《かお》は大《おお》きく見《み》えるよ。

むくみの原因《げんいん》

スナックやしょっぱいおかずを食《た》べすぎたり、運動不足《うんどうぶそく》や冷《ひ》えで血液《けつえき》のめぐりが悪《わる》くなるとむくむよ。

マッサージのやり方《かた》

❶マッサージは洗顔後《せんがんご》に。指部分《ゆびぶぶん》に肌用《はだよう》のクリームやベビーオイルをぬろう。❷手《て》をグーの形《かたち》にして、指部分《ゆびぶぶん》を肌《はだ》にあてよう。❸右図《みぎず》の順《じゅん》と向《む》きにそって、くるくると手《て》を横《よこ》に動《うご》かそう。

顔《かお》の中心《ちゅうしん》から耳《みみ》にむかうようにね。痛気持《いたきも》ちいいくらいの力加減《ちからかげん》で、グーの手《て》を横《よこ》に動《うご》かして！

1フェイスライン（あご）➡2ほほ全体《ぜんたい》➡3おでこ➡4首《くび》すじ（上《うえ》から下《した》へ）の順《じゅん》で、マッサージ。

あいうえお体《たい》そう

五十音《ごじゅうおん》（あいうえお…）を１文字《もじ》ずつ口《くち》を大《おお》きく動《うご》かしながら発音《はつおん》していこう。鏡《かがみ》を見《み》て形《かたち》を確認《かくにん》しながら、１日《にち》１回《かい》やってみて。顔《かお》が痛《いた》くなるくらいが◎

あかさたな　はまやらわの口《くち》

全体的《ぜんたいてき》に大《おお》きく

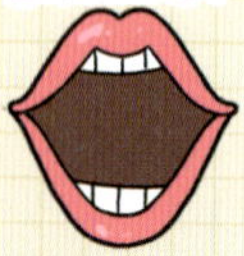

いきしちに　ひみりの口《くち》

横《よこ》にひっぱる

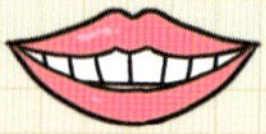

うくすつぬ　ふむるの口《くち》

前《まえ》につきだす

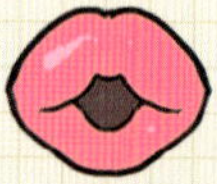

えけせてね　へめれの口《くち》

下《した》アゴに力《ちから》が入《はい》る

おこそとの　ほもろをの口《くち》

口《くち》をすぼめる

#やってみよう！ プチメイクでキュートに

プチメイクだけでも、ぐっとキュートな印象《いんしょう》に変身《へんしん》できちゃうよ！
メイクの正《ただ》しいやり方《かた》とポイントを、しっかりおさえてやってみてね。

1 まゆ毛《げ》カット

変《へん》な位置《いち》に生《は》える毛《け》をまゆ用《よう》はさみでカットするだけで、スッキリした印象《いんしょう》に。

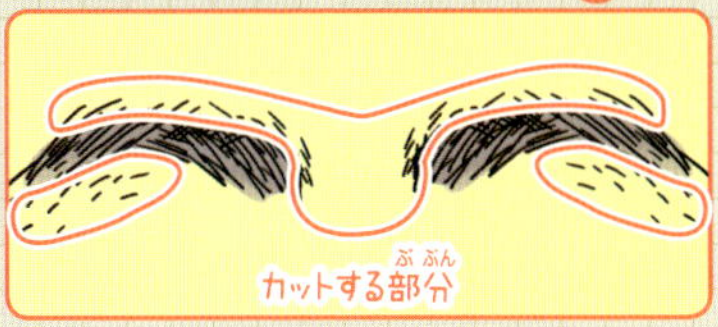
カットする部分《ぶぶん》

2 ビューラー

❶まぶたをはさまないよう、ビューラーにまつ毛《げ》の根元《ねもと》がおさまったことを確認《かくにん》してから、3秒《びょう》くらい穴《あな》に入《い》れた中指《なかゆび》に力《ちから》をいれ、まつ毛《げ》の根元《ねもと》をカール。❷次《つぎ》にまつ毛《げ》の中間《ちゅうかん》をはさみ、同《おな》じようにカール。❸最後《さいご》にまつ毛《げ》の毛先《けさき》をはさみ、同《おな》じようにカールして完成《かんせい》！

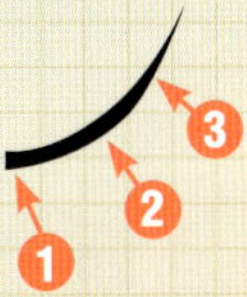
1
2
3

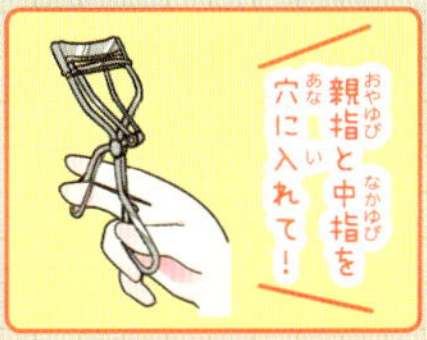
親指《おやゆび》と中指《なかゆび》を穴《あな》に入《い》れて！

根元《ねもと》のカール

ビューラーを持《も》つ手《て》は口《くち》あたりに

中間《ちゅうかん》・毛先《けさき》のカール

ビューラーを持《も》つ手《て》は鼻《はな》あたりに

3 透明《とうめい》マスカラ

透明《とうめい》マスカラは目《め》の下《した》が黒《くろ》くならないし、ツヤがでるのでオススメ。まつ毛《げ》の根元《ねもと》から毛先《けさき》にむかって、上《うえ》むきになでるようにブラシを動《うご》かすよ。ビューラーの後《あと》にぬろうね！

4 カラーリップ

❶図《ず》の順番《じゅんばん》とむきで、リップラインからはみださないようにぬろう。❷薬指《くすりゆび》でくちびるのふちをポンポンとたたいて、色《いろ》をなじませるとキレイな仕上《しあ》がりに。

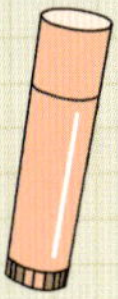

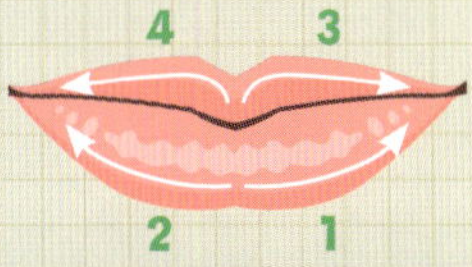
4
3
2
1

5 チーク

❶チークをブラシにとったら、手《て》の甲《こう》でなじませて。❷笑《わら》ったとき、ほほがいちばん高《たか》くなる部分《ぶぶん》を中心《ちゅうしん》に、2〜3回《かい》ブラシをナナメに往復《おうふく》させよう。

じゃんっ
愛美《まなみ》ちゃんすっごくカワイイ♥
きゃー
きゃー
伊藤《いとう》さんもめちゃくちゃステキです！
きゃー
こういうのもかぶるとクリスマスっぽいかな
どうするかぶっちゃう？
あっジョーダンだよ!!
ゆりあちゃんに影響されて…
サンタ
じゃど〜

ガヤ
ガヤ
あっ 久保田《くぼた》くん！
ちょうど ひとりだ…
チャンスかな？ ……でも
ドキッ
あ… 伊藤《いとう》さんも がんばってる…
ドキドキドキドキ
……うん わたしだって！
く…く… 久保田《くぼた》くん
お～
高橋《たかはし》も きてたんだ

この解決法《かいけつほう》は180ページから紹介《しょうかい》

やっぱりうまく
できなかった…
がんばったのに
じわ…
せっかく来《き》たのに
もう帰《かえ》っちゃうの？
加藤《かとう》さん！
あ…
う…うん
ごし
それって
久保田《くぼた》くんと
うまく
話《はな》せないから？
え!?
どうして
だって高橋《たかはし》さん
わかりやすいんだもん
伊藤さんも
同じこと言ってた…
今日《きょう》のために
オシャレして
きたんでしょ
すごく
かわいいよ
！

せっかく いい感《かん》じなのに もう少《すこ》しだけ がんばって みたら？
わたし 加藤《かとう》さんみたく 自信《じしん》なんて もてないよ
そうやって 待《ま》ってるだけじゃ なにも変《か》わらないよ？
それどころか… その間《あいだ》に… 相手《あいて》にカノジョが できちゃうかもよ
はっ
久保田《くぼた》くんの スキな女子《じょし》 知《し》ってるとか？
あ…イヤ それは 知《し》らないけど
わたしも… スキな人《ひと》が いるから

近所《きんじょ》に住《す》んでるお兄《にい》ちゃんみたいな存在《そんざい》で…
かわいいって言《い》ってもらえるようがんばってたんだ
でも…スキってなかなか言《い》いだせなくて
その人《ひと》にはカノジョができちゃった…
ちゃんとスキって伝《つた》えてたらなにかが変《か》わったのかなって…
その人カノジョと超なかよしでツライよ
どんな男子《だんし》に告白《こくはく》されてもOK《オーケー》しないのはスキな人《ひと》がいるからなんだ…
高橋《たかはし》さんには後悔《こうかい》しないようにがんばってほしいな
…………でも…なにしゃべったらいいかわからなくて…
キンチョーしてしゃべれない…
しょうがないないな少《すこ》しだけアドバイスしてあげる!

この解決法《かいけつほう》は180ページから紹介《しょうかい》

おなやみ解決《かいけつ》

スキな男子《だんし》と楽《たの》しく会話《かいわ》するには？

高橋《たかはし》さんのこのなやみは
心理《しんり》コミュニケーショナーの先生《せんせい》に相談《そうだん》したよ

リアルアンケート

みんなはどう考《かんが》えてる？

Q1

スキな男子《だんし》の前《まえ》でうまく話《はな》せる？

恋《こい》に積極的《せっきょくてき》な女《おんな》の子《こ》
がけっこう多《おお》いみたい
いいことだよね～

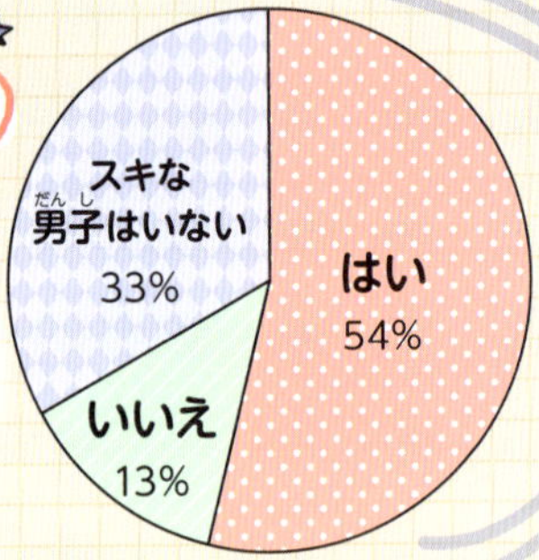

スキな
男子《だんし》はいない
33%
はい
54%
いいえ
13%

タイセツなハナシ

スキな男子《だんし》の前《まえ》で緊張《きんちょう》する理由《りゆう》

スキな人《ひと》の前《まえ》で緊張《きんちょう》するのは「嫌《きら》われたくない」「かわいいと思《おも》ってもらえるかな」「わたし変《へん》じゃないかな」といった不安《ふあん》なキモチのあらわれ。相手《あいて》に好《す》かれたいからこそ、緊張《きんちょう》してしまうもの。いたって自然《しぜん》なことです。

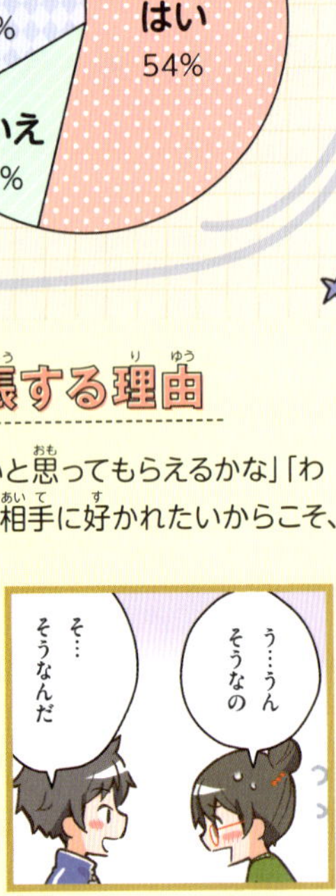

う…うん
そうなの
そ…
そうなんだ

緊張《きんちょう》をやわらげる方法《ほうほう》

- 胸《むね》に手《て》をあて、大《おお》きく３回深呼吸《かいしんこきゅう》しよう
- 「嫌《きら》われたくない」と思《おも》うより「話《はな》せてうれしい」と考《かんが》えて！
- 緊張《きんちょう》していると相手《あいて》に伝《つた》えちゃうと、その場《ば》がなごむかも！
- 友《とも》だちもまじえていっしょに話《はな》すと、一気《いっき》に緊張《きんちょう》がほぐれるよ！

#やってみよう!

好感度《こうかんど》UP《アップ》会話《かいわ》テク

スキな男子《だんし》と楽《たの》しく会話《かいわ》がもりあがったら、サイコーにうれしいよね。
相手《あいて》に好感《こうかん》をもってもらえる、会話《かいわ》のポイントを教《おし》えちゃうよ。

笑顔《えがお》で話《はな》す&聞《き》く!

男子《だんし》は女子《じょし》の笑顔《えがお》にドキッとしちゃうもの。明《あか》るい笑顔《えがお》で話《はな》したり、相手《あいて》の話《はなし》を聞《き》ける子《こ》は、それだけで好印象《こういんしょう》になるよ!　だれでも笑顔《えがお》はかわいいから、自信《じしん》をもって。

自然《しぜん》な笑顔《えがお》の作《つく》り方《かた》

口角《こうかく》があがり、歯《は》が見《み》えている
目尻《めじり》が少《すこ》し下《さ》がり三日《みか》月《づき》を横《よこ》にしたような目《め》

どんどん質問《しつもん》してみよう!

おもしろい話《はなし》をしようとしなくても「聞《き》き上手《じょうず》」になれたら◎　相手《あいて》の話《はなし》をくわしく取材《しゅざい》するようなつもりで、質問《しつもん》していくと、会話《かいわ》が広《ひろ》がるよ。

この前《まえ》の日曜《にちよう》さ、弟《おとうと》とゲームしてて、楽《たの》しかったんだ

へぇ～そうなんだね
どんなゲームしてたの?

うん　サッカーのゲームだよ。
チームを作《つく》って戦《たたか》うんだ!

●●くんサッカー好《す》きだもんね。
チームを作《つく》るってなに?

リアクション上手《じょうず》に!

相手《あいて》が話《はなし》にきちんとリアクションしてくれると、話《はな》すほうは楽《たの》しくなるよ。「うんうん」と、うなずくだけでも◎

プチテク　リアクションのさしすせそ

これらの言葉《ことば》を意識《いしき》して使《つか》ってみて。
リアクション上手《じょうず》になれちゃうよ!

- さ　さすが!
- し　知《し》らなかったよ!
- す　すご～い!
- せ　センスいいよね!
- そ　そうなんだ～!

これはダメ!

● ほかの男子《だんし》とくらべる話《はなし》

男子《だんし》は人《ひと》とくらべられるのが大《だい》キライ。「●●くんはできるのに」なんてセリフはNG《エヌジー》だよ。

● 自分《じぶん》の話《はなし》ばかりしちゃう

相手《あいて》はわからない内容《ないよう》なのに、自分《じぶん》だけがもりあがって話《はな》しているなんてことがないようにして。

● らんぼうな言葉《ことば》づかい

「バーカ」「うぜー」「マジ?」「ハァ?」など、らんぼうな言葉《ことば》はかわいさゼロ。きらわれちゃうよ。

#お勉強《べんきょう》しよう！

スキな男子《だんし》と仲《なか》よくなろう

待《ま》ってるだけじゃ、恋《こい》は始《はじ》まらないよ。スキな男子《だんし》と仲《なか》よくなりたいと考《かんが》えるなら、今《いま》よりもちょっとだけ勇気《ゆうき》をだしてみよう！

話《はな》すのはまだムリな関係《かんけい》なら

自分《じぶん》の存在《そんざい》をまず知《し》ってもらうことから始《はじ》めよう。話《はな》すためのきっかけづくりを！

♥しょっちゅう相手《あいて》の視界《しかい》に入《はい》ろう！

♥あいさつだけは、してみよう！

♥目《め》があったら、ニッコリ笑顔《えがお》を！

会話《かいわ》はふつうにできる関係《かんけい》なら

スキな男子《だんし》にとって「ほかの女子《じょし》とはちがう存在《そんざい》」になることを目標《もくひょう》にしてみて！

♥スキな男子《だんし》についてリサーチ！（趣味《しゅみ》、好《す》きなことなど）

吉田《よしだ》くん友《とも》：吉田《よしだ》ってホント…カードゲーム強《つよ》いよな

吉田《よしだ》くん：まぁ…カードゲーム大好《だいす》きだからな！

わたし：吉田《よしだ》くんてカードゲームが好《す》きなんだ…

▼

♥スキな男子《だんし》に好《す》きなことの話《はなし》をしてみよう！

わたし：××××ってキャラのカードは、レアなんでしょ？

吉田《よしだ》くん：へぇ～●●さんよく知《し》ってるね！ぼくそのカード持《も》ってるよ！

おまけのハナシ

スキなら積極的《せっきょくてき》に動《うご》いたほうが◎

女《おんな》の子《こ》のほうが体《からだ》も心《こころ》も成長《せいちょう》が早《はや》いため、「だれかをスキ」という感情《かんじょう》も、女《おんな》の子《こ》のほうが先《さき》に意識《いしき》し始《はじ》めます。また、「あいつらふたりで話《はな》してるぜ」「アッチー」などとふざけてさわぎたてる男《おとこ》の子《こ》も多《おお》いので、男《おとこ》の子《こ》がそっけない態度《たいど》をとったり、みんなの前《まえ》だとさけたりするのは、気《き》にしないこと。スキな男子《だんし》がいるなら、女《おんな》の子《こ》のあなたから積極的《せっきょくてき》に動《うご》いたほうが、恋《こい》はうまくいくと思《おも》うよ！

く…久保田《くぼた》くん！
この前《まえ》のサッカーの試合《しあい》どうだった？
おぅ！シュート決《き》めたぜ
へぇ～スゴイね！
ドキッ
なんかさ…
高橋《たかはし》…今日《きょう》はいつもと雰囲気《ふんいき》ちがうのな
え!?
あ…ありがとう

みんなの リアル 恋《こい》バナ。

女《おんな》の子《こ》が集《あつ》まれば、いつのまにかワイワイ始《はじ》まる「恋《こい》バナ」。
小学生《しょうがくせい》や JC《ジェーシー》 先《せん》パイに聞《き》いたリアルなアンケート結果《けっか》をもとに
恋《こい》バナ大好《だいす》きなこの 4 人《にん》が、ガールズトークしちゃうよ!

凛《りん》 うちらって、恋《こい》バナ大好《だいす》きだよね。気《き》づけばいつもしてる気《き》がするけど。それに恋《こい》バナって、話《はなし》がつきないよね～。

杏奈《あんな》 わかる～。スキな人《ひと》が今日《きょう》なにしてたとか、自分《じぶん》のその人《ひと》へのキモチとかって、だれかに聞《き》いてもらいたいよね。

莉子《りこ》 とくに凛《りん》が好《す》きなんじゃん。だれがだれをスキらしいとか、告《こく》ったとかふられたとか、そんなウワサ話《ばなし》ってやつ？

凛《りん》 え～ダメなの～？　だってそういう話《はなし》って、すっごく楽《たの》しいじゃん。あっ、そうそうウワサ話《ばなし》っていえばさ、2組《くみ》のモナちゃんが～この前《まえ》、放課後《ほうかご》にね……。

しずく ちょっとちょっと、その話《はなし》はまた今《こん》度《ど》にしてよね。みんなのアンケート結果《けっか》をさっそく見《み》ていこうよ！　最初《さいしょ》のアンケート結果《けっか》は『あなたの恋《こい》の状況《じょうきょう》』について。みんなが今《いま》、どんな恋《こい》をしてるか聞《き》いてみたよ！

凜《りん》 へぇ～いろいろだね。でも小学生《しょうがくせい》の半分以上《はんぶんいじょう》は『スキな人《ひと》はいない』みたい。

しずく わたしもこれ。今《いま》までスキな人《ひと》って、できたことない。だから、男子《だんし》に対《たい》してドキドキとか、よくわかんないな。

杏奈《あんな》 見《み》てみて～！『両想《りょうおも》いかも？』って子《こ》もけっこういるよ。「自分《じぶん》がスキな相手《あいて》も自分《じぶん》のことがスキっぽくて、もしかしたら両想《りょうおも》いかも!?」って状況《じょうきょう》のとき、すっごくうれしいし楽《たの》しいよね～。

莉子《りこ》 中学生《ちゅうがくせい》になると『スキな人《ひと》はいない』っていう人《ひと》はへって、『片想《かたおも》い中《ちゅう》』だったり『失恋中《しつれんちゅう》』の人《ひと》が増《ふ》えてるね。

凜《りん》 ホントだ～。お姉《ねえ》ちゃんが前《まえ》に話《はな》してた。中学生《ちゅうがくせい》になると、男子《だんし》が急《きゅう》に身長《しんちょう》が伸《の》びたりしてカッコよくなるって。それに先《せん》パイは大人《おとな》っぽくてあこがれるって。

しずく そうなんだぁ～。わたしも中学生《ちゅうがくせい》になったら、スキな人《ひと》ができるかな？

Q1. あなたの恋《こい》について教《おし》えて

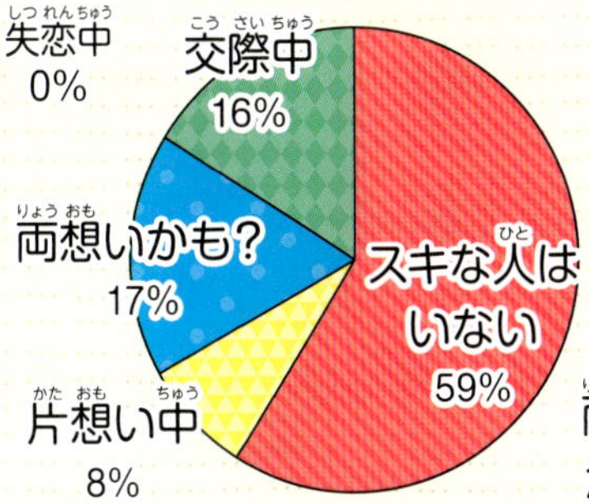

失恋中《しつれんちゅう》 0%
交際中《こうさいちゅう》 16%
両想《りょうおも》いかも？ 17%
片想《かたおも》い中《ちゅう》 8%
スキな人《ひと》はいない 59%

小学生《しょうがくせい》のみんな

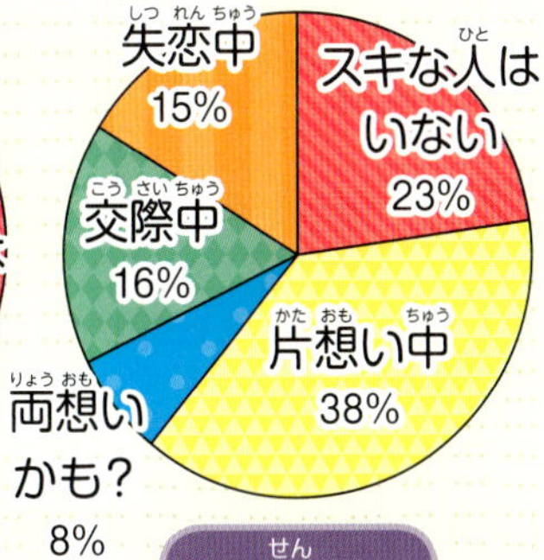

失恋中《しつれんちゅう》 15%
スキな人《ひと》はいない 23%
交際中《こうさいちゅう》 16%
片想《かたおも》い中《ちゅう》 38%
両想《りょうおも》いかも？ 8%

JC先《せん》パイ

Q2.恋《こい》したとき、その人《ひと》のどこをスキになった？

- あげきれないけど、明《あか》るいところ。カワイイところ。優《やさ》しいところ。からかってくるところ。おもしろいところ（小《しょう》6）
- 顔《かお》と性格《せいかく》が、すっごくすっごくタイプだった。スポーツがとてもうまくて、あこがれてます（小《しょう》4）
- その人《ひと》はわたしより年上《としうえ》なんだけど、いっしょにいるとき、年下《としした》のようにふざけたり、かわいくなるところ（小《しょう》6）
- 話《はなし》がとってもおもしろいところ。おしゃべりしていて、とっても話《はな》しやすい（小《しょう》6）
- わたしがスキになった人《ひと》は、イケメンで優《やさ》しくて、ユーモアがある人《ひと》（小《しょう》4）
- おたがいに好《す》きなゲームがいっしょで、その話《はなし》でもりあがっていいなって思《おも》った（小《しょう》6）
- 顔《かお》がイケメンで、いつもさわやか（小《しょう》6）
- 気軽《きがる》に話《はな》してくれて、優《やさ》しいところ（小《しょう》5）

しずく 次《つぎ》のアンケートは『スキな人《ひと》のどんなところをスキになったか？』だって。

杏奈《あんな》 わたし上《うえ》から3番目《ばんめ》の意見《いけん》わかるな。道《みち》に犬《いぬ》とかいると、ワシャワシャ～ってかわいがったりとか、アイスやガムの「あたり」を見《み》ると、すっごくテンションあがっちゃうとかさ～。

凛《りん》 杏奈《あんな》のスキな人《ひと》、幼《おさな》なじみのお兄《にい》さんだもんね。わたしは、1番目《ばんめ》の意見《いけん》がすっごくよくわかるよ。わたしも涼真《りょうま》くんのスキなところをあげだしたら、キリがないもん。まず、イケメンでしょ～。運動神経《うんどうしんけい》がいいでしょ～。それに笑顔《えがお》がキュートで、話《はなし》がおもしろくて、優《やさ》しくて……。

莉子《りこ》 はいはい。わかったから、凛《りん》もういいよ。わたしは、6番目《ばんめ》の意見《いけん》がわかる気《き》がする。「スキな人《ひと》と好《す》きなものがいっしょ」って、なんだかうれしいもん！

しずく それはわたしも、あこがれちゃう！

Q3.男子《だんし》に胸《むね》キュンする瞬間《しゅんかん》って、どんなとき？

- 隣《となり》の席《せき》の男子《だんし》（＝スキな人《ひと》）が消《け》しゴムを忘《わす》れて、わたしの消《け》しゴムを使《つか》っていたときの話《はなし》。ふたり同時《どうじ》に消《け》しゴムを取《と》ろうと、手《て》が重《かさ》なったとき、めっちゃキュンってしたよ（小《しょう》6）
- 教室《きょうしつ》とかで男子《だんし》から話《はな》しかけてくれると、キュン♥（小《しょう》6）
- わたしが川《かわ》でおぼれたら、飛《と》びこんで助《たす》けに来《き》てくれる。これは妄想《もうそう》だけど、リアルだったらキュンとするはず（小《しょう》6）
- くだらないことでふざけて、自分《じぶん》で笑《わら》っているとき、かわいくてキュン。スポーツで活《かつ》やくしているとき、カッコよくてキュン。遊《あそ》び半分《はんぶん》で、わたしのことをからかってくるとき、ドキドキしてキュン（小《しょう》6）
- わたしが委員会《いいんかい》のことでこまっていて、さりげなく助《たす》けてくれたとき（小《しょう》6）
- ニッコリ笑《わら》うとき（小《しょう》6）
- タイプのイケメンを見《み》たとき（小《しょう》6）

しずく そして次《つぎ》のアンケートは『男子《だんし》に胸《むね》キュンする瞬間《しゅんかん》』だよ！

莉子《りこ》 1番目《ばんめ》の意見《いけん》って、本当《ほんとう》にあった話《はなし》なんだよね～。すっごい、マンガみたい！　席《せき》がえで、スキな人《ひと》と隣《となり》の席《せき》になれると、テンションあがるよね。ドキドキしちゃって授業《じゅぎょう》に集中《しゅうちゅう》できないのは、問題《もんだい》だけど。

凛《りん》 ホントだ～、胸《むね》キュンシーンだ。いいな～。わたしも体験《たいけん》してみたい！

杏奈《あんな》 4番目《ばんめ》の意見《いけん》を書《か》いた子《こ》って、相手《あいて》のことが大《だい》スキなんだろうな～。気《き》づけばいつでもその人《ひと》を目《め》で追《お》っちゃって、その人《ひと》がどんなことをしてるときも、キュンキュンしてるんだね、きっと。

しずく わたしは5番目《ばんめ》の意見《いけん》にあこがれるかも。こまっているときにさりげなく助《たす》けてくれるって、自分《じぶん》のことを気《き》にかけて見《み》てくれてたってことでしょ。ステキだな。

凛《りん》 うん。たしかにこれもいい～♥

しずく 続《つづ》いては『スキな人《ひと》に告白《こくはく》したことがあるか？』だよ！

杏奈《あんな》 半分《はんぶん》の子《こ》が『いいえ』か。わかるな～。「告白《こくはく》が失敗《しっぱい》したらどうしよう」って思《おも》うと、なかなか勇気《ゆうき》がでないよね…。

莉子《りこ》 たしかに。あと相手《あいて》を目《め》の前《まえ》にしちゃうと、ドキドキしてうまく言《い》いだせないかも。手紙《てがみ》にキモチを書《か》いてわたすのは、いいかもしれないな～。

しずく 反対《はんたい》に『男子《だんし》に告白《こくはく》されたことがあるか？』も、聞《き》いてみたよ。

凛《りん》 すっご～い。半分近《はんぶんちか》くの子《こ》は『告《こく》白《はく》された経験《けいけん》あり』か。2番目《ばんめ》の意見《いけん》で、『授業中《じゅぎょうちゅう》にこっそり告白《こくはく》』って、どんな状《じょう》況《きょう》だったんだろうね。気《き》になる～！

しずく 3番目《ばんめ》の意見《いけん》もすごいよね。クイズの答《こた》えが自分《じぶん》だったなんて、テレちゃう。この子《こ》は最後《さいご》までわからなかったのかな？とちゅうでなんとなく気《き》づいてたのかな？

Q4.スキな人《ひと》に告白《こくはく》したことある？

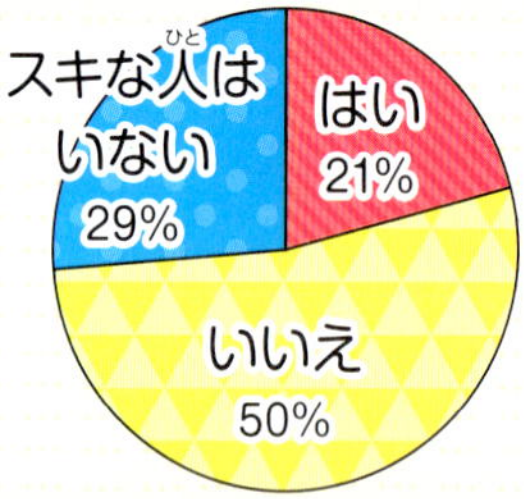

どんなふうに告白《こくはく》した？

- 「スキです。わたしのことは、何番目《なんばんめ》にスキですか？」。手紙《てがみ》にこんなふうに書《か》いてわたしたよ（小《しょう》4）
- ずっとスキだった人《ひと》に告白《こくはく》されたから、「わたしもあなたの●●●なところが×××だったよ。ダイスキ！」ってキモチを伝《つた》えた（小《しょう》6）
- 直接《ちょくせつ》言《い》うのはムリだったから、友《とも》だちに相手《あいて》のキモチを聞《き》いてもらうと、両想《りょうおも》いだった！（小《しょう》5）

Q5.男子《だんし》に告白《こくはく》されたことある？

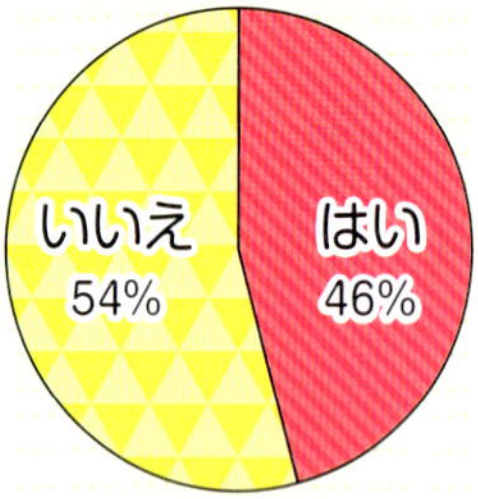

どんなふうに告白《こくはく》された？

- 友《とも》だちからある男子《だんし》が「わたしのことをスキ」っていう話《はなし》を聞《き》いたので、本人《ほんにん》に聞《き》くと「そうだよ、スキだよ」と言《い》われた（小《しょう》4）
- 授業中《じゅぎょうちゅう》こっそり告白《こくはく》された（小《しょう》6）
- 「おれのスキな人《ひと》だれだと思《おも》う？」というクイズに、いろいろな友《とも》だちの名前《なまえ》を答《こた》えていったら、その答《こた》えは自分《じぶん》だった。わたしもスキだったからうれしかった（小《しょう》6）

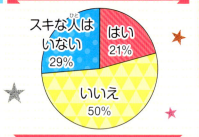

しずく　まだまだ、どんどんいくよ。次《つぎ》はJC先《ジェイシーせん》パイの答《こた》えだよ。『成功《せいこう》した告白《こくはく》』について。これはJC先《ジェイシーせん》パイの答《こた》えだよ。

莉子《りこ》　先《せん》パイたち、すっごいね。1番目《ばんめ》の意見《いけん》で『耳元《みみもと》で「スキ」』って告白《こくはく》は、聞《き》いてるだけでもドキドキしちゃうよ。

凛《りん》　『メールでラブソングの歌詞《かし》を送《おく》る』のは、お姉《ねえ》ちゃんも前《まえ》に言《い》ってた。ラブソングの歌詞《かし》はストレートでキレイな言葉《ことば》だから、思《おも》わずドキッとしちゃうって。

しずく　続《つづ》いて『バレンタインに本命《ほんめい》チョコをあげたことがあるか』だって！

杏奈《あんな》　半分《はんぶん》くらいの子《こ》が『あげた経験《けいけん》あり』か。ふつうにキモチを伝《つた》えるより、伝《つた》えやすいのかもね。わたしもひそかに毎年《まいとし》わたしてはいるんだけどね…。

莉子《りこ》　みんなけっこう、直接《ちょくせつ》わたしてたりするんだ。わたし、ドキドキしてムリ～。家《いえ》のポストがせいいっぱいかも。

Q6.成功《せいこう》した告白《こくはく》について教《おし》えて！

- スキな男子《だんし》がひとりになったのを確《かく》認《にん》して、耳元《みみもと》で「スキ」と…（中《ちゅう》1）
- 「ずっとスキでした」と書《か》いた手紙《てがみ》をスキな人《ひと》の家《いえ》のポストに（中《ちゅう》2）
- 「…ゴメン。スキになっちゃった。返事《へんじ》はすぐじゃなくていいから、これからもスキでいていいかな？」って、告《こく》白《はく》したよ（中《ちゅう》3）
- メールでスキなアーティストのラブソングの歌詞《かし》を送《おく》る。思《おも》わずドキッとしちゃうような言葉《ことば》を送《おく》ってから、「これがわたしの、スナオなキモチだよ」と伝《つた》えた（中《ちゅう》2）

Q7.VD《バレンタイン》に本命《ほんめい》チョコあげたことある？

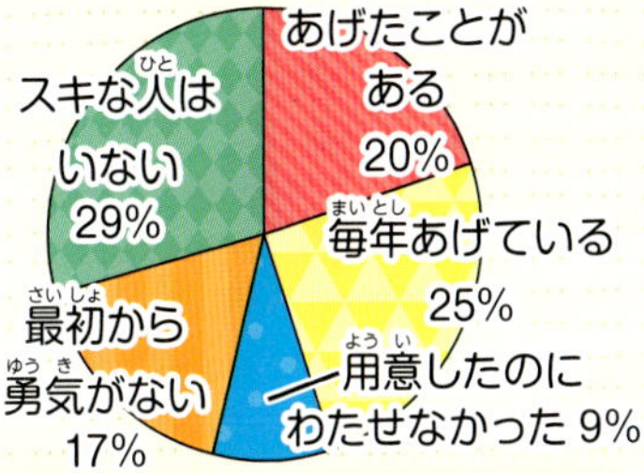

あげたことがある 20%
毎年《まいとし》あげている 25%
用意《ようい》したのにわたせなかった 9%
最初《さいしょ》から勇気《ゆうき》がない 17%
スキな人《ひと》はいない 29%

どんなふうにあげたの？

- 「手作《てづく》りチョコ」をスキな人《ひと》の家《いえ》のポストにいれた（小《しょう》6）
- 家《いえ》に行《い》き、ふつうにあげた（小《しょう》5）
- 学校《がっこう》で直接《ちょくせつ》わたした（小《しょう》6）
- ラッピングのふくろに「I《アイ》 Love《ラブ》 you《ユー》」と書《か》いたチョコを、家《いえ》に行《い》って直《ちょく》接《せつ》わたしたよ（小《しょう》6）
- 片想《かたおも》い中《ちゅう》の男《おとこ》の子《こ》と遊《あそ》ぶとき、手作《てづく》りしたチョコをあげた。（小《しょう》6）

しずく 次《つぎ》はおもしろいかも～。『恋《こい》したらどう動《うご》くか？ モテテク』についてだよ。

杏奈《あんな》 けっこういるよ。恋愛上級者《れんあいじょうきゅうしゃ》の小悪魔《こあくま》ちゃん。すご～い。

凛《りん》 え～!? 相手《あいて》に告白《こくはく》させるって、どうやって？ 知《し》りたい、知《し》りた～い！

杏奈《あんな》 う～ん。だからそれは、たとえばJ《ジェイ》C《シー》先《せん》パイたちの『モテテク』で書《か》かれてるようなことをすればいいんじゃない？

凛《りん》 なるほど～。そういうことか～。

杏奈《あんな》 『モテテク』って聞《き》くと、なんだかズルイ感《かん》じだけど、要《よう》は自分《じぶん》から積極的《せっきょくてき》に男《おとこ》の子《こ》と距離《きょり》を縮《ちぢ》めるってことじゃないかな？ 行動《こうどう》できずにウジウジしてる子《こ》よりも、男子《だんし》と積極的《せっきょくてき》に仲《なか》よくなれる子《こ》のほうが、恋《こい》のチャンスが多《おお》そうじゃない？

莉子《りこ》 たしかにそれはそうだと思《おも》う。さすが、学年《がくねん》いちのモテ子《こ》ちゃんだ！

Q8. あなたはモテ女子《じょし》？ ノットモテ女子《じょし》？

恋《こい》したらどうする？

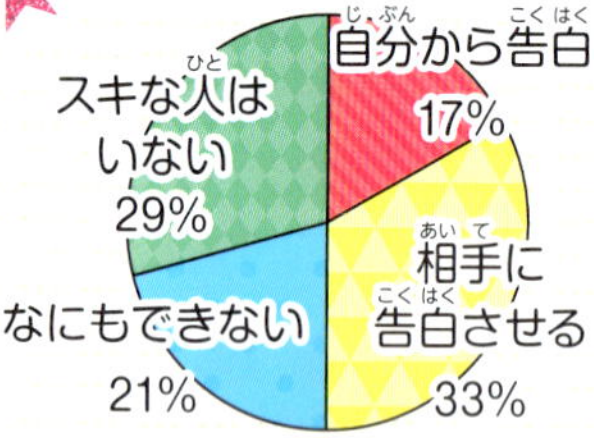

自分《じぶん》から告白《こくはく》
17%
相手《あいて》に告白《こくはく》させる
33%
なにもできない
21%
スキな人《ひと》はいない
29%

あなたのモテテクを教《おし》えて！

- モテ女子《じょし》が「〇〇くんって、どんな女子《じょし》がタイプ？」と、男子《だんし》に話《はな》しかけているのを聞《き》く。恋《こい》バナをきっかけに仲《なか》よくなれるみたい（中《ちゅう》1）
- 話題《わだい》だったり新《あたら》しいアイテムをいち早《はや》く持《も》っていき、いろんな人《ひと》とそれを使《つか》って話《はな》すようにしてるよ（中《ちゅう》3）
- ふだん女子《じょし》と話《はな》すときと態度《たいど》を変《か》えず、おもしろい話《はなし》をする。そして優《やさ》しくする（中《ちゅう》1）
- できるだけ笑顔《えがお》でいる（中《ちゅう》2）
- 男子《だんし》といっしょにふざける（中《ちゅう》1）
- 「ゴミついてるよ」と髪《かみ》の毛《け》をさわったり、体育《たいいく》の後《あと》に「砂《すな》ついてるよ」と背中《せなか》をさわったり。自然《しぜん》なボディータッチをしてるよ（中《ちゅう》2）

Q9.「恋《こい》」と「友情《ゆうじょう》」どっちをとる？

友《とも》だちと同《おな》じ人《ひと》をスキになったことある？

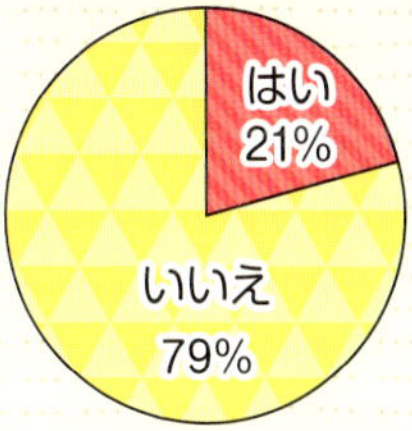

友《とも》だちと同《おな》じ人《ひと》をスキになったら？

- 友《とも》だちがライバルだったとしてもあきらめず、自分《じぶん》をスキになってもらう努力《どりょく》をするよ（中《ちゅう》3）
- 自分《じぶん》の「スキ」っていうキモチを大切《たいせつ》にして、相手《あいて》にアプローチしちゃう（中《ちゅう》1）
- 恋《こい》がうまくいっても、いかなくてもやっぱり気《き》まずいので、だまって身《み》をひいちゃいます（中《ちゅう》1）
- その子《こ》ともめたくないので、自分《じぶん》のスキなキモチはナイショに（中《ちゅう》1）
- その友《とも》だちに自分《じぶん》の正直《しょうじき》なキモチを伝《つた》えて「おたがいにがんばろうね！」と言《い》うよ（中《ちゅう》2）
- 相手《あいて》のキモチをさぐりながら、ゆずるときもゆずらないときも（中《ちゅう》3）

しずく 最後《さいご》のアンケートは『恋《こい》と友情《ゆうじょう》どっちをとるか？』について。

莉子《りこ》 スキってキモチも大切《たいせつ》だけど、友《とも》だちも大事《だいじ》。わたしは、3番目《ばんめ》や4番目《ばんめ》の意《い》見《けん》と同《おな》じかな。友《とも》だちが自分《じぶん》と同《おな》じ人《ひと》をスキって知《し》ったら、あきらめちゃうかも。

凜《りん》 そっか～。わたしは莉子《りこ》と反対《はんたい》で、1番目《ばんめ》や2番目《ばんめ》の意見《いけん》に賛成《さんせい》だな。だって、スキってキモチはとめられないもん。あ～でも、莉子《りこ》がもしそんなことになったら、かくさずに言《い》ってよね！

莉子《りこ》 だいじょうぶ。わたしは涼真《りょうま》くんのこと、スキじゃないから！

しずく わたしは5番目《ばんめ》の意見《いけん》の子《こ》と同《おな》じ行《こう》動《どう》をとりたいな。キモチをちゃんと伝《つた》えれば、友《とも》だちならわかってくれるはず。わたしなら、かくされたほうがさみしいし。
恋《こい》をしてる子《こ》はがんばって！　そうでない子《こ》は、ステキな恋《こい》に出会《であ》えるといいね。

みんなのアレコレ

なんでもランキング

あなたがしたことのあるメイクを教《おし》えて！

いつもしていたり、これまでにしたことがあるメイクを聞《き》いてみたよ！

1位《い》 チーク

3位《い》 アイライナー

5位《い》 フェイスパウダー

5位《い》 ビューラー

3位《い》 リップグロス

1位《い》 カラーリップ

みんなすごい。いろいろなメイクにトライしてるんだな〜。わたしはしたことないケド…

カラーリップをするだけでも、女《おんな》の子《こ》らしさがアップするよね。気分《きぶん》もあがるし！

1月《がつ》2月《がつ》3月《がつ》のスクールライフ

あっというまに3学期《がっき》。この時期《じき》は、友《とも》だちともっとキズナを深《ふか》めたいよね。寒《さむ》い冬《ふゆ》ならではのなやみもでてくるからやっかいで…。

1月《がつ》

おなやみ19
おこづかいやお年玉《としだま》をすぐ使《つか》っちゃう

山田虹華《やまだにじか》　松本《まつもと》ゆりあ

おなやみ20
ついついウソをついちゃった…

田中莉子《たなかりこ》

2月《がつ》

おなやみ21
みんなの恋《こい》バナについていけない…

松本《まつもと》ゆりあ

おなやみ22
冬《ふゆ》のお肌《はだ》は乾《かん》そうしちゃう…

吉田《よしだ》ひとみ

3月《がつ》

おなやみ23
家族《かぞく》がなんでもダメって言《い》う…

小林綾乃《こばやしあやの》

おなやみ24
カラオケでうまく歌《うた》いたい♪

佐々木《ささき》しずく

楽《たの》しいお正月休《しょうがつやす》みはあっというまにすぎ…
今日《きょう》から3学期《がっき》スタートです！
ねえ 学級新聞《がっきゅうしんぶん》のアンケートに答《こた》えてもらってもいい？
うん！なになに～？
あなたのお年玉《としだま》の使《つか》い道《みち》は？
お菓子作りの本買っちゃった
わたしは毛糸ミシン
マンガと～お菓子と～シールと～
ゲームとペンと帽《ぼう》子《し》に～新しいマンガもほしいんだよね

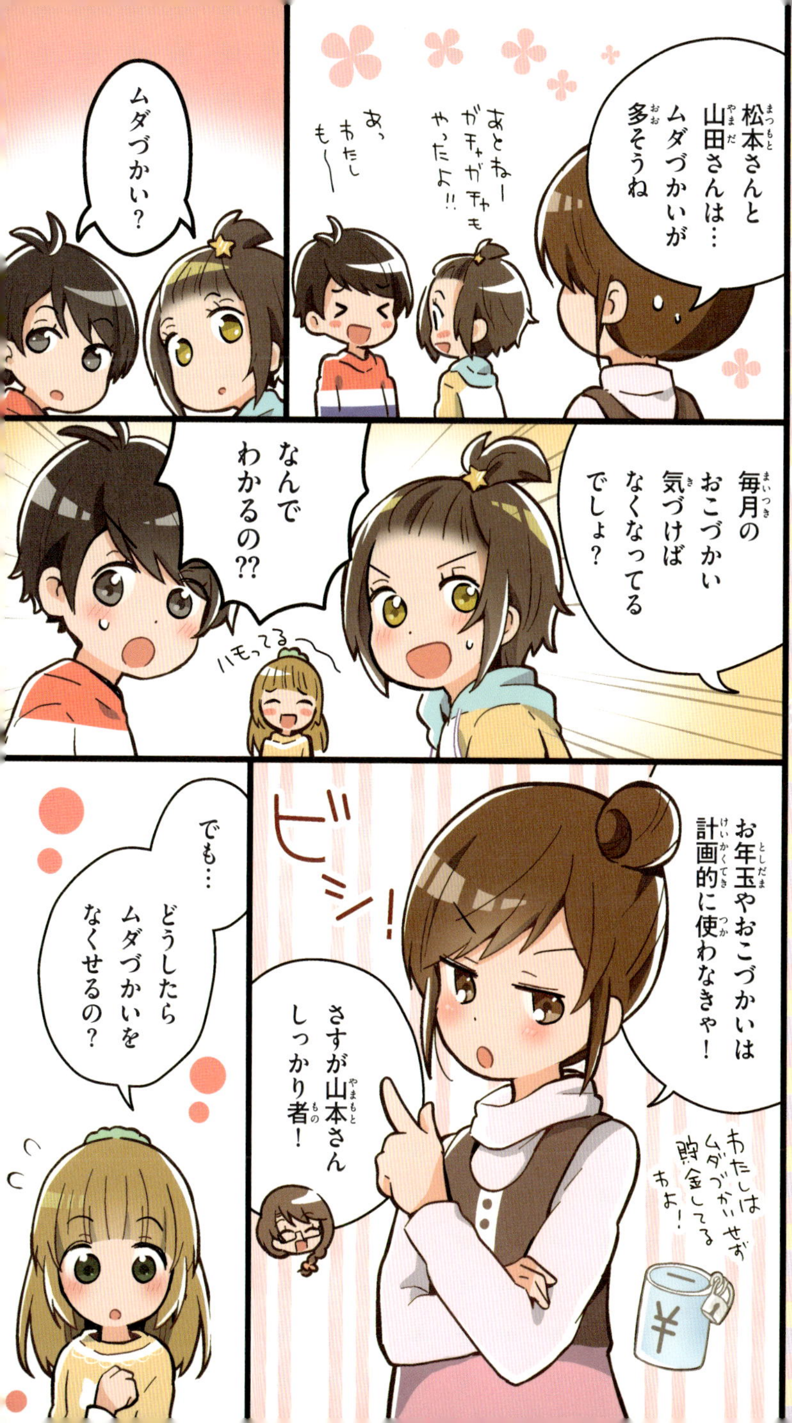
松本《まつもと》さんと山田《やまだ》さんは…ムダづかいが多《おお》そうね
あとねーガチャガチャもやったよ!!
あっ、わたしも〜
ムダづかい?
毎月《まいつき》のおこづかい気《き》づけばなくなってるでしょ?
なんでわかるの??
ハモってる〜
お年玉《としだま》やおこづかいは計画的《けいかくてき》に使《つか》わなきゃ!
ビシッ!
さすが山本《やまもと》さんしっかり者《もの》!
わたしはムダづかいせず貯金してるわよ!
でも…どうしたらムダづかいをなくせるの?

この解決法《かいけつほう》は204ページから紹介《しょうかい》

この解決法《かいけつほう》は204ページから紹介《しょうかい》

山本《やまもと》さんが アンケート とってたけど
みんなは お年玉《としだま》なにに 使《つか》ったの？
わたしはね～ アイドルの 写真集《しゃしんしゅう》！
きゃ～～
凛《りん》…前《まえ》から ほしがってた もんね～
わたしは ぬいぐるみ
わたしは 洋服《ようふく》とバッグ 買《か》っちゃった
貝《かい》のアクセ 買《か》ったの♥
あっ!! 貝《かい》のアクセって もしかして ハワイ旅行《りょこう》で買《か》ったの？
そう お土産《みやげ》に 買《か》っちゃった
いいな～ うちなんて 温泉旅行《おんせんりょこう》だよ～
ジミでしょ～
わたしは スノボ 行《い》ってきたよ
……

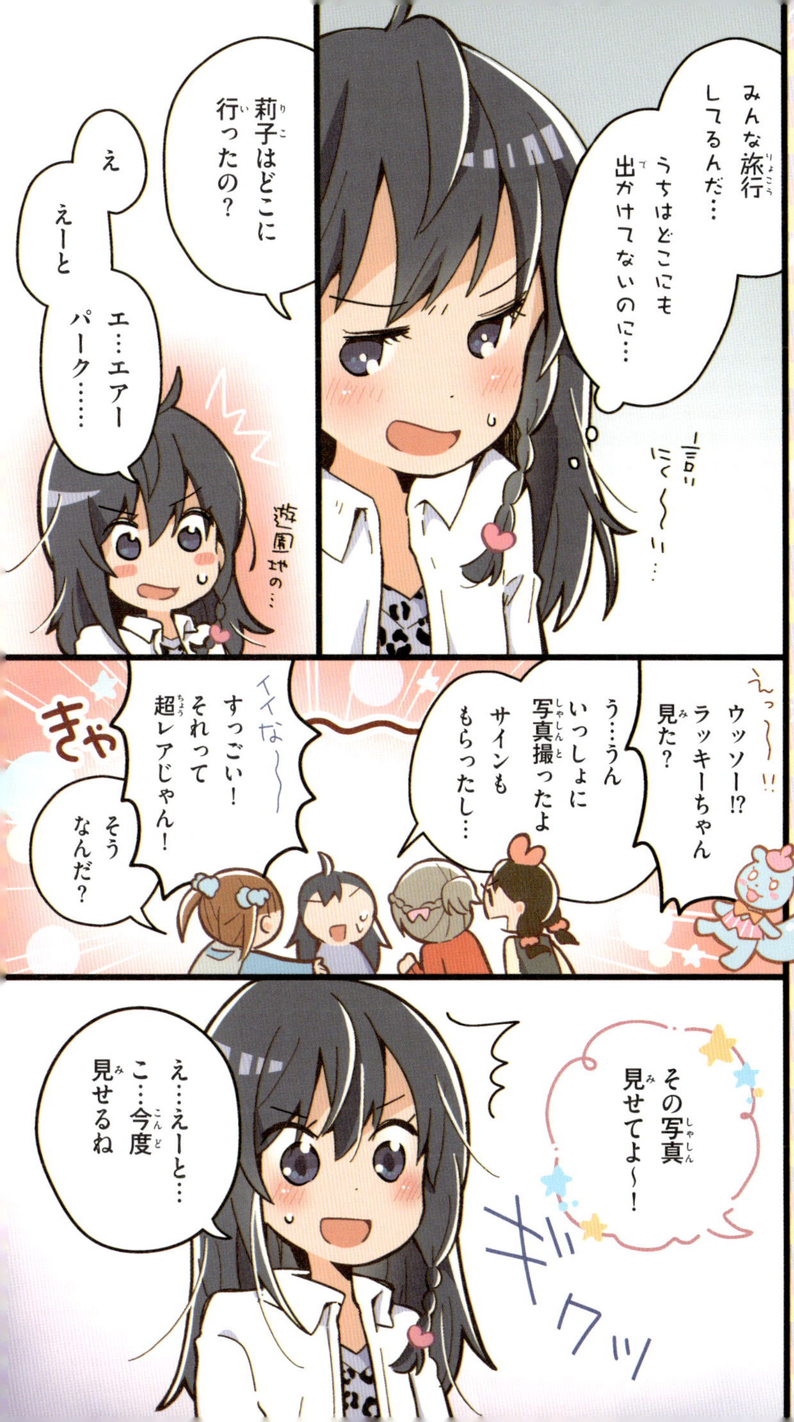

みんな旅行《りょこう》してるんだ…
うちはどこにも出《で》かけてないのに…
言いにく〜い…
莉《り》子《こ》はどこに行《い》ったの？
え
ええーと
エ…エアーパーク……
遊園地の…
えっ〜!!
ウッソー!? ラッキーちゃん見《み》た？
う…うん いっしょに写真《しゃしん》撮《と》ったよ サインももらったし…
イイな〜
すっごい！ それって超《ちょう》レアじゃん！
そうなんだ？
きゃ
その写真《しゃしん》見《み》せてよ〜！
ギクッ
え…えーと… こ…今度《こんど》見《み》せるね

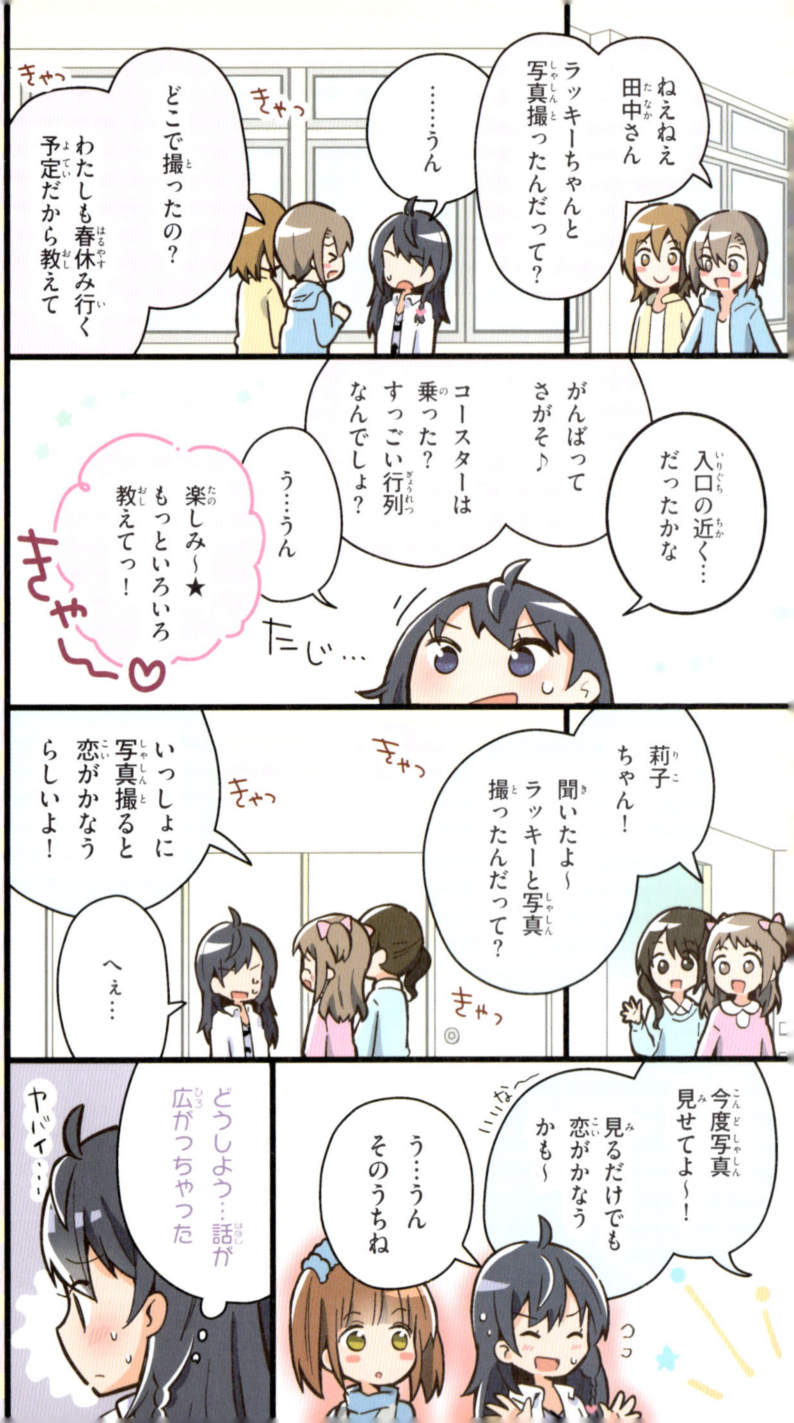

ねえねえ
田中《たなか》さん
ラッキーちゃんと写真《しゃしん》撮《と》ったんだって？
……うん
きゃっ
きゃっ
どこで撮《と》ったの？
わたしも春休《はるやす》み行《い》く予定《よてい》だから教《おし》えて
入口《いりぐち》の近《ちか》く…だったかな
がんばってさがそ♪
コースターは乗《の》った？すっごい行列《ぎょうれつ》なんでしょ？
う…うん
楽《たの》しみ～★もっといろいろ教《おし》えてっ！
きゃ～♡
たじ…
莉子《りこ》ちゃん！
聞《き》いたよ～ラッキーと写真《しゃしん》撮《と》ったんだって？
きゃっ
きゃっ
きゃっ
いっしょに写真《しゃしん》撮《と》ると恋《こい》がかなうらしいよ！
へぇ…
今度《こんど》写真《しゃしん》見《み》せてよ～！
見《み》るだけでも恋《こい》がかなうかも～
う…うん そのうちね
どうしよう…話《はなし》が広《ひろ》がっちゃった
ヤバイ…

恋《こい》…が
かなうんだ
はぁ〜…
莉子《りこ》の写真《しゃしん》見《み》たら
涼真《りょうま》くんと両想《りょうおも》いに
なれるかな？
きゃ〜♡
た…ただの
ウワサだって
キィ…
体育館に
涼真くん
見に行くの
つきあって〜
へぇー…
1組《くみ》の
鈴木《すずき》さんって
倉田涼真《くらたりょうま》が
スキなんだ…
くすっ
おもしろいこと
聞《き》いちゃった…
ねえ！
莉子《りこ》ちゃん
ラッキーから
サインもらったんだよね？
う…
うん
ラッキーは妖精《ようせい》だから
サインしないハズだよ
お兄《にい》ちゃんに
聞《き》いたんだよね

サインもらったってウソなんじゃないの？
ドキーン
ウ…ウソじゃない…！
けど…
じゃあそのサイン持《も》ってきてよ！
じり…
今《いま》は…ムリ…家《いえ》にないから…その…
わ…わたし行《い》くね！
ダッ
莉子《りこ》見《み》つけた!!

この解決法《かいけつほう》は208ページから紹介《しょうかい》

おなやみ 解決《かいけつ》

おこづかいやお年玉《としだま》をすぐ使《つか》っちゃう

わたしたちのこのなやみはファイナンシャル・プランナーの先生《せんせい》に相談《そうだん》したよ

リアルアンケート みんなはどう考《かんが》えてる？

Q1 お金《かね》の使《つか》い方《かた》は上手《じょうず》だと思《おも》う？

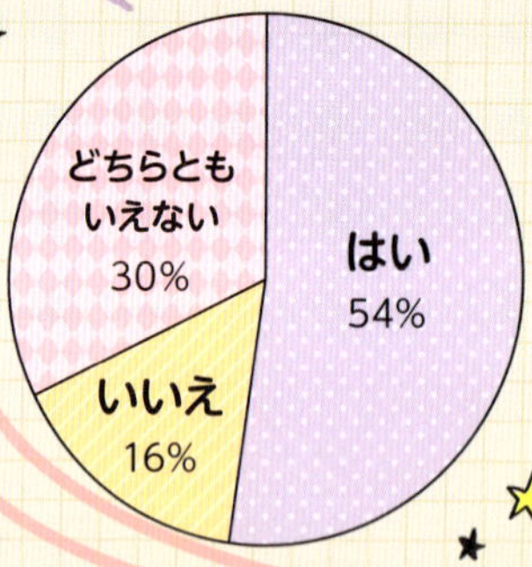

Q2 お年玉《としだま》はどんなことに使《つか》う？

- 本当《ほんとう》にほしい今後《こんご》も使《つか》えるもの（小《しょう》6）
- 好《す》きなおもちゃやゲームソフト（小《しょう》4）
- メイクやネイル道具《どうぐ》、スライム（小《しょう》6）
- すべて貯金《ちょきん》。将来役《しょうらいやく》にたつので（小《しょう》6）
- ステショ、本《ほん》、友《とも》だちの誕《たん》プレ（小《しょう》6）
- 貯金《ちょきん》かどうしてもほしいもの（小《しょう》6）
- 貯金《ちょきん》と習《なら》い事《ごと》（小《しょう》5）
- すべて家族《かぞく》が管理《かんり》している（小《しょう》5）

タイセツなハナシ

お金《かね》の使《つか》い方《かた》を学《まな》ぶのは大切《たいせつ》

大人《おとな》になり、自分《じぶん》で生活《せいかつ》していくときにとても大切《たいせつ》となる「お金《かね》」。このお金《かね》の使《つか》い方《かた》を「おこづかい」や「お年玉《としだま》」を通《とお》して、今《いま》から勉強《べんきょう》していくのはとても意味《いみ》のあることです。お金《かね》はどこからか急《きゅう》にあらわれるものではなく、働《はたら》いて支払《しはら》われるもの。お金《かね》のありがたみを知《し》り、考《かんが》えて使《つか》うことをおぼえていきましょう。

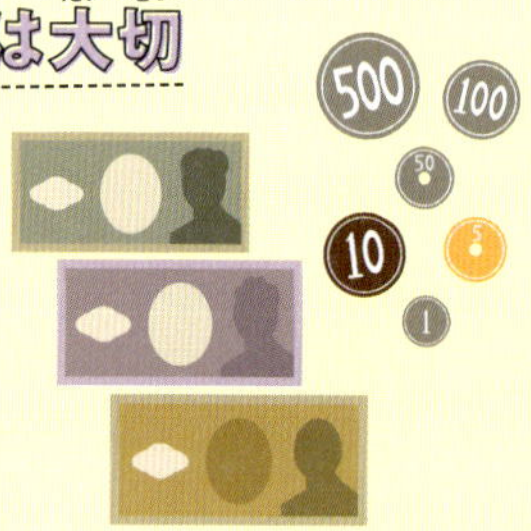

#やってみよう！

おこづかい帳《ちょう》をつけよう！

ムダづかいをなくすには、まず「どんなものに」「いくら使《つか》っている」かを知《し》ることから。206ページをコピーして、おこづかい帳《ちょう》をつけてみて。

1 1か月《げつ》の買《か》い物《もの》計画《けいかく》をたてる

① ほしい物《もの》、買《か》うべき物《もの》と金額《きんがく》を書《か》きだそう

● カラーペン（ピンク）	120円	・買《か》う　・買《か》わない ・貯金《ちょきん》して買《か》う
● ヘアゴムとピンのセット	780円	・買《か》う　・買《か》わない ・貯金《ちょきん》して買《か》う

② 本当《ほんとう》に必要《ひつよう》か、どうやって買《か》うかを考《かんが》えて最終《さいしゅう》判断《はんだん》をしよう

おこづかいや貯金《ちょきん》のなかで買《か》えるもの？　この先《さき》に貯《た》めて買《か》う？　やっぱりいらないのか、金額《きんがく》をふまえて考《かんが》えよう。

● カラーペン（ピンク）	120円	・買《か》う　・買《か》わない ・貯金《ちょきん》して買《か》う
● ヘアゴムとピンのセット	780円	・買《か》う　・買《か》わない ・貯金《ちょきん》して買《か》う

2 お金《かね》の動《うご》きを記録《きろく》する

前月《ぜんげつ》の残《のこ》りはいちばん上《うえ》の行《ぎょう》に書《か》くよ

日《ひ》にち	ことがら	入《はい》ったお金《かね》		出《で》たお金《かね》		残《のこ》ったお金《かね》	
		さいふへ	貯金箱《ちょきんばこ》へ	さいふから	貯金箱《ちょきんばこ》から	さいふ	貯金箱《ちょきんばこ》
	前月《ぜんげつ》の残《のこ》り					50円	50円
6／7	おこづかい	400円	100円			450円	150円
6／10	シール			108円		342円	

お金《かね》が動《うご》いたことがらを書《か》こう

入《はい》ってきたお金《かね》は「さいふ／貯金箱《ちょきんばこ》」のどちらにいれたかわけて、この行《ぎょう》に書《か》くよ

使《つか》ったお金《かね》は「さいふ／貯金箱《ちょきんばこ》」のどちらからだして使《つか》ったかわけて、この行《ぎょう》に書《か》くよ

今残《いまのこ》っているお金《かね》を「さいふ／貯金箱《ちょきんばこ》」ごとに計算《けいさん》して、この行《ぎょう》に書《か》くよ

合計《ごうけい》					今月《こんげつ》の残《のこ》り	貯金箱合計《ちょきんばこごうけい》

1か月《げつ》の合計《ごうけい》を計算《けいさん》して書《か》こう

今月《こんげつ》の最終的《さいしゅうてき》なお金《かね》をここに書《か》くよ

月《がつ》　　　　　の　おこづかい記録《きろく》

買《か》い物《もの》予《よ》定《てい》	ほしい物《もの》・買《か》うべき物《もの》	ねだん	どうする？
	●		・買《か》う　・買《か》わない ・貯金《ちょきん》して買《か》う
	●		・買《か》う　・買《か》わない ・貯金《ちょきん》して買《か》う
	●		・買《か》う　・買《か》わない ・貯金《ちょきん》して買《か》う
	●		・買《か》う　・買《か》わない ・貯金《ちょきん》して買《か》う
	●		・買《か》う　・買《か》わない ・貯金《ちょきん》して買《か》う

日《ひ》にち	ことがら	入《はい》ったお金《かね》		出《で》たお金《かね》		残《のこ》ったお金《かね》	
		さいふへ	貯金箱《ちょきんばこ》へ	さいふから	貯金箱《ちょきんばこ》から	さいふ	貯金箱《ちょきんばこ》
／	前月《ぜんげつ》の残《のこ》り						
／							
／							
／							
／							
／							
／							
／							
／							
／							
／							
／							
／							
／							
／							
合計《ごうけい》						今月《こんげつ》の残《のこ》り	貯金箱合計《ちょきんばこごうけい》

拡大《かくだい》コピーして、ノートに貼《は》ろう。

今日《きょう》から おこづかい帳《ちょう》を つけるぞ！
教《おし》えてもらった 表《ひょう》をノートに 貼《は》って…
たしか おこづかい帳《ちょう》は 持《も》ってたハズ…
ぜんぜん 使ってないし。
前《まえ》に図工《ずこう》で 作《つく》った 貯金箱《ちょきんばこ》に…
お年玉《としだま》の 残《のこ》りで 貯金箱《ちょきんばこ》を 買《か》おう！
貯金箱は 100円ショップにも 売ってる わよ!!
貯金箱《ちょきんばこ》に たまってきたら ジマンしよ〜

おなやみ 解《かい》決《けつ》

ついついウソをついちゃった…

わたしのこのなやみは
心理《しんり》コミュニケーショナーの先生《せんせい》に相談《そうだん》したよ

リアルアンケート みんなはどう考《かんが》えてる?

Q1 友《とも》だちにウソをついたことある?

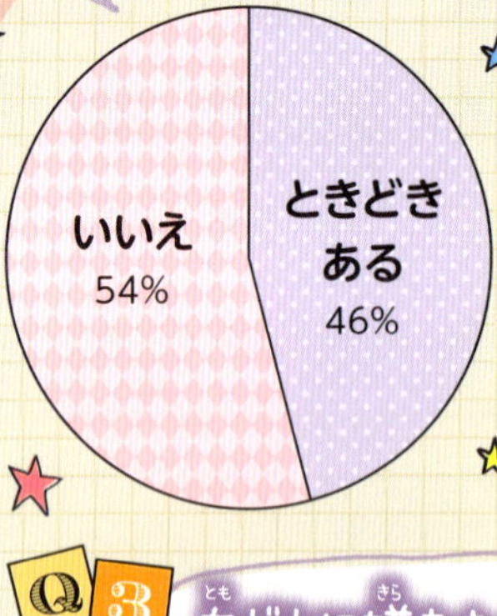

いいえ
54%
ときどきある
46%

Q2 それってどんなウソ?

- 友《とも》だちとの話《はなし》を盛《も》りあげるために、ついウソをついちゃう (小《しょう》6)
- 恋《こい》バナのとき、スキな人《ひと》がいてもそのうち変《か》わるかなと思《おも》い、スキな人《ひと》はいないと答《こた》えちゃう (小《しょう》6)
- 友《とも》だちにあわせるため、知《し》らなくても知《し》ってるフリをするときがある (小《しょう》6)
- 小《ちい》さなウソはよくついちゃう (小《しょう》5)

Q3 友《とも》だちに嫌《きら》われるウソって、どんなものだと思《おも》う?

- 人《ひと》をだますウソ。バレたら信用《しんよう》をなくしちゃうから (中《ちゅう》3)
- 自分《じぶん》がやったのに、「知《し》らないよ」というウソ。すぐにバレるのにね (中《ちゅう》1)
- 「おまえ死《し》ね」や「バーカ」という言葉《ことば》。ウソでも傷《きず》つくのでダメ (中《ちゅう》2)

どうだか…莉子《りこ》はウソつきみたいだし
え…?

#考《かんが》えてみよう! どうして人《ひと》はウソをつく?

みんな「ウソはいけないもの」だとわかっているのに、どうしてついてしまうのかな？　まずはウソって、どんなものなのかを考《かんが》えてみよう。

おこられたくない、責《せ》められたくないから　自分《じぶん》を守《まも》るウソ

自分《じぶん》が悪《わる》いことをして、相手《あいて》からおこられたり、責《せ》められることが予想《よそう》できるときに、そうならないよう「自分《じぶん》を守《まも》る」ためにつくウソ。家族《かぞく》にしかられないよう、この小《ちい》さなウソをついちゃう子《こ》は、けっこういるんじゃないかな？

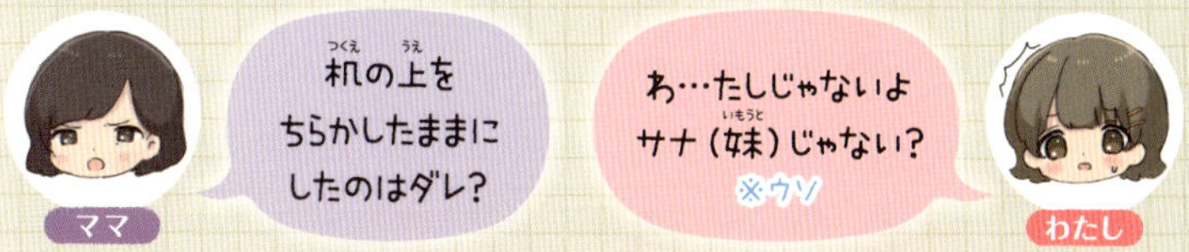
ママ
机《つくえ》の上《うえ》を
ちらかしたままに
したのはダレ?
わ…たしじゃないよ
サナ(妹《いもうと》)じゃない?
※ウソ
わたし

ほめられたい、よく思《おも》われたいから　自分《じぶん》をかざるウソ

「●●ちゃんってスゴイね！」とか「●●ちゃんってステキ！」など、だれでも人《ひと》にほめられたり、認《みと》められたりするとうれしいもの。しかし、この想《おも》いが強《つよ》すぎると、「自分《じぶん》をかざる」ためにウソをついてしまいます。

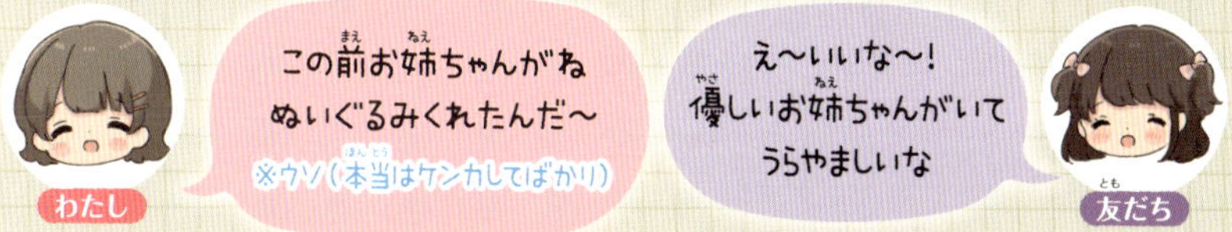
わたし
この前《まえ》お姉《ねえ》ちゃんがね
ぬいぐるみくれたんだ〜
※ウソ(本当《ほんとう》はケンカしてばかり)
え〜いいな〜!
優《やさ》しいお姉《ねえ》ちゃんがいて
うらやましいな
友《とも》だち

傷《きず》つけたくない、心配《しんぱい》させたくないから　相手《あいて》を思《おも》いやるウソ

「本当《ほんとう》のことを言《い》ったら、相手《あいて》を傷《きず》つけてしまう。心配《しんぱい》させてしまう」。こんなふうに相手《あいて》のためにつく、「相手《あいて》を思《おも》いやるウソ」もあります。優《やさ》しいウソではあるけれど、ウソだとバレたときには、よけいに相手《あいて》を傷《きず》つけてしまうことも。

友《とも》だち
さっき男子《だんし》に
変《へん》な声《こえ》だって
からかわれた…
そんなことないよ。
わたしはその声《こえ》好《す》きだよ。
※半分《はんぶん》ウソ(落《お》ちこんだ友《とも》だち
を傷《きず》つけたくないから)
わたし

#やってみよう!

ウソをやめる方法《ほうほう》

あなたがついてしまうウソの種類《しゅるい》（P209）によって、方法《ほうほう》はちがいます。自分《じぶん》がふだんどんなウソをついてしまうか、ふり返《かえ》ってみて。

2週間《しゅうかん》の間《あいだ》、ついてしまったウソを紙《かみ》に書《か》いておこう。

▼

どのウソが多《おお》かったのか、チェックしてみよう!

自分《じぶん》を守《まも》るウソ　自分《じぶん》をかざるウソ　相手《あいて》を思《おも》いやるウソ

「自分《じぶん》を守《まも》るウソ」が多《おお》かった人《ひと》は…

ウソをついた後《あと》に起《お》こることを想《そう》像《ぞう》してみて。一度《いちど》ウソをつくと、話《はなし》のつじつまをあわせようと次《つぎ》から次《つぎ》へとウソをつくことに。また、ウソがバレないかいつも不安《ふあん》になるよね。こんな状況《じょうきょう》は嫌《いや》じゃないかな?

→「正直者《しょうじきもの》でいる」と自分自身《じぶんじしん》と約束《やくそく》しよう!

「自分《じぶん》をかざるウソ」が多《おお》かった人《ひと》は…

こんなウソを続《つづ》けた未来《みらい》の自分《じぶん》を想像《そうぞう》してみて。ウソで自分《じぶん》をよく見《み》せてそのときはいい気分《きぶん》でも、いつしか本当《ほんとう》の自分《じぶん》を見《み》せる自信《じしん》がなくなり、自分《じぶん》のことを嫌《きら》いになってしまうよ。そんなのツライよね。

→「ありのままの自分《じぶん》でいい」と思《おも》うようにしよう!

「自分《じぶん》のためにつくウソ」はクセになる!
ウソは相手《あいて》も自分《じぶん》も傷《きず》つけるんだよ!

「相手《あいて》を思《おも》いやるウソ」が多《おお》かった人《ひと》は…

優《やさ》しいキモチがあるからこそついてしまうウソだけれど、その分《ぶん》あなたの心《こころ》が傷《きず》ついているなら注意《ちゅうい》して。自分《じぶん》がガマンすればいいという考《かんが》えはダメ。

→「自分《じぶん》がムリしていないか」考《かんが》えてみよう!

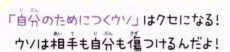

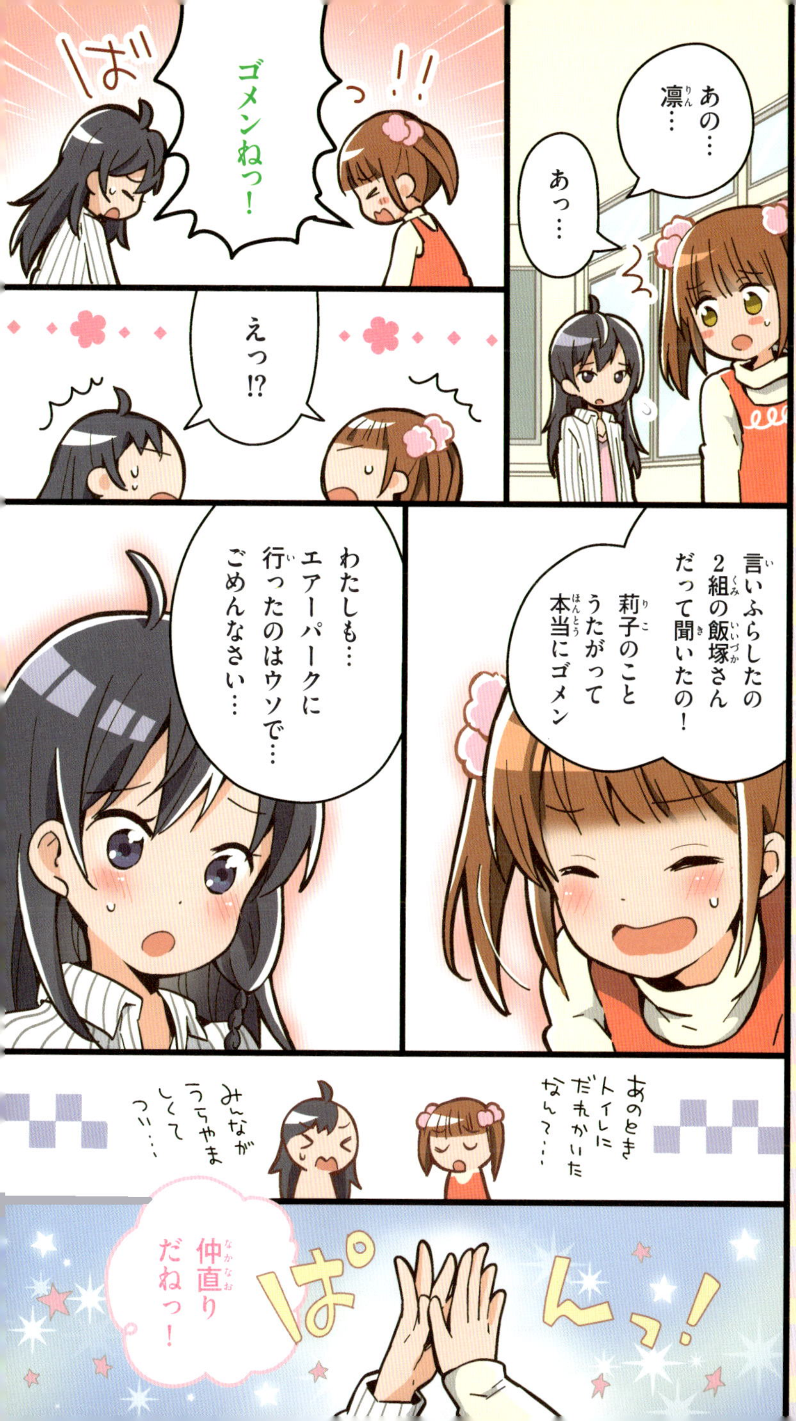
あの…
凛《りん》…
あっ…
ばっ!!
ゴメンねっ!
えっ!?
言《い》いふらしたの
2組《くみ》の飯塚《いいづか》さん
だって聞《き》いたの!
莉子《りこ》のこと
うたがって
本当《ほんとう》にゴメン
わたしも…
エアーパークに
行《い》ったのはウソで…
ごめんなさい…
あのとき
トイレに
だれかいた
なんて…
みんなが
うらやま
しくて
つい…
ぱんっ!
仲直《なかなお》り
だねっ!

学校《がっこう》でわたすとしたら…
チョコあげてるぜ~
う~んだれかに見《み》られたら気《き》まずいな…
朝早《あさはや》く来《き》てこっそり机《つくえ》にいれておく?
ダメだ!井上《いのうえ》くんはライバル多《おお》いから目立《めだ》たないか…
ガ~ン
モテモテ
すでにぎっしり…

学校がちがうから…
放課後《ほうかご》に通学路《つうがくろ》で待《ま》とうかな？
いつ来《く》るかわからないし…ダメかも
早く来ないかなーー
ドキドキ
小学校
ま…まだか…な…
ブルブル
小学校
直接わたす？
家にもって行くとか？
休み時間より放課後かな～…
うーーん
お～いみんななにしてるの？考《かんが》えごと？
はっ
な…なんでもない！
？

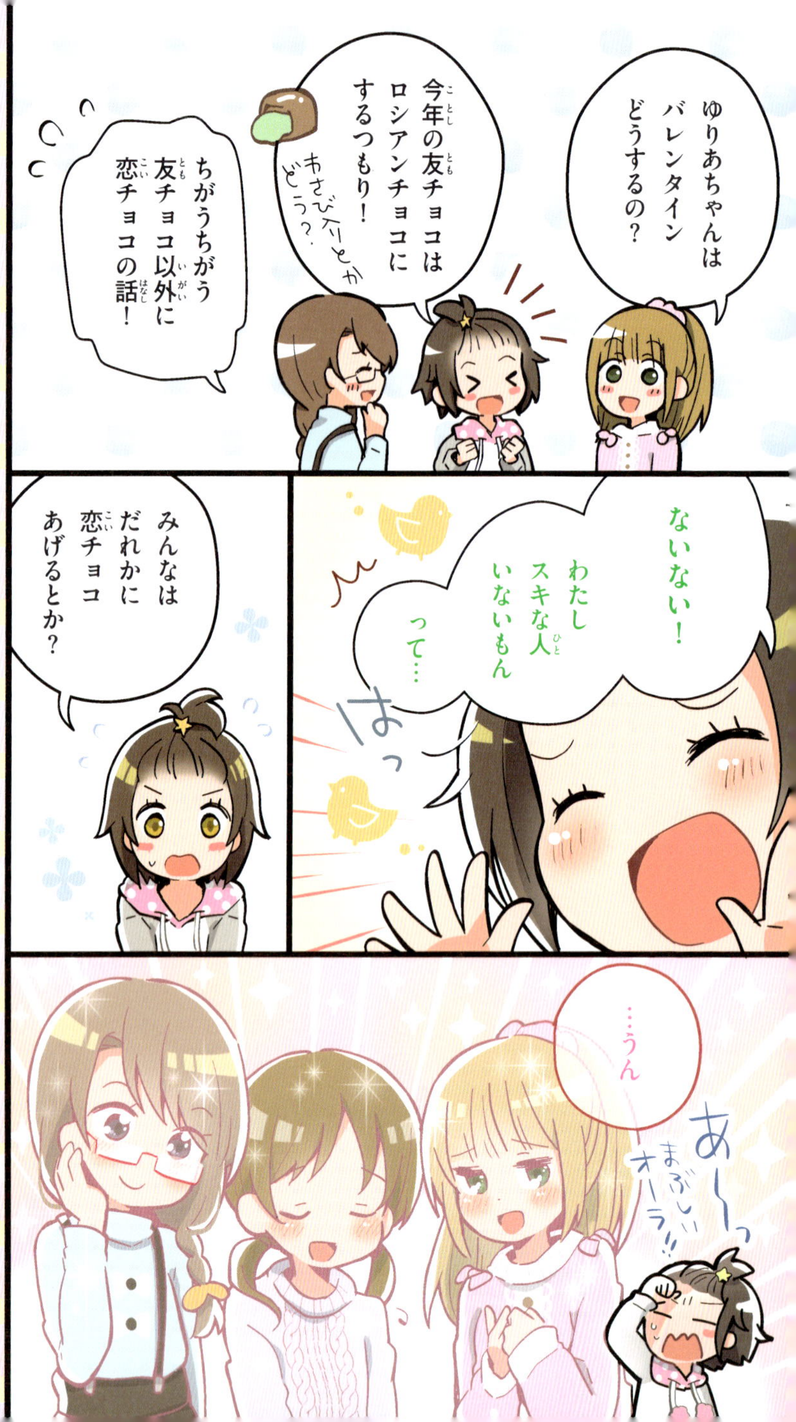
ゆりあちゃんはバレンタインどうするの？
今年《ことし》の友《とも》チョコはロシアンチョコにするつもり！
わさび入りとかどう？
ちがうちがう友《とも》チョコ以外《いがい》に恋《こい》チョコの話《はなし》！
ないない！
わたしスキな人《ひと》いないもん
って…
はっ
みんなはだれかに恋《こい》チョコあげるとか？
…うん
あ〜っ
まぶしいオーラ!!

やっぱり手《て》作《づく》りがいいよね？
みーちゃん
わたし…うまく作《つく》る自信《じしん》ないよ〜
ひとみ
じゃあいっしょに作《つく》らない？
花音
花音《かのん》ちゃんがいるなら安心《あんしん》！
みーちゃん
ひとみ
カンタンだよ〜
バレンタイン前《まえ》だからみんな気《き》合《あ》いいれてるよね
3組《くみ》の植松《うえまつ》さん高木《たかぎ》くんに告《こく》ったって
そうなの？勇《ゆう》気《き》ある〜
わい
わい
わい
みんなスキな男子《だんし》いるんだ……

この解決法《かいけつほう》は222ページから紹介《しょうかい》

香川《かがわ》くん…　…こ…これ
…………！
ドキッ…
ふい
あ…
ご…ごめん…　メイワクだよね！
ガシッ
待《ま》って！
吉田《よしだ》からチョコもらえると思《おも》ってなくて…
かぁ…
めっちゃうれしい…
……香川《かがわ》くん！

この解決法《かいけつほう》は226ページから紹介《しょうかい》

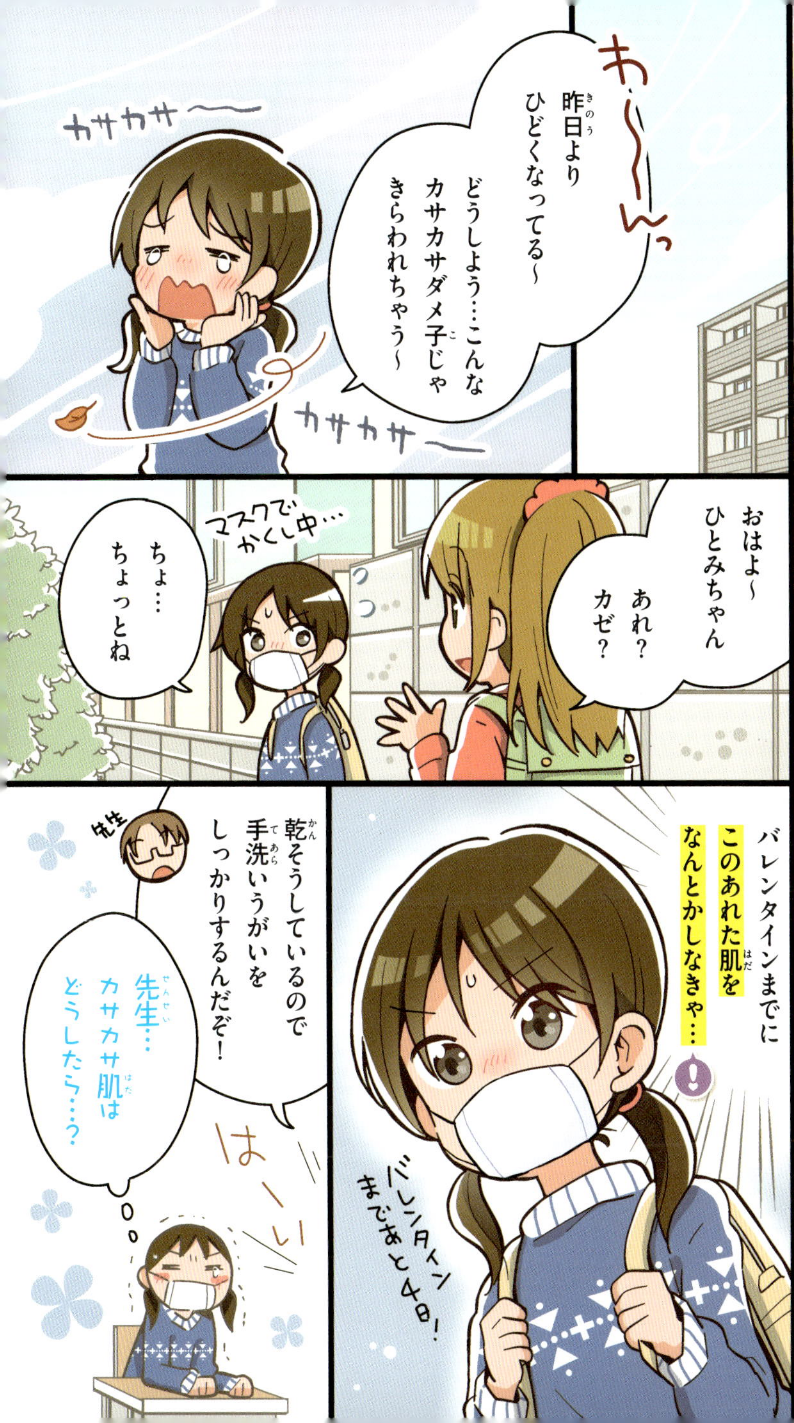

この解決法《かいけつほう》は226ページから紹介《しょうかい》

この解決法《かいけつほう》は226ページから紹介《しょうかい》

この解決法《かいけつほう》は226ページから紹介《しょうかい》

おなやみ解《かい》決《けつ》

みんなの恋《こい》バナについていけない…

わたしのこのなやみは
心理《しんり》コミュニケーショナーの先生《せんせい》に相談《そうだん》したよ

リアルアンケート みんなはどう考《かんが》えてる？

Q1 恋《こい》バナについていけないことある？

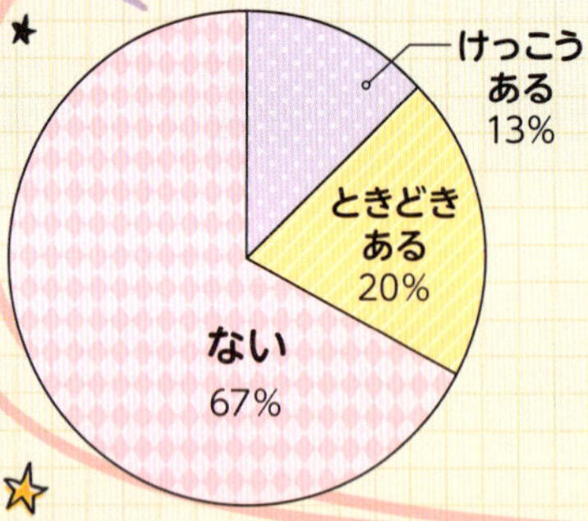

けっこうある
13%
ときどきある
20%
ない
67%

Q2 ついていけない理由《りゆう》は？

- 男子《だんし》をスキになったことがないから、話《はなし》についていけない（小《しょう》5）
- 小学生同士《しょうがくせいどうし》でつきあうとか、正直《しょうじき》気《き》持《も》ち悪《わる》いと思《おも》う（小《しょう》5）
- スキな男子《だんし》をニックネームで話《はな》していて、よくわからないから（小《しょう》6）
- 恋《こい》バナになると、友《とも》だちが一気《いっき》に盛《も》りあがるので、ひいてしまう（小《しょう》6）

タイセツなハナシ 「スキ」ってどんな感情《かんじょう》のこと？

言葉《ことば》にするのはむずかしいですが、こんなキモチがあれば、それは「スキ」という感情《かんじょう》かもしれません。

- その人《ひと》に、今《いま》すぐ会《あ》いたいと思《おも》う…。
- その人《ひと》のよろこぶ顔《かお》が見《み》たいと思《おも》う…。
- 気《き》づけば、その人《ひと》のことばかり考《かんが》えてしまう。
- その人《ひと》のことを考《かんが》えると、胸《むね》がキュンとする。

#考《かんが》えてみよう！

スキな人《ひと》がいないのは変《へん》？

友《とも》だちが恋《こい》バナをするようになると、「スキな人《ひと》がいないことは変《へん》なの？」「わたしは幼《おさな》い？」と考《かんが》えるかもしれませんが、人《ひと》それぞれでよいのです。

おなやみ21

みんなの恋《こい》バナについていけない…

自然《しぜん》とあらわれるのが「スキ」の感情《かんじょう》

「スキ」というキモチは、自分《じぶん》でコントロールできるものではありません。「よ～し、今《いま》から●●くんをスキになるぞ！」と頭《あたま》で考《かんが》えて、恋《こい》が始《はじ》まるわけではなく、なにもしていなくても、勝手《かって》にうまれてくるキモチが「スキ」なのです。だから、スキな人《ひと》がいなくても、まったく変《へん》なことじゃありませんよ。

「スキ」にだって、いろいろな「スキ」がある！

異性《いせい》に対《たい》して感《かん》じる「スキ」

いわゆる「恋《こい》」のスキ。ほかの「スキ」がきっかけで、恋《こい》の「スキ」に変《か》わることもあります。

あこがれや尊敬《そんけい》のキモチの「スキ」

男女《だんじょ》は関係《かんけい》なく、先生《せんせい》や先《せん》パイ、アイドルなど、自分《じぶん》の目標《もくひょう》にするような人《ひと》へのキモチです。

人《ひと》としての魅力《みりょく》を感《かん》じる「スキ」

男女《だんじょ》は関係《かんけい》なく、相手《あいて》と仲《なか》よくしたいと思《おも》うキモチ。「友《とも》だち」への「スキ」がこれだね。

小《ちい》さな子《こ》や動物《どうぶつ》家族《かぞく》に対《たい》する「スキ」

赤《あか》ちゃんや自分《じぶん》より小《ちい》さい子《こ》ども、動物《どうぶつ》などをカワイイと思《おも》ったり、家族《かぞく》を大切《たいせつ》に思《おも》うキモチ。

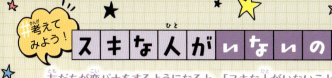

JC先《せん》パイのアドバイス　恋《こい》バナについていけないときにすること

「そういう話《はなし》、ダルイからパスする～」って感《かん》じで明《あか》るく、でもしっかりと、本《ほん》音《ね》を言《い》うのがいちばん。恋《こい》バナ以《い》外《がい》の話《はなし》で、もりあがればいいと思《おも》うよ！(中《ちゅう》3)

「あ～、うんうん」などで、聞《き》き流《なが》す(中《ちゅう》1)

「へぇ～そうなんだ～」と、友《とも》だちの恋《こい》バナを聞《き》きながらも、「そういえばさ～」と、テンションを高《たか》くして、別《べつ》のおもしろい話《はなし》にそらしちゃいます(中《ちゅう》1)

その子《こ》のスキな人《ひと》はダレなのか聞《き》いてみたり、「なるほどな～」と思《おも》って聞《き》くようにしています。友《とも》だちを応《おう》えんするキモチになれば、楽《たの》しいかも(中《ちゅう》2)

「ごめん。トイレ行《い》ってくるね～」と言《い》って、話《はなし》からぬけだしてるよ。つまらなそうに恋《こい》バナを聞《き》いているよりも、そっちのほうがいいと思《おも》うから(中《ちゅう》1)

恋《こい》バナには最《さい》初《しょ》から入《はい》らないようにしてるよ。話《はなし》をふられたとき、めんどくさいから(中《ちゅう》2)

その子《こ》にとっては聞《き》いてほしい話《はなし》だと思《おも》うから、「そうなんだ！」とか「がんばれ！」と言《い》ったり、「うんうん」と相《あい》づちをしながら、聞《き》くようにしているよ(中《ちゅう》2)

きゃっ
きゃっ
いつわたす？
わたしはね〜
あっ ゆりあちゃん！
これ！ ゆりあちゃんに友《とも》チョコ！
3人《にん》で作《つく》ったの！
ゆりあちゃんの好きなカッパだよ！
ゆりあ
FRIEND
わ〜!! ありがとう
カッパチョコ!?
わたしもみんなに用意《ようい》したんだ♪
恋《こい》チョコわたす勇気《ゆうき》がでるチョコだよ！
ゆりあちゃん ありがと！
かんばるよ♥
わたしもいつかスキな人《ひと》ができたらみんな聞《き》いてね！

おなやみ解決《かいけつ》

冬《ふゆ》のお肌《はだ》は乾《かん》そうしちゃう…

吉田《よしだ》さんのこのなやみは
ヘアメイクさんに相談《そうだん》したよ

リアルアンケート みんなはどう考《かんが》えてる？

Q1 冬《ふゆ》の時期《じき》の乾《かん》そうで、なやむことってなに？

- 上《うえ》のくちびるが乾《かわ》いて皮《かわ》がむけちゃうのがいやです（小《しょう》4）
- 目《め》のまわりがカサカサして、つかれているように見《み》えちゃう（小《しょう》5）
- 顔全体《かおぜんたい》がカサカサになる（小《しょう》6）
- 手《て》が乾《かん》そうして、皮《かわ》がむけたりすることがなやみです（小《しょう》6）
- 口《くち》のまわりが乾《かん》そうする（小《しょう》5）
- くちびるがカサカサになって、皮《かわ》はむけちゃうし、血《ち》はでるしでかっこ悪《わる》い…（小《しょう》6）
- 鼻《はな》の下《した》がカピカピになっていて、はずかしい（小《しょう》5）
- 足《あし》のうらが乾《かん》そうして皮《かわ》がむける（小《しょう》6）
- 体全体《からだぜんたい》がかゆくなって、白《しろ》っぽく粉《こな》がでる（小《しょう》6）

タイセツなハナシ どうして冬《ふゆ》の肌《はだ》は乾《かん》そうするの？

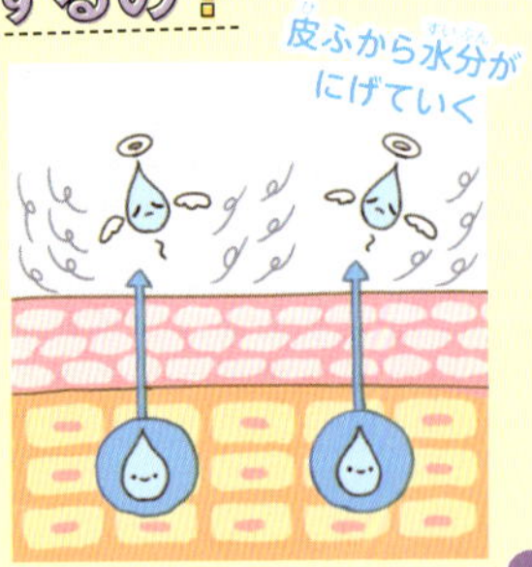

皮ふから水分が
にげていく

気温《きおん》が低《ひく》いと空気中《くうきちゅう》に存在《そんざい》できる水分量《すいぶんりょう》がへるため、冬《ふゆ》は空気《くうき》が乾《かん》そうします。そのうえ暖房器具《だんぼうきぐ》を使《つか》うので、どんどん空気《くうき》が乾《かん》そうしていくのです。

水分《すいぶん》は乾《かん》そうしたところにむかって移動《いどう》する性質《せいしつ》があり、空気《くうき》が乾《かん》そうした冬《ふゆ》は、皮《ひ》ふから水分《すいぶん》がどんどんにげていきます。そして水分《すいぶん》がなくなった肌《はだ》は、カサカサしてしまうのです。

#やってみよう！

お肌《はだ》を乾《かん》そうから守《まも》るケア

肌《はだ》からにげてしまった「うるおい」を、肌《はだ》にもどしてあげることが大切《たいせつ》。
冬《ふゆ》の時期《じき》は毎日《まいにち》しっかりとケアをして、乾《かん》そうとはサヨナラしよう。

顔全体《かおぜんたい》

おフロあがりや洗顔後《せんがんご》には、必《かなら》ず「化粧水《けしょうすい》」→「乳液《にゅうえき》」の順番《じゅんばん》でつけて、肌《はだ》にうるおいをとじこめて。なければ、家族《かぞく》に借《か》りてね。

正《ただ》しいつけ方《かた》

1. 手《て》のひらに化粧水《けしょうすい》（乳液《にゅうえき》）を500円玉《えんだま》の大《おお》きさくらいのせる。
2. 手《て》のひらと指《ゆび》で軽《かる》く化粧水《けしょうすい》（乳液《にゅうえき》）を温《あたた》めてから、顔全体《かおぜんたい》に広《ひろ》げる。
3. 手《て》のひら全体《ぜんたい》で顔《かお》をおおうようにして、肌《はだ》に化粧水《けしょうすい》（乳液《にゅうえき》）をおしこんでいこう。

目元《めもと》や小鼻《こばな》のまわりがカサつくなら

「化粧水《けしょうすい》」→「乳液《にゅうえき》」の間《あいだ》に、目元《めもと》や小鼻《こばな》まわりに「ベビーオイル」を優《やさ》しくぬってね。

くちびる

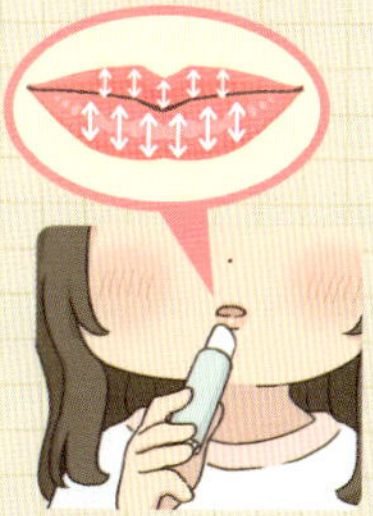

おフロあがりや洗顔後《せんがんご》、歯《は》ミガキ後《ご》など、1日《にち》3～5回《かい》くらいリップクリームをぬろう。カラーリップより、薬用《やくよう》リップのほうが効果《こうか》が高《たか》いよ。

正《ただ》しいつけ方《かた》

1. くちびるの汚《よご》れをティッシュでふく。
2. リップをタテ方向《ほうこう》に動《うご》かしてぬる。

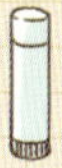

これはダメ！

くちびるの乾《かん》そうで気《き》をつけたいこと

くちびるをなめない！

くちびるをなめるクセがある人《ひと》は注意《ちゅうい》して。より乾《かん》そうしてしまうよ。

皮《かわ》をむかない！

皮《かわ》をムリにむくと、血《ち》がでちゃうよ。228ページのケアを試《ため》して。

ぬりすぎもダメ！

リップのぬりすぎは、くちびるのまさつで、よけいにあれる原因《げんいん》に…。

#やってみよう！

乾《かん》そうの緊急《きんきゅう》レスキュー

乾《かん》そうを防《ふせ》ぐには、毎日《まいにち》のケアがキホンだけど、皮《かわ》むけがひどいときや乾《かん》そうをすぐにでもケアしたいときは、パックを試《ため》してみて。

お肌《はだ》にパック

用意《ようい》するもの

・ヨーグルト(大《おお》さじ2)・小麦粉《こむぎこ》(大《おお》さじ2)
・はちみつ(小《こ》さじ1)

1. すべての材料《ざいりょう》を小皿《こざら》にいれ、スプーンでよくかきまぜる。
2. 目《め》のまわりをさけながら、顔全体《かおぜんたい》にうすくぬって15分《ふん》くらい待つ。
3. ティッシュやタオルでふきとって、顔《かお》を水《みず》でよく洗《あら》おう。

洗顔後《せんがんご》のキレイな肌《はだ》にパックするのがポイント！ 週《しゅう》1回《かい》が目安《めやす》だよ

くちびるパック

用意《ようい》するもの

・さとう(小《こ》さじ1)・はちみつ(小《こ》さじ1)

1. はちみつにさとうを入《い》れ、よく混《ま》ぜる。
2. くすり指《ゆび》で1をぬり、くるくると小《ちい》さな円《えん》をかくようにマッサージしてね！
3. ラップを上《うえ》からのせ、5〜10分《ふん》おく。

皮《かわ》がむけているときにオススメ！苦《くる》しくならないよう鼻呼吸《はなこきゅう》をして待《ま》とう！

JC先《せん》パイのアドバイス　冬《ふゆ》にはこんなことにも気《き》をつけよう！

おフロあがりにボディクリームを全身《ぜんしん》にぬるよ(中《ちゅう》2)

部屋《へや》が乾《かん》そうするから加湿器《かしつき》はマストでつけているよ。加湿《かしつ》器《き》がなければ、ぬらしたバスタオルを部屋《へや》に干《ほ》しておくだけでもちがうよ(中《ちゅう》3)

寝《ね》る前《まえ》と学校《がっこう》に行《い》く前《まえ》にハンドクリームをぬっているよ。いい香《かお》りもして◎(中《ちゅう》1)

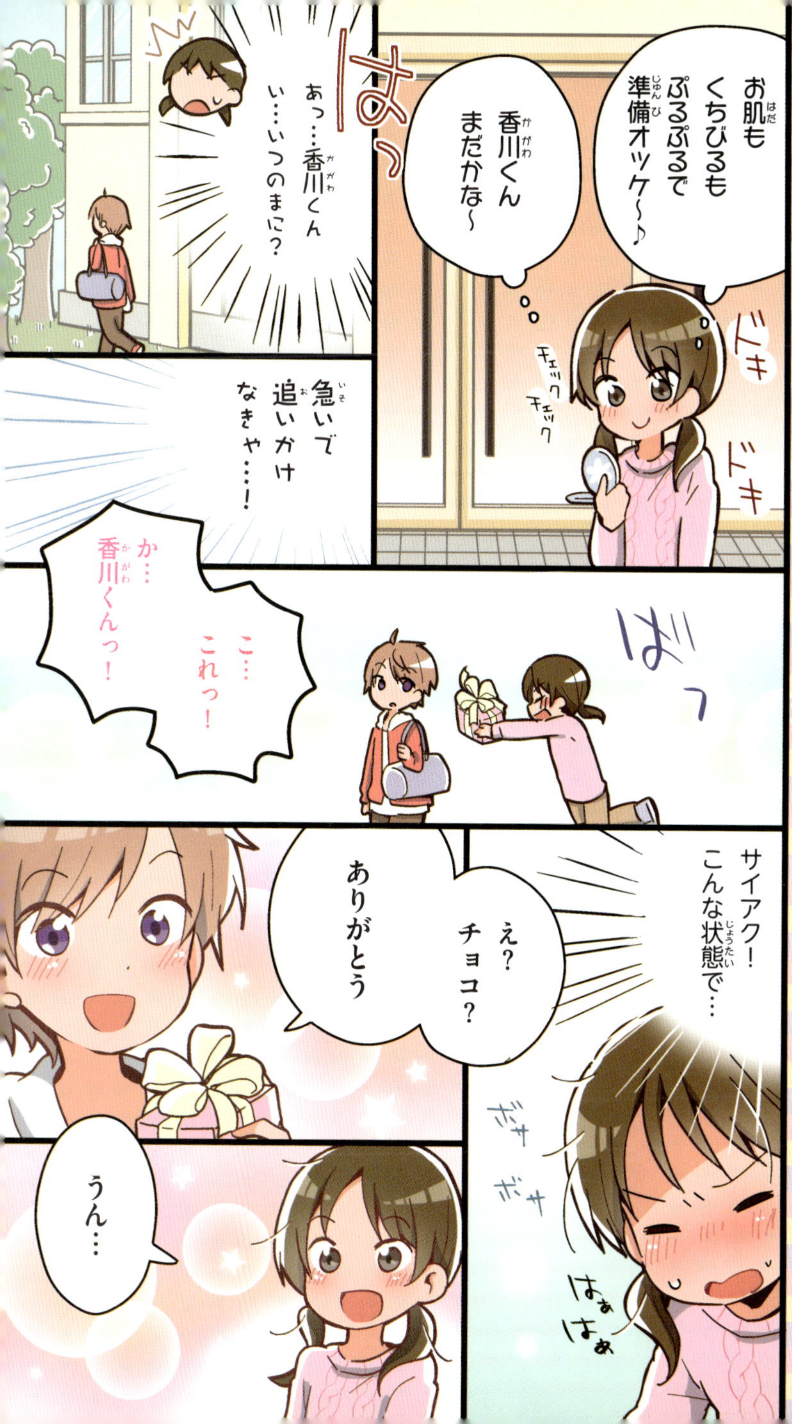
お肌《はだ》も
くちびるも
ぷるぷるで
準備《じゅんび》オッケ～♪
香川《かがわ》くん
まだかな～
ドキ
ドキ
チェック
チェック
はっ
あっ…香川《かがわ》くん
い…いつのまに？
急《いそ》いで
追《お》いかけ
なきゃ…！
か…
香川《かがわ》くんっ！
こ…
これっ！
ばっ
サイアク！
こんな状態《じょうたい》で…
ボサ
ボサ
はぁ
はぁ
え？
チョコ？
ありがとう
うん…

はい 小林《こばやし》です
RRR
あっ 小林《こばやし》さん？ 佐々木《ささき》だけど 土曜《どよう》に1組《くみ》の 女子《じょし》みんなで カラオケに 行《い》こうって 話《はなし》に なったの！
小林《こばやし》さんも 行《い》くよね？
会費、800円だよ〜
う…ん
あれ？ ムリそう？
行《い》きたいけど… ママがいいって 言《い》わないかも…
ちら…
そっか… 女子全員《じょしぜんいん》で 行《い》きたいから 説得《せっとく》してみて また返事《へんじ》 ちょうだいね
わかった

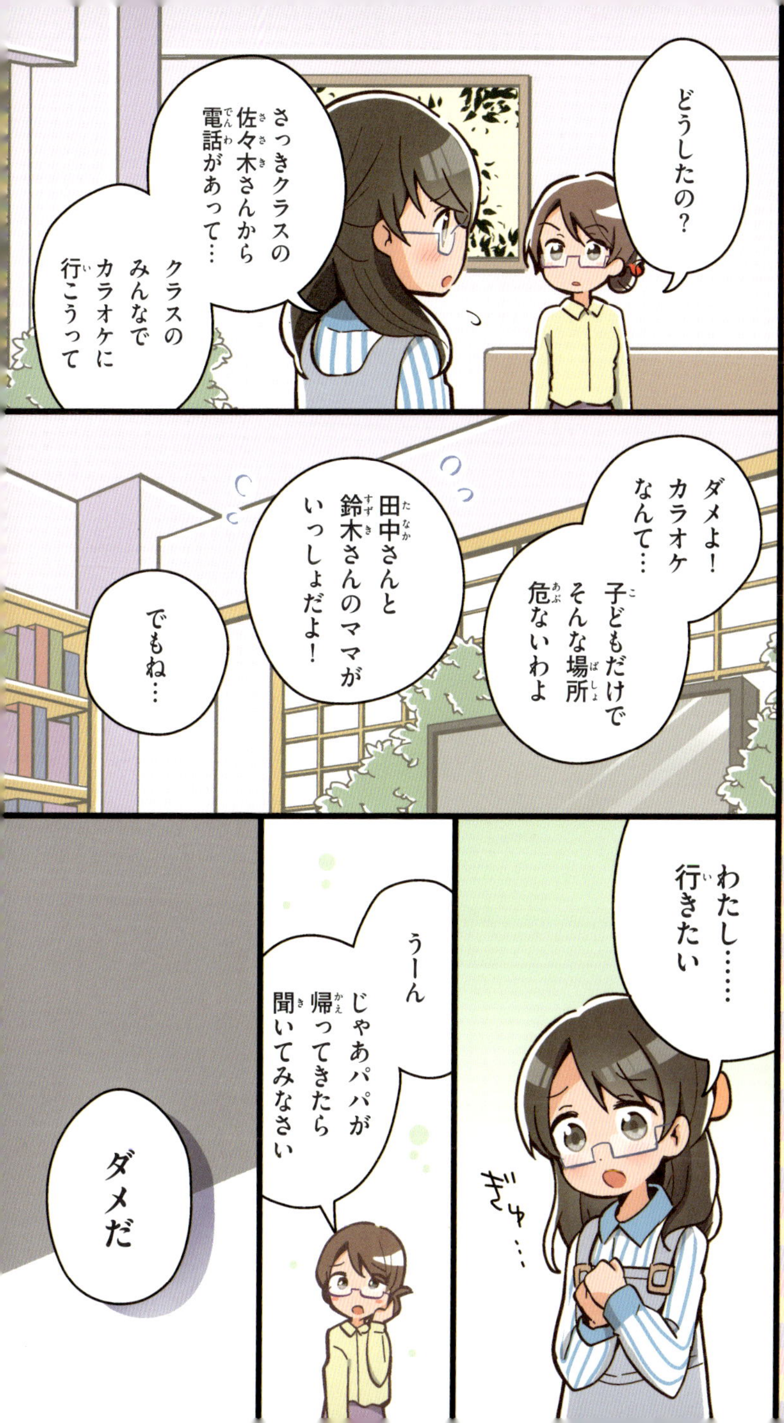
どうしたの？
さっきクラスの佐々木《ささき》さんから電話《でんわ》があって…
クラスのみんなでカラオケに行《い》こうって
ダメよ！カラオケなんて…
子《こ》どもだけでそんな場所《ばしょ》危《あぶ》ないわよ
田中《たなか》さんと鈴木《すずき》さんのママがいっしょだよ！
でもね…
わたし……行《い》きたい
ぎゅ…
うーん
じゃあパパが帰《かえ》ってきたら聞《き》いてみなさい
ダメだ

ママから聞《き》いたぞ
カラオケなんてくだらない
そんなヒマがあったら勉強《べんきょう》しなさい
でも…クラスのみんな参加《さんか》だし…
お願《ねが》い！わたしも行《い》きたい!!
ダメったらダメだ
妹《いもうと》の結愛《ゆあ》がマネしたらどうするんだ？
お姉《ねえ》ちゃんなんだからしっかりしなさい
……もういいっ！

この解決法《かいけつほう》は240ページから紹介《しょうかい》

おはよう綾乃《あやの》
ふいっ
……
ほっときなさい
お姉《ねえ》ちゃーんどうしたの？
イラ…
結愛《ゆあ》はだまってて！
結愛《ゆあ》にあたるのはやめなさい
ビクッ
どうしてそうやって結愛《ゆあ》だけにはあまいの？
しずかにしなさい…ご飯中《はんちゅう》だろ
じゃあご飯《はん》なんていらないよ！
どうしたんだ？ふだんはいいお姉《ねえ》ちゃんなのに…
ちがうよ！

この解決法《かいけつほう》は240ページから紹介《しょうかい》

これで全員《ぜんいん》への連絡《れんらく》はＯＫ《オーケー》
うーん
カラオケかぁ…みんなで遊《あそ》ぶのは楽《たの》しみだけど…
じつは歌《うた》ニガテなんだよね
しずく行かないの？
カラオケあんまり好きじゃなくて…
スゥ…
今《いま》まではことわってきたけど…
練習《れんしゅう》してみようかな
ラララ〜真っ白な雪を〜
ちょっと姉《ねえ》ちゃん
その騒音《そうおん》やめてくれよ！
姉《ねえ》ちゃんはオンチなんだから！
弟

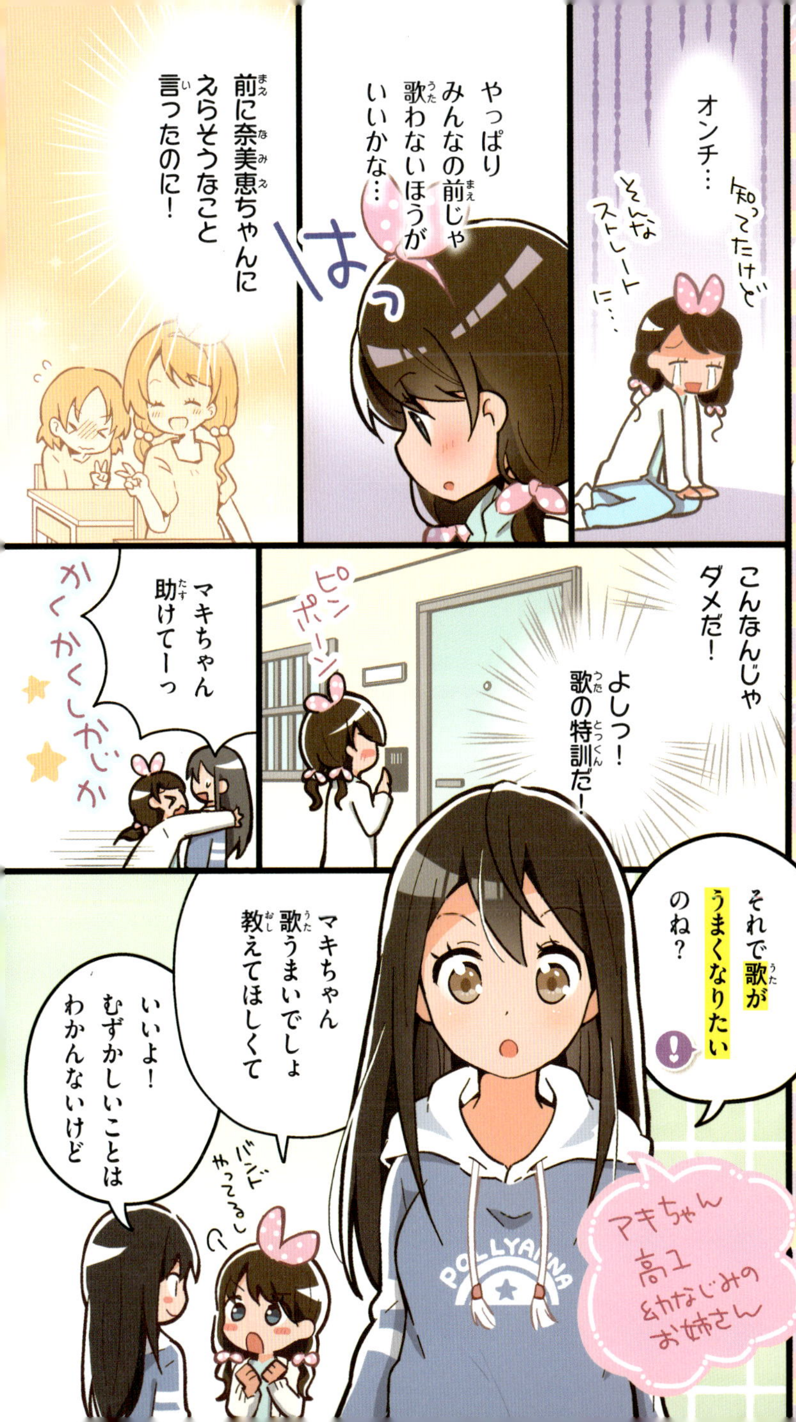

この解決法《かいけつほう》は243ページから紹介《しょうかい》

歌《うた》う前《まえ》にやること

歌《うた》いたい曲《きょく》をたくさん聞《き》いて、「歌詞《かし》」「リズム」「音程《おんてい》」を完《かん》ペキにおぼえよう！

歌《か》詞《し》
リズム
音《おん》程《てい》

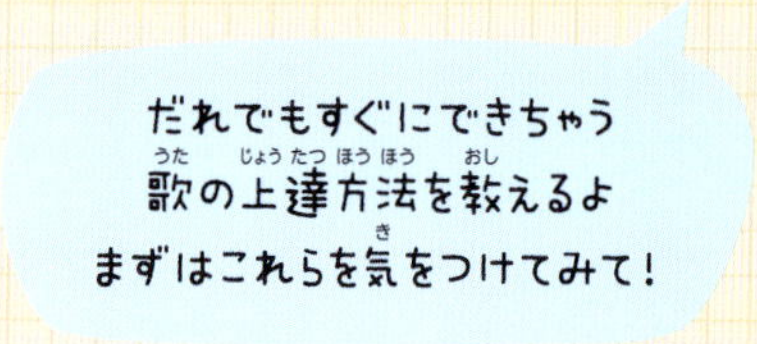
だれでもすぐにできちゃう
歌《うた》の上達方法《じょうたつほうほう》を教《おし》えるよ
まずはこれらを気《き》をつけてみて！

正面からの顔

歌《うた》うときの姿勢《しせい》

いい歌声《うたごえ》をだすために姿《し》勢《せい》は大切《たいせつ》。遠《とお》くにいる人《ひと》にむけるつもりで歌《うた》うと、大《おお》きな声《こえ》がでやすいよ。

ピンポン
ひとつ分
ぐらい
あけて!!

マイクは口《くち》の前《まえ》で持《も》とう。床《ゆか》と平行《へいこう》になるむきにしてね。

あごが上《うえ》にあがらないよう、あごの力《ちから》をぬこう。

口《くち》は大《おお》きくあけよう！
低《ひく》い音《おと》はタテに高《たか》い音《おと》はヨコに口《くち》をあけるといいよ！

背筋《せすじ》を伸《の》ばし、おへその下《した》に力《ちから》をいれるイメージでまっすぐに立《た》とう。立《た》って歌《うた》ったほうが声《こえ》はよくでるよ。

すわって歌《うた》う場合《ばあい》は、浅《あさ》くすわるようにして。背筋《せすじ》を伸《の》ばし、足《あし》うらをきちんと床《ゆか》につけるといいよ。

この解決法《かいけつほう》は243ページから紹介《しょうかい》

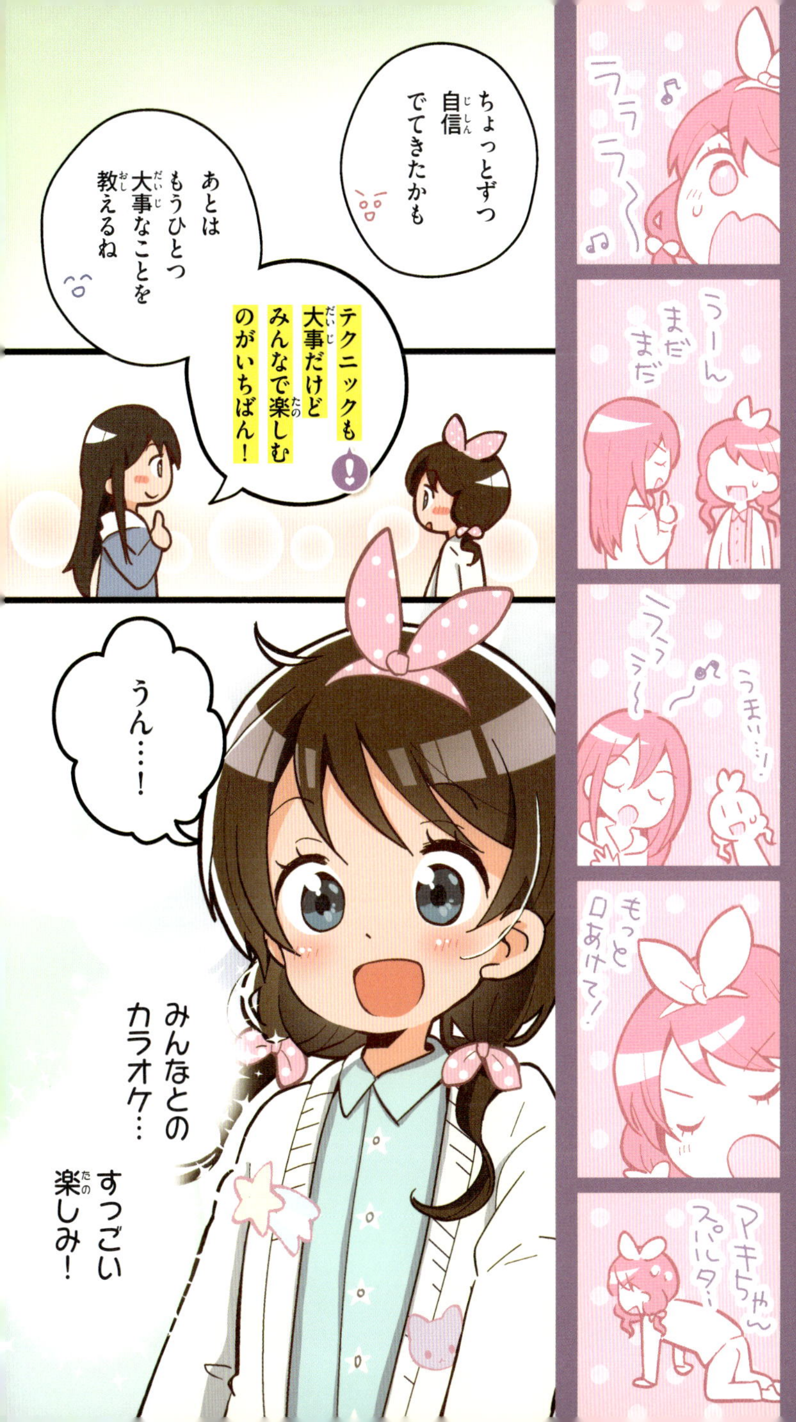

この解決法《かいけつほう》は243ページから紹介《しょうかい》

おなやみ解決《かいけつ》

家族《かぞく》がなんでもダメって言《い》う…

わたしのこのなやみは
心理《しんり》コミュニケーショナーの先生《せんせい》に相談《そうだん》したよ

リアルアンケート

みんなはどう考《かんが》えてる？

Q1 家族《かぞく》をウザイと思《おも》うことある？

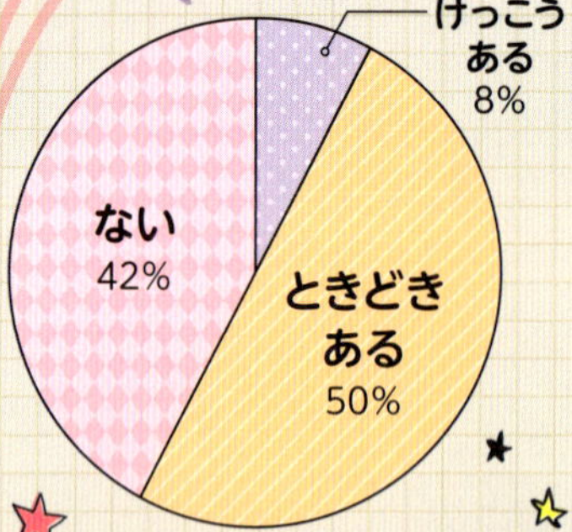

けっこうある 8%
ときどきある 50%
ない 42%

Q2 どんなときに思《おも》う？

- 自分《じぶん》のことを大切《たいせつ》に思《おも》ってくれていることがわかるから、思《おも》わない（小《しょう》5）
- 少《すこ》しのことで親《おや》がおこってくるとき、キライになる（小《しょう》4）
- ほしいものを買《か》ってくれないとき。それと、いやなことをわたしに押《お》しつけるとき（小《しょう》6）
- 家族《かぞく》が大好《だいす》きだから、思《おも》わない（小《しょう》6）

Q3 どんなときに家族《かぞく》とケンカをする？

- 自分《じぶん》のキモチをわかってくれないとき。あとからふとんで泣《な》いちゃう（小《しょう》6）
- ママがお願《ねが》いしたことをやってくれないときにケンカする（小《しょう》6）
- わたしが家族《かぞく》のことを考《かんが》えずに、自分《じぶん》のことばかり考《かんが》えているとき（小《しょう》5）

お姉《ねえ》ちゃーん どうしたの？
イラ…
結愛《ゆあ》は だまってて！

タイセツなハナシ

家族《かぞく》があなたの意見《いけん》に反対《はんたい》する理由《りゆう》

あなたに関心《かんしん》があるから反対《はんたい》する！

家族《かぞく》はあなたのすることや、やりたいことにうるさく口《くち》をだしたり、反対《はんたい》するでしょう。そんな家族《かぞく》をウザイと思《おも》うかもしれません。しかし、そのウザさこそが、家族《かぞく》の愛情《あいじょう》です。

人《ひと》にとっていちばん辛《つら》いことは「無関心《むかんしん》」。家《か》族《ぞく》があなたのすることすべてに無関心《むかんしん》だったらどうでしょう？　あなたを愛《あい》しているから、あなたのすべてに関心《かんしん》があり、ついつい口《くち》うるさくなってしまうのです。

危険《きけん》から守《まも》ろうとするのが家族《かぞく》のキモチ

あなたにとっては初《はじ》めての経験《けいけん》も、家族《かぞく》は何《なん》度《ど》も経験《けいけん》していたり、多《おお》くの知識《ちしき》があるため、いろいろなことの結果《けっか》が、先《さき》に予想《よそう》できてしまうのです。その結果《けっか》がよくないことだったり危険《きけん》だったりすると、あなたがそんな目《め》にあってしまわぬよう、心配《しんぱい》して反対《はんたい》するのです。世《よ》の中《なか》にはいろいろな危険《きけん》があるのも事実《じじつ》。そんな危険《きけん》から、命《いのち》をかけてでも、あなたを守《まも》ろうとするのが家族《かぞく》なのです。

「反抗期《はんこうき》」は心《こころ》の成長《せいちょう》のひとつ

「家族《かぞく》をうっとうしい」と思《おも》う感情《かんじょう》は、特別《とくべつ》なことではなく、あなたの心《こころ》の成長《せいちょう》や変化《へんか》の証《あかし》なのです。そんな時期《じき》を「反抗期《はんこうき》」とよびます。小《ちい》さいころは家族《かぞく》にくっついてばかりいたのに、今《いま》は友《とも》だちだったり、スキな人《ひと》と遊《あそ》ぶほうが楽《たの》しい。これも、心《こころ》の成長《せいちょう》や変化《へんか》のひとつです。

あなたのなかで、ひとりの人間《にんげん》としての意識《いしき》や考《かんが》え方《かた》が芽生《めば》え始《はじ》めているのです。体《からだ》だけでなく、心《こころ》も大人《おとな》へと成長《せいちょう》する時期《じき》なのです。

#やってみよう！

家族《かぞく》ときちんと話《はな》そう！

「家族《かぞく》はわかってくれないから、キライ」で終《お》わらせてしまうのはダメ。
自分《じぶん》の意見《いけん》を認《みと》めてほしいなら、まずはしっかりと話《はな》すことからだよ！

キモチやお願《ねが》いを具体的《ぐたいてき》に話《はな》す

たとえ家族《かぞく》でも心《こころ》の中《なか》までは読《よ》めないので、きちんと言葉《ことば》にださないと、あなたのキモチは伝《つた》わりません。「わかってよ！」「ほっといて！」などとすぐに感情的《かんじょうてき》になったりカラにとじこもったりせず、キモチやお願《ねが》いを具体的《ぐたいてき》に話《はな》してみましょう。

認《みと》めてほしいなら、やることはやる

親《おや》に自分《じぶん》の意見《いけん》を認《みと》めてもらう＝「大人《おとな》として扱《あつか》って」ということ。であれば、「学校《がっこう》に行《い》く」「必要《ひつよう》な勉強《べんきょう》をする」「家《いえ》の手《て》伝《つだ》いをする」など、まずは自分《じぶん》の役割《やくわ》りをきちんとすべきです。

しっかり目《め》を見《み》てマジメに話《はな》そう

自分《じぶん》からお願《ねが》いをするときだけ「話《はなし》を聞《き》いて！」とおこり、家《か》族《ぞく》が口《くち》うるさく話《はな》しだしたときは、「うるさい」と自分《じぶん》の部屋《へや》に逃《に》げてしまう。これでは、おかしな話《はなし》。話《はなし》をするときや話《はなし》を聞《き》くときは、しっかり目《め》を見《み》て、マジメにむきあうようにして。

JC先《せん》パイのアドバイス　親《おや》にお願《ねが》いごとをするとき、していること

- 話《はな》すとケンカになりそうなら、手紙《てがみ》で伝《つた》える。スナオなキモチを書《か》くと、わかってもらいやすいよ（中《ちゅう》2）
- スマホだったら、使《つか》う時間《じかん》を約束《やくそく》するなど、守《まも》る条件《じょうけん》を決《き》めてお願《ねが》いしてみる（中《ちゅう》1）
- 「なぜそれが必要《ひつよう》なのか」「なぜそう思《おも》うのか」を、しっかりと伝《つた》えるようにしているよ（中《ちゅう》2）

おなやみ解決《かいけつ》

カラオケでうまく歌《うた》いたい♪

しずくちゃんのこのなやみは
ヴォーカルスクールの先生《せんせい》に相談《そうだん》したよ

リアルアンケート　みんなはどう考《かんが》えてる？

Q1 カラオケをしたことはある？

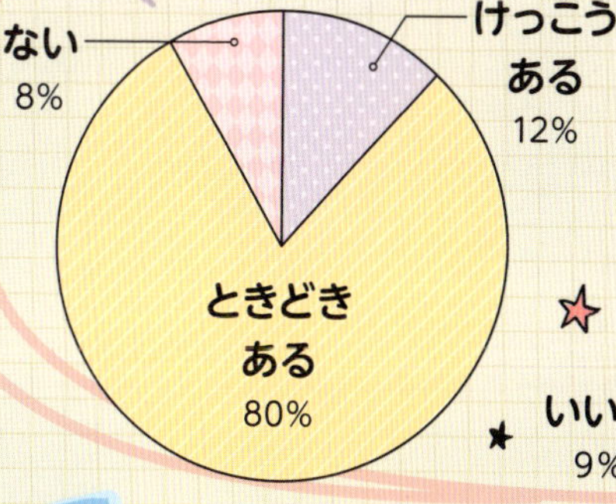
ない
8%
けっこうある
12%
ときどきある
80%

Q2 あなたはカラオケがうまい？

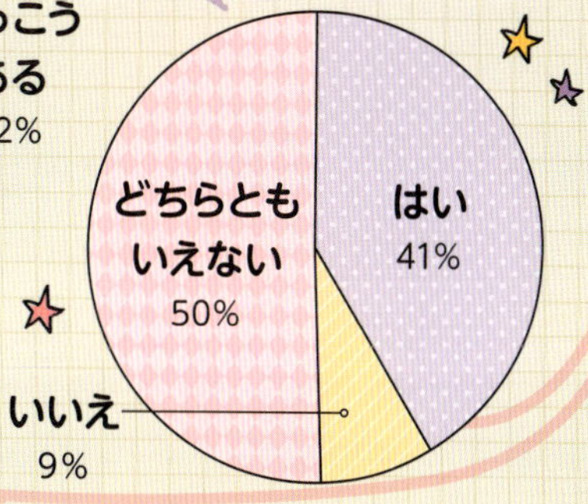
どちらともいえない
50%
はい
41%
いいえ
9%

タイセツなハナシ

ニガテ意識《いしき》をなくすこと！

プロの歌手《かしゅ》じゃないのだから、まずはうまく歌《うた》うことよりも、楽《たの》しく歌《うた》うことを大切《たいせつ》にして！　ちょっとくらいヘタでも一生懸命《いっしょうけんめい》に歌《うた》えば、聞《き》いている人《ひと》には伝《つた》わるよ。「自信《じしん》ないな～。ハズカシイな～」というキモチは声《こえ》にでちゃうから、おもいきって楽《たの》しく歌《うた》うこと。みんなで楽《たの》しくなればOK！

#やってみよう！

カラオケ上達《じょうたつ》レッスン

「ふだんから、声《こえ》をだして歌《うた》う」という習慣《しゅうかん》が、よい歌声《うたごえ》を育《そだ》てるよ！ポイントをおさえて、くり返《かえ》し歌《うた》う練習《れんしゅう》をしていけば、きっと上達《じょうたつ》するよ。

1 歌《うた》う曲《きょく》を完《かん》ペキにおぼえよう

歌詞《かし》 リズム 音程《おんてい》 を完《かん》ペキにしてね！

リズムの取《と》り方《かた》 ▶▶ メロディにあわせ手拍子《てびょうし》

ベースやドラムの音《おと》に注目《ちゅうもく》しながら聞《き》き、あわせて手拍子《てびょうし》をしてみて。知《し》らない曲《きょく》だと最初《さいしょ》はむずかしいけれど、なれてくるよ。体《からだ》が自然《しぜん》とリズムにあわせて、ゆれるようになってきたら◎

音程《おんてい》の取《と》り方《かた》 ▶▶ 指《ゆび》の上《あ》げ下《さ》げ＆ハミング

曲《きょく》の歌声《うたごえ》にあわせて、「ンンン～♪」とハミングで音程《おんてい》をとっていこう。そのとき、高《たか》い音《おと》は人差《ひとさ》し指《ゆび》を上《うえ》に、低《ひく》い音《おと》は人差《ひとさ》し指《ゆび》を下《さ》げると、音程《おんてい》の上《あ》がり下《さ》がりがわかりやすいかも。

プチテク 高《たか》い音《おと》のだし方《かた》

高音《こうおん》は頭《あたま》の上《うえ》につきぬけるイメージで、口《くち》を大《おお》きく開《あ》けながら、お腹《なか》から声《こえ》をだすようにして。

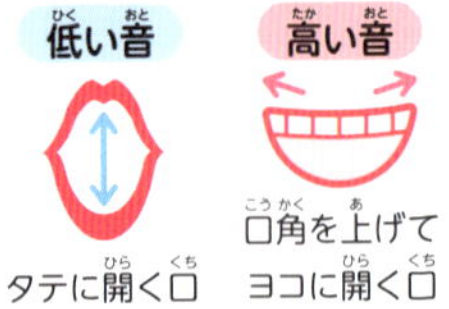
低《ひく》い音《おと》
タテに開《ひら》く口《くち》
高《たか》い音《おと》
口角《こうかく》を上《あ》げて
ヨコに開《ひら》く口《くち》

2 どんどん歌《うた》ってみよう！

歌《うた》う曲《きょく》をおぼえてきたら、どんどん声《こえ》にだして、歌《うた》ってみるのが◎ 「曲《きょく》を聞《き》く」→「歌《うた》う」をくり返《かえ》して、自分《じぶん》のトクイな歌《うた》にしていこう！

音程《おんてい》が正《ただ》しいか人《ひと》に聞《き》いてもらう

オフロで歌《うた》うとキモチイイから上達《じょうたつ》するよ！

#やってみよう！ うまく歌《うた》うポイント ジャンル別《べつ》

聞《き》くのは楽《たの》しいけれど、実際《じっさい》にカラオケで歌《うた》うと、とてもむずかしいこれらの曲《きょく》。それぞれの曲《きょく》のポイントをおさえて、みんなにほめられちゃおう♪

アニソン（アニメソング）	● キャラになりきるつもりで、思《おも》いきり歌《うた》おう！ ● ふりつけがある曲《きょく》は、ふりつけもがんばろう！ ● とにかく元気《げんき》に、楽《たの》しく歌《うた》おう！
ボカロ（ボーカロイド）	● 最初《さいしょ》のうちは、早口《はやくち》や高音《こうおん》の曲《きょく》はさけたほうが◎ ● 早口言葉《はやくちことば》で滑舌《かつぜつ》をよくする練習《れんしゅう》をしよう！ ● 足《あし》や手《て》でリズムをきざみながら歌《うた》おう！
ラップ	● まず最初《さいしょ》に歌詞《かし》の丸暗記《まるあんき》は必《かなら》ずしよう！ ● 手《て》でリズムをとって歌《うた》うと、カッコよく見《み》えるよ！ ● ひとつひとつの言葉《ことば》の頭《あたま》を、はっきりと声《こえ》にだす。

カラオケでは「テンポ」を遅《おそ》く設定《せってい》して練習《れんしゅう》してみよう♪

JC先《せん》パイのアドバイス カラオケでもりあがるためにすること！

- みんなが知《し》っている、みんなが歌《うた》える曲《きょく》を選《えら》ぶ！（中《ちゅう》3）
- タンバリンを鳴《な》らす！（中《ちゅう》2）
- ドリンクバーにはみんなで行《い》く（中《ちゅう》3）
- マイクを使《つか》ってダジャレを言《い》いあう（中《ちゅう》1）
- マスカラを持《も》って、テンション高《たか》めの歌《うた》を連《れん》チャンで歌《うた》う！（中《ちゅう》3）

小林《こばやし》さんもこれてよかったね！
うん…パパとママにきちんと話《はな》したんだ
家《いえ》に帰《かえ》ったらありがとうって言《い》わなきゃ
それから
すごく楽《たの》しかったたって話《はな》すんだ！

これだれー？
はーい
わたし！
しずく
歌《うた》うんだ！
ラップの
とこは
凛《りん》よろしく～
みんなも
いっしょに
歌《うた》おっ♪
は〜い
写真《しゃしん》
撮《と》るよ★
わたしたち
女《おんな》の子《こ》って
毎日《まいにち》いろいろ
あるけど
どんななやみにも
解決法《かいけつほう》は
きっとあるから
だいじょうぶ!!

みんなのリアル友《とも》バナ。

友《とも》だちと過《す》ごす時間《じかん》ってすごく楽《たの》しいし、最高《さいこう》にハッピーだよね。でも…友《とも》だちとケンカしたり、ギクシャクすると気分《きぶん》はドン底《そこ》…。「友《とも》だち」について、いいことも悪《わる》いこともこの4人《にん》が語《かた》っちゃうよ!

凛《りん》 学校《がっこう》が楽《たの》しいかどうかって、「友《とも》だち」が関係《かんけい》してくるよね。わたしは仲《なか》がいいみんながいなかったら、学校《がっこう》に行《い》くのがいやになっちゃうな～。つまらないもん。

莉子《りこ》 わかる。休《やす》み時間《じかん》や教室移動《きょうしついどう》のとき、ひとりぼっちだったらさみしすぎ。

しずく そうだよね。にぎやかな教室《きょうしつ》で、ひとりぼっちでいるのはさみしいよ。でも、だれもがすぐに友《とも》だちと仲《なか》よくなれるわけでもないから、むずかしい問題《もんだい》だよね…。

杏奈《あんな》 え～？ どんな子《こ》とでもすぐに仲《なか》よくなれるしずくがなに言《い》ってるわけ？

莉子《りこ》 そうだよ～。変《へん》なの～。

しずく う…うん。わたし転校《てんこう》してくる前《まえ》の学校《がっこう》では、今《いま》とちがってたから…。…まあ、その話《はなし》はまた今度《こんど》ゆっくりするね。小学生《しょうがくせい》のみんなやＪＣ《ジェイシー》先《せん》パイに聞《き》いた『友《とも》だち』に関《かん》するアンケートをもとに、みんなでいろいろ話《はな》そうよ！

しずく まずは『親友《しんゆう》』について、聞《き》いてみたよ。ほとんどのみんなが『親友《しんゆう》』って呼《よ》べる友《とも》だちがいるみたいだね。

莉子《りこ》 「親友《しんゆう》」って、すごくいいひびき。友《とも》だちに「莉《り》子《こ》はわたしの親友《しんゆう》だから！」なんて言《い》われると、うれしいもん。

杏奈《あんな》 わたし4番目《ばんめ》の意見《いけん》、すっごくわかるな。恋《こい》や友《とも》だちのなやみって、家族《かぞく》にはなんだか話《はな》しにくいよね。こまったとき、相談《そうだん》できる親友《しんゆう》がいるって、ステキなことだよね。わたしも親友《しんゆう》がこまっているときは、力《ちから》になりたいって思《おも》うし。

凛《りん》 わたしは2番目《ばんめ》の意見《いけん》がよくわかる。わたしもおしゃべり好《ず》きだから、話《はなし》をちゃんと聞《き》いてくれるとうれしい。おたがいに本当《ほんとう》の姿《すがた》を知《し》ってるから、できることやしてあげられることって、あるよね。

しずく 相手《あいて》をどれだけ大切《たいせつ》に思《おも》えるかが、ふつうの友《とも》だちと親友《しんゆう》のちがいなのかな。

Q1. あなたと「親友《しんゆう》」について教《おし》えて

親友《しんゆう》はいる？

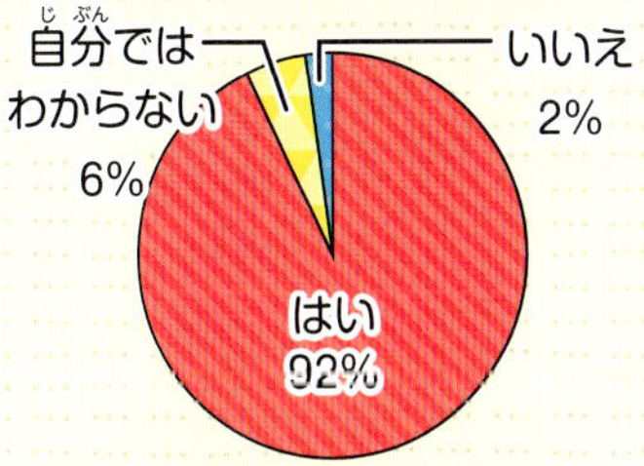

親友《しんゆう》がいてよかったと思《おも》うときは？

- テストの点数《てんすう》が低《ひく》かったとき、「わたしのほうが低《ひく》いから平気《へいき》だよ！」とはげましてくれた（小《しょう》6）
- どんなくだらない話《はなし》も、いつもちゃんと聞《き》いてくれて、おしゃべり好《ず》きなわたしのことを、ちゃんとわかってくれている気《き》がしたとき（小《しょう》4）
- ほかの子《こ》がなにを言《い》っても、わたしのことを信《しん》じてくれる（小《しょう》6）
- 家族《かぞく》にも相談《そうだん》できないことを相談《そうだん》できるとき（小《しょう》6）
- 帰《かえ》り道《みち》におしゃべりで盛《も》りあがったり、グチを言《い》いあったりしているとき、この子《こ》と友《とも》だちになれて、本当《ほんとう》によかったなと思《おも》う（小《しょう》6）
- わたしが悲《かな》しいとき、自分《じぶん》のことのようにいっしょに泣《な》いてくれた。うれしかった（小《しょう》5）

Q2.あなたはどんな友《とも》だちが好《す》き？

- いつも笑《わら》っていて、わたしの話《はなし》をちゃんと聞《き》いてくれる子《こ》（小《しょう》6）
- なにかあるといつも助《たす》けてくれて、おもしろい友《とも》だち（小《しょう》6）
- 気《き》づけばよくケンカする子《こ》。濃《こ》いキャラをもっている子《こ》（小《しょう》6）
- 趣味《しゅみ》があう子《こ》。話《はなし》を聞《き》いてくれる子《こ》。言《い》いあいになったとき、その子《こ》から「ゴメン」とスナオにちゃんと謝《あやま》ってくれる子《こ》（小《しょう》6）
- マンガの話《はなし》があう子《こ》（小《しょう》6）
- なんでもわかりあえる子《こ》（小《しょう》6）

Q3.友《とも》だちが多《おお》いのはどんな子《こ》？

- 女子《じょし》にしろ、男子《だんし》にしろ、明《あか》るくて元気《げんき》で活発《かっぱつ》な子《こ》かな（中《ちゅう》3）
- サッパリしている子《こ》。自分《じぶん》の意見《いけん》があって、ハッキリしてる子《こ》（中《ちゅう》2）
- サバサバしていてリーダー的存在《てきそんざい》。でも本当《ほんとう》は泣《な》き虫《むし》だったり、テレ屋《や》だったりと、ギャップのある子《こ》は親《した》しみやすくて人気《にんき》がある（中《ちゅう》3）
- だれにでも優《やさ》しく、笑顔《えがお》で接《せっ》する子《こ》は友《とも》だちが多《おお》い（中《ちゅう》1）
- 聞《き》き上手《じょうず》な子《こ》は友《とも》だちが多《おお》い（中《ちゅう》2）

しずく 次《つぎ》は小学生《しょうがくせい》のみんなとJC《ジェイシー》先《せん》パイに『みんなに好《す》かれる子《こ》』というテーマで、アンケートをとったよ。

莉子《りこ》 小学生《しょうがくせい》でも中学生《ちゅうがくせい》でも『みんなに好《す》かれる子《こ》』は、変《か》わりないみたいだね。ここに書《か》かれている子《こ》が近《ちか》くにいたら、わたしもいいなって思《おも》うもんな。

凛《りん》 『Q《キュー》2.あなたはどんな友《とも》だちが好《す》き？』の3番目《ばんめ》、おもしろい！『気《き》づけばよくケンカする子《こ》』だって。

杏奈《あんな》 「ケンカするほど仲《なか》がいい」っていうけど、それのことかな。どうでもいいって思《おも》う子《こ》とは、ケンカすらしないもんね。ケンカっていっても、ふざけた言《い》いあいとかのことかもね。

莉子《りこ》 『だれにでも優《やさ》しく、笑顔《えがお》で接《せっ》する子《こ》』ってあこがれるな。むずかしいけど、そうなりたいって思《おも》う。気《き》があわない子《こ》とは、どうしても距離《きょり》をおいちゃうし…。

Q4.あなたはどんな友《とも》だちがニガテ？

- 人《ひと》によって態度《たいど》を変《か》える人《ひと》。ブリっ子《こ》する人《ひと》（小《しょう》4）
- 自分《じぶん》には甘《あま》いのに、ほかの人《ひと》には厳《きび》しかったり、悪口《わるぐち》を言《い》う（小《しょう》5）
- カゲでヒソヒソと話《はなし》をする人《ひと》。どんなことでも疑《うたが》ってくる人《ひと》（小《しょう》6）
- 自分《じぶん》の都合《つごう》で、まわりの人《ひと》をいいように動《うご》かす子《こ》。自己中《じこちゅう》（小《しょう》6）
- 悪口《わるぐち》を言《い》う子《こ》。うらでは自分《じぶん》も悪口《わるぐち》を言《い》われてそうで怖《こわ》い…（小《しょう》6）
- みんなにいい顔《かお》をして、ウソをつく。ジマン話《ばなし》ばっかりする（小《しょう》6）

Q5.嫌《きら》われちゃうのはどんな子《こ》？

- ブリっ子《こ》で、「わたし天然《てんねん》なんです」アピールがすごい子《こ》（中《ちゅう》1）
- 自分《じぶん》のことを自分《じぶん》でほめたり、自分《じぶん》を「ちゃん」づけで呼《よ》ぶ子《こ》。あとしょっちゅうジマンする子《こ》（中《ちゅう》1）
- 無口《むくち》で暗《くら》い子《こ》かな（中《ちゅう》1）
- 友《とも》だちの悪口《わるぐち》を言《い》っている子《こ》。自分《じぶん》のことしか考《かんが》えない子《こ》（中《ちゅう》2）
- やっぱり性格《せいかく》が悪《わる》い子《こ》（中《ちゅう》1）
- 悪口《わるぐち》ばっかり言《い》ってたり、忙《いそが》しそうにしてるのに、空気《くうき》を読《よ》まずに話《はな》しかけてくる子《こ》とか（中《ちゅう》2）

しずく さっきとは反対《はんたい》に小学生《しょうがくせい》のみんなとJC《ジェイシー》先《せん》パイに『みんなに嫌《きら》われる子《こ》』というテーマでも、聞《き》いてみたよ。

凛《りん》 この質問《しつもん》も、小学生《しょうがくせい》と中学生《ちゅうがくせい》で答《こた》えにちがいはないみたい。自分《じぶん》のことばかり考《かんが》えて、まわりの子《こ》のキモチを考《かんが》えられない子《こ》は、嫌《きら》われちゃうんだね。

しずく わたしも自分《じぶん》が気《き》づかないところで、だれかにいやな思《おも》いをさせてないか、気《き》をつけないとダメだな…。

莉子《りこ》 自分《じぶん》じゃ自分《じぶん》のことって、よくわからないもんね。みんなから嫌《きら》われることをしちゃってても、本人《ほんにん》はわかってないことのほうが多《おお》いよね。……ハッ！　まさかわたしも…。ねぇみんな、わたしがいやなことをしてたら、ハッキリ言《い》ってね！

凛《りん》 わかった。そういうときがあったらちゃんと言《い》うから。友《とも》だち同士《どうし》で注意《ちゅうい》しあうのって、いいことなのかも！

しずく 続《つづ》いて『友《とも》だちづきあいでのなやみ』についてだよ。みんなは、友《とも》だちとのことで感《かん》じるなやみって、なにかある？

凛《りん》 「ない」って言《い》ったらウソかな。グループのなかで、かげで悪口《わるぐち》を言《い》ったり分裂《ぶんれつ》したりすることがあると「女子《じょし》ってめんどうくさい」って思《おも》っちゃう。

莉子《りこ》 わたしは4番目《ばんめ》の意見《いけん》がわかるな。グループのなかで悪口《わるぐち》や人《ひと》のウワサが好《す》きな子《こ》がいると、そんな話《はなし》が多《おお》くなっちゃう。いやだなって思《おも》っても、その場《ば》の空気《くうき》をこわしたくないから、言《い》いだせない。

杏奈《あんな》 そのキモチわかる。ハッキリ意見《いけん》を言《い》って、後《あと》からかげでなにか言《い》われると思《おも》うと、考《かんが》えちゃうよね。本当《ほんとう》はそれじゃいけないんだろうけど…。

しずく 悪口《わるぐち》なんて話《はな》さなくても、楽《たの》しい話《はなし》はいっぱいあるのにね。ウチラは人《ひと》の悪《わる》口《ぐち》、禁止《きんし》にしようね！

Q6.友《とも》だちづきあいで、なやむことは？

- 別《べつ》クラスには友《とも》だちがいるけど、今《いま》のクラスには友《とも》だちがいなくて、けっこう落《お》ちこんでいる。毎日《まいにち》が楽《たの》しくない（小《しょう》4）
- いつもいっしょにいる子《こ》も、自分《じぶん》のことを友《とも》だちだと思《おも》ってくれているかわからなくて、なやむときがある（小《しょう》5）
- 仲《なか》よしグループづくりなど、友《とも》だちづきあいがめんどう（小《しょう》6）
- 友《とも》だちがだれかの悪口《わるぐち》を話《はな》しているとき、本当《ほんとう》はいやだなと思《おも》っても、それを友《とも》だちに言《い》えない。いっしょに悪口《わるぐち》を言《い》っていると思《おも》われるのもいやだ（小《しょう》6）
- いっしょに遊《あそ》んだりするけど、おもしろくないし、キライな子《こ》がいる。でもキライとも言《い》えないからガマンしている（小《しょう》6）

しずく 次《つぎ》は、Q《キュー》6の質問《しつもん》につながるような内容《ないよう》をJC《ジェイシー》先《せん》パイに細《こま》かく聞《き》いてみたよ。『グループ内《ない》で気《き》をつけていること』『友《とも》だちが自分《じぶん》の悪口《わるぐち》を言《い》っていたら？』『嫌《きら》われないように気《き》をつけていること』

莉子《りこ》 中学生《ちゅうがくせい》になったら、先《せん》パイたちみたいに強《つよ》くなれるのかな？「自分《じぶん》の意見《いけん》をちゃんと相手《あいて》に伝《つた》える」っていうことが、大切《たいせつ》なのはわかるんだけど…。

凛《りん》 でも、わたしが少《すこ》し安心《あんしん》したのは、友だちづきあいでなやんでいるのは、自分《じぶん》だけじゃないんだってこと。みんなもなにかしらなやみがあって、うまくいくように気《き》をつけているんだなってわかった。

しずく 人《ひと》はそれぞれ考《かんが》えも感《かん》じることもちがうから、ときにはすれちがっちゃうことだって、きっとあるんだよね。他人《たにん》を思《おも》いやるキモチは大切《たいせつ》にしつつ、あまり深《ふか》くなやみすぎないことが、必要《ひつよう》なのかもね。

Q7.グループ内《ない》で気《き》をつけていることは？

- なんでも言《い》いあえる仲《なか》になれなければ、いっしょにいない（中《ちゅう》3）
- ダメなことはダメだと相手《あいて》にハッキリ言《い》う。いやなことも同《おな》じ（中《ちゅう》1）
- 自分《じぶん》の話《はなし》ばかりしない（中《ちゅう》2）
- 悪口《わるぐち》を言《い》わず、元気《げんき》に話《はな》す（中《ちゅう》1）
- 自分《じぶん》が興味《きょうみ》のない話題《わだい》でも、みんなにあわせるようにしてる（中《ちゅう》1）
- 知《し》らない間《あいだ》に相手《あいて》を傷《きず》つけるような発言《はつげん》をしないようにする。たったひと言《こと》でも大変《たいへん》なことになる（中《ちゅう》3）

Q8.友《とも》だちが自分《じぶん》の悪口《わるくち》を言《い》っていると知《し》ったら？

- 友《とも》だちを女子《じょし》トイレ前《まえ》に呼《よ》びだして、直接話《ちょくせつはなし》をする（中《ちゅう》2）
- 先生《せんせい》や友《とも》だちに言《い》います（中《ちゅう》1）
- 「やめて」とハッキリ言《い》う（中《ちゅう》1）
- 知《し》らないフリをして、いつもどおりに接《せっ》する（中《ちゅう》2）
- 気《き》にしない。わたしとあわない人《ひと》、キライな人《ひと》はいると思《おも》うし。でも反対《はんたい》にわたしを好《す》きになってくれる人《ひと》や気《き》があうもいるから（中《ちゅう》1）
- その子《こ》とは話《はな》さないように（中《ちゅう》1）

Q9.嫌《きら》われないよう気《き》をつけていることは？

- 「これを言《い》ったらイヤかな？」とかは、いつも考《かんが》えてるつもり（中《ちゅう》1）
- ジマン話《ばなし》はしない。相手《あいて》のキモチを大切《たいせつ》にするようにしている（中《ちゅう》1）
- 欠点《けってん》を指摘《してき》しない（中《ちゅう》1）
- 友《とも》だちの悪口《わるぐち》はゼッタイに言《い》わないように。あと、いつも笑顔《えがお》で会話《かいわ》するように（中《ちゅう》2）
- 「嫌《きら》われないように…」と考《かんが》えすぎないようにしてる。考《かんが》えだすととまらないし、相手《あいて》とあまり仲《なか》よくなれない気《き》がするから（中《ちゅう》3）

Q10. 小学生《しょうがくせい》時代《じだい》、友《とも》だちとのよい思《おも》い出《で》は？

- バレンタインのとき、友《とも》だちといっしょに本命《ほんめい》チョコを持《も》って、スキな人《ひと》の家《いえ》までチョコをわたしに行《い》ったこと（中《ちゅう》1）
- 友《とも》だちとずっと交換《こうかん》ノートを続《つづ》けていた。毎日《まいにち》いっつも遊《あそ》んだり、恋《こい》バナをしていたこと（中《ちゅう》2）
- わたしが自分勝手《じぶんかって》なことをしてしまい、親友《しんゆう》と大《おお》ゲンカしてしまった。そのとき、スキな人《ひと》がフォローしてくれて、勇気《ゆうき》をだして親友《しんゆう》に謝《あやま》ったら、ちゃんと仲直《なかなお》りできたこと（中《ちゅう》1）
- 発表会《はっぴょうかい》で、友《とも》だちといっしょにギターと歌《うた》を披露《ひろう》した（中《ちゅう》3）
- 友《とも》だちとみんなで、プリクラを撮《と》りに行《い》ったこと（中《ちゅう》1）
- わたしはずっといじめられていました。そんななかでたったひとりだけ、ずっとそばにいてくれた子《こ》が、今《いま》でもいちばんの心友《しんゆう》です。自分《じぶん》を助《たす》けてくれる子《こ》、支《ささ》えてくれる子《こ》がいたことが、とてもいい思《おも》い出《で》です（中《ちゅう》1）
- 大《おお》きな失敗《しっぱい》をしてしまったときに「だいじょうぶだよ！」とはげましてもらえて、うれしかったです（中《ちゅう》1）
- ある友《とも》だちとケンカしたとき、ほかの友《とも》だちがふたりが仲直《なかなお》りできるよう、一生懸命《いっしょうけんめい》に動《うご》いてくれたこと（中《ちゅう》1）

しずく 「友《とも》だち」についての最後《さいご》は『小学生《しょうがくせい》時代《じだい》の友《とも》だちとのよい思《おも》い出《で》』についてJ《ジェイ》C《シー》先《せん》パイに聞《き》いたよ。

杏奈《あんな》 なんかステキな思《おも》い出《で》ばっかり。ザ・青春《せいしゅん》って感《かん》じ？

凛《りん》 なんてことのない日々《ひび》も、時間《じかん》がたつとキラキラした思《おも》い出《で》になるんだね。

しずく 6番目《ばんめ》の意見《いけん》を読《よ》んで、感動《かんどう》しちゃったな。その当時《とうじ》は本当《ほんとう》にツライ状況《じょうきょう》だったと思《おも》うけど、そのおかげで「一生《いっしょう》の心友《しんゆう》」に気《き》づけたなんてステキだよね。

莉子《りこ》 ケンカしたり、すれちがっちゃうこともあるけど、やっぱり「友《とも》だち」って、サイコーにいいよね！

凛《りん》 うん。うちらもみんなで、いっぱい思《おも》い出作《でつく》ろうね。

しずく 小学生《しょうがくせい》時代《じだい》の思《おも》い出《で》は、今《いま》しか作《つく》れないもの。ステキな友《とも》だちといっぱいステキな思《おも》い出《で》を作《つく》れるといいよね！

あなたの おなやみ 聞《き》かせてください！

みなさんのリアルなおなやみを解決《かいけつ》できる、よりよい本《ほん》づくりのために、本《ほん》の感想《かんそう》やなやみを教《おし》えてください。今後《こんご》の本《ほん》づくりの参考《さんこう》にさせていただきます。

＼みんなのリアルアンケート／

Q1 よかったと思《おも》う「おなやみマンガ」を、おなやみ番号《ばんごう》で、3つ教《おし》えてください。

Q2 Q1で選《えら》んだ理由《りゆう》を教《おし》えてください。

おなやみ1
おなやみ1

「おなやみ番号《ばんごう》」は解説《かいせつ》ページやもくじで確認《かくにん》してね！

Q3 役《やく》にたったと思《おも》う「解決方法《かいけつほうほう》」を、おなやみ番号《ばんごう》で、3つ教《おし》えてください。

Q4 Q3で選《えら》んだ理由《りゆう》を教《おし》えてください。

Q5 今《いま》なやんでいる、「カラダにまつわるなやみ」を具体的《ぐたいてき》に教《おし》えてください。

Q6 今《いま》なやんでいる、「ココロにまつわるなやみ」を具体的《ぐたいてき》に教《おし》えてください。

Q7 そのほかで知《し》りたいことがあれば、教《おし》えてください。

- 下《した》のあて先《さき》までおハガキ、お手紙《てがみ》のどちらかで送《おく》ってください。
- 「名前《なまえ》」「年《ねん》れい」と「学年《がくねん》」を書《か》いてください。
（あなたのお名前《なまえ》が本《ほん》にのることはありません）

あなたのリアルな声《こえ》を聞《き》かせてね！

あて先《さき》

〒113-0034　東京都文京区湯島《とうきょうとぶんきょうくゆしま》 2-3-13
株式会社西東社《かぶしきがいしゃせいとうしゃ》
「女《おんな》の子《こ》のトリセツ おなやみ募集《ぼしゅう》」係《がかり》

● マンガ ―――――― ほなみ彩

● マンガ制作協力 ―――――― コンノユメノスケ　多柏もりえ　千葉愛コ　山部沙耶香

● イラスト ―――――― つのじゅ　倉田理音　夢味すちゃ　飴うさこ　かな助　せきやゆりえ

● 取材協力・資料提供

・松下涼子（心理コミュニケーショナー）　http://www.rail-point.com
・石原新菜（イシハラクリニック副院長）　https://www.ninaishihara.com
・ユニ・チャーム株式会社 はじめてからだナビ　http://www.unicharm.co.jp/girls/index.html
・三田翔平（スポーツマジック代表理事）　http://sports-magic.jp
・株式会社ワコール　ガールズばでなび　http://www.wacoal.jp/girlsbody
・白石謙二（パワフルヴォイスヴォーカルスクール代表）　https://www.pv-vs.com/index.html

・AKI（ネイリスト）
・長久保淑恵（ヘアスタイリスト）
・新井里沙（整理収納アドバイザー）
・森田文菜（スタイリスト）
・太田絢子（ヘアメイク）

※URLの情報は2021年4月末時点のものになります。

● デザイン ―――――― 棟保雅子　柿澤真理子　佐々木麗奈

● DTP ―――――― J-9

● 編集協力・マンガ原作 ―――― 08CREATION

ミラクルガール相談室《そうだんしつ》　女《おんな》の子《こ》のトリセツ

編著者　ミラクルガールズ委員会［みらくるがーるずいいんかい］
発行者　若松和紀
発行所　株式会社 西東社
〒113-0034　東京都文京区湯島2-3-13
https://www.seitosha.co.jp/
電話　03-5800-3120（代）

ISBN 978-4-7916-2632-8